国家技术转移体系
建设方案

人才体系建设实务指导

楚明超◎编

人民邮电出版社

北京

图书在版编目（CIP）数据

国家技术转移体系建设方案：人才体系建设实务指导 / 楚明超编. -- 北京：人民邮电出版社，2020.8
ISBN 978-7-115-53950-2

Ⅰ. ①国… Ⅱ. ①楚… Ⅲ. ①技术转移－研究－中国 Ⅳ. ①F124.3

中国版本图书馆CIP数据核字(2020)第077597号

内 容 提 要

技术转移是科技创新时代下的一个重要环节，也是国家技术创新体系建设中较为薄弱的环节。本书结合权威文件及专家的解析，旨在给读者提供有益的指引和启示。

本书共6章，主要包括认识技术转移人才体系建设、权威解读《国家技术转移体系建设方案》、权威解读《技术转移服务规范》、政府部门技术转移人才体系建设实务指导、高校技术转移人才体系建设实务指导和企业技术转移人才体系建设实务指导等内容。

本书适合企业专利管理人员及相关领域的工作人员阅读。

◆ 编　　　楚明超
　　责任编辑　李永涛
　　责任印制　马振武

◆ 人民邮电出版社出版发行　北京市丰台区成寿寺路11号
　　邮编　100164　电子邮件　315@ptpress.com.cn
　　网址　https://www.ptpress.com.cn
　　大厂回族自治县聚鑫印刷有限责任公司印刷

◆ 开本：700×1000　1/16
　　印张：20.4
　　字数：420千字　　　　　　2020年8月第1版
　　印数：1－2 000册　　　　　2020年8月河北第1次印刷

定价：79.00元

读者服务热线：(010)81055410　印装质量热线：(010)81055316
反盗版热线：(010)81055315
广告经营许可证：京东市监广登字 20170147 号

序

改革开放40年来，我国秉承科技是第一生产力的指导思想，不断奋斗在社会主义建设的大道上。广大科技战线上的人员自力更生，锐意创新，在不同的历史时期都取得了骄人的成绩。回顾40年中国科技事业的发展轨迹，不难发现：改革驱动创新，创新驱动发展，对中国而言不仅是时代的选择，更是历史的传承。尤其是在2006年1月的全国科学技术大会上，中共中央、国务院做出了建设创新型国家的决策，随之颁布的《国家中长期科学和技术发展规划纲要（2006—2020年）》，国家决定必须坚持自主创新，通过提高原始创新、集成创新、引进消化吸收再创新等各种创新能力，倒逼中国企业转变发展方式。从今天再看这个过程，就是政府大力推动技术转移转化的过程，加大了人才、资金、技术三要素的快速流动，专用大型仪器设备的共享，以及各类创新平台的建设，逐步形成了今天的国家技术转移体系。

未来已来，我国还将继续奔跑在改革开放和自主创新的道路上，国家技术转移体系也必将发挥出巨大的作用。我们将更加依托企业、高校、科研院所促进技术成果规模化应用，支持企业牵头会同高校、科研院所等共建产业技术创新战略联盟，促进技术转移扩散。聚焦实体经济和优势产业，聚焦影响长远发展的战略必争领域，加强技术供需对接等，加快推动重大科技成果转化应用，让人民群众共享先进科技成果，满足人民群众日益增长的美好生活需要！

本书实为探讨与浅析，不足之处还有很多，但意义重大！

欣然为序！

赵晓广

2020年5月

前言

随着现代科技服务行业的快速发展,技术转移体系的建设和完善已成为当前国家做好技术转移服务的总体思路、发展目标、重点任务和保障措施。为了促进科技成果的持续产生,需要推动科技成果扩散、流动、共享、应用,并形成经济与社会价值相统一的良好生态系统。建设和完善国家技术转移体系,对于促进科技成果资本化与产业化、提升国家创新体系整体效能、激发全社会创新创业活力、促进科技与经济的紧密结合具有重要意义。

为了贯彻国家技术转移体系的建设方针,河南省科学技术厅的领导与技术转移方面的专家共同编写了本书,希望能够帮助高校、企事业单位及技术转移服务机构等正确认识国家技术转移体系建设,提高实际操作水平。

本书共6章,各章内容简要介绍如下。

第1章:认识技术转移人才体系建设。

第2章:权威解读《国家技术转移体系建设方案》。

第3章:权威解读《技术转移服务规范》。

第4章:政府部门技术转移人才体系建设实务指导。

第5章:高校技术转移人才体系建设实务指导。

第6章:企业技术转移人才体系建设实务指导。

由于时间仓促,书中难免会有一些疏漏或不妥之处,敬请广大读者不吝赐教。

编者

2020年5月

编委情况

编委主要成员均为河南省科学技术信息研究院事业编制人员。其主管单位是河南省科技厅。河南省科学技术信息研究院2010年至今，被科技部认定为创新方法专项培训基地；2012年被科技部认定为"中国创新驿站河南省区域站点"（国科火字〔2012〕164号）；2014年被科技部认定为"国家技术转移示范机构"（国科发火〔2014〕28号）；2015年被科技部认定为"国家技术转移人才培养基地"依托单位（国科火字〔2015〕316号）。

编委名单：

主　　编：楚明超

执行主编：李　昊　宁玉献

副 主 编：高 磊　姬 峰　申向东　周惠来　宁俊禄

编　　辑：王华雨　常莉　刘朝旭　付小颖　赵飞　赵静　黄岩岩　董广萍　段玉珊　张德阳　高俊　赵曦阳　张亚婕　艾栋　刘小可　李睿　林琳　刘锦　刘尧　付志新　黄悦悦　唐玮罡

主编简介：楚明超，研究生学历，高级工程师，河南省科学技术信息研究院院长，长期从事知识产权、科技情报研究与管理工作。近年来先后主持承担省级科研项目10余项，出版学术论著2部，发表文章10余篇，获得省级科技奖励3项。其中，参与研究的"河南省专利发展战略研究"获河南省科技进步二等奖，"河南省实施知识产权战略研究"获第三届河南省发展研究奖二等奖；主持研究的"河南省创新方法（TRIS理论）推广应用模式与对策研究"获得河南省科技进步奖二等奖。

目录 Contents

Chapter 01
认识技术转移人才体系建设 / 001

1.1 技术转移体系概况 / 001
  1.1.1 国家技术转移建设的背景 / 001
  1.1.2 我国技术转移发展趋势及面临的挑战 / 019
1.2 技术转移人才体系建设概况 / 027
  1.2.1 认识技术转移体系 / 027
  1.2.2 理解技术转移人才体系建设 / 034
1.3 人才是推动技术转移工作的核心动力 / 041
  1.3.1 人才与技术转移的关系 / 041
  1.3.2 我国技术转移人才培养概况 / 044
  1.3.3 推动技术转移人才体系建设的方案 / 049

Chapter 02
权威解读《国家技术转移体系建设方案》 / 059

2.1 《国家技术转移体系建设方案》原文 / 059
2.2 《国家技术转移体系建设方案》重点导读 / 068

2.2.1 科技部专家解读《国家技术转移体系建设方案》的三大看点 / 068
2.2.2 《国家技术转移体系建设方案》的实施意义 / 070
2.3 科技部火炬中心专家重点解析 / 072
2.3.1 《国家技术转移体系建设方案》背景介绍 / 072
2.3.2 《国家技术转移体系建设方案》文件解析 / 073

Chapter 03 权威解读《技术转移服务规范》 / 089

3.1 《技术转移服务规范》人才体系建设部分原文 / 089
3.1.1 《技术转移服务规范》（部分） / 089
3.1.2 《技术转移服务规范》的附录图表 / 095
3.2 河南省科技厅专家解读 / 103
3.2.1 《技术转移服务规范》国家标准发布的重要意义 / 103
3.2.2 易出错的节点和问题解决方案 / 106

Chapter 04 政府部门技术转移人才体系建设实务指导 / 109

4.1 政府部门在技术转移工作中的职能定位 / 109
4.1.1 政府部门在技术转移过程中的核心作用 / 109
4.1.2 政府部门在技术转移过程中的重要职能分析 / 111
4.1.3 政府部门在技术转移过程中职能的实现途径 / 115
4.2 国家技术转移服务机构的建设 / 122
4.2.1 国外技术转移机构的建设 / 122
4.2.2 中国创新驿站的建设 / 133
4.3 在技术转移工作中政府部门存在的问题及对策 / 143
4.3.1 政府部门在促进技术转移工作中存在的问题 / 143
4.3.2 我国面向国际技术转移新形势的应对策略 / 148

05 Chapter
高校技术转移人才体系建设实务指导 / 169

5.1 高校技术转移人才体系建设工作的开展 / 169
 5.1.1 高校技术转移工作的基本模式 / 169
 5.1.2 高校技术转移工作的开展 / 175

5.2 高校技术转移创新人才团队建设 / 202
 5.2.1 高校科技创新团队的建设 / 202
 5.2.2 高校创新人才团队建设的改进策略 / 207

5.3 政府与高校"产学研"结合促进高校技术转移 / 210
 5.3.1 "产学研"合作的基本知识 / 210
 5.3.2 "产学研"结合与高校技术转移的关系 / 216
 5.3.3 高校技术转移机构助力"产学研"合作 / 220

06 Chapter
企业技术转移人才体系建设实务指导 / 231

6.1 企业技术转移的概况与分析 / 231
 6.1.1 技术转移对企业的作用 / 231
 6.1.2 我国企业技术转移的模式 / 241
 6.1.3 我国企业技术转移机制的分析：以中小型企业为例 / 256

6.2 企业与技术转移服务机构的对接 / 262
 6.2.1 技术转移中介机构的支撑体系 / 262
 6.2.2 技术转移机构的工作内容与流程 / 278

6.3 探索中的经验和思考 / 285
 6.3.1 发达国家企业技术转移的经验总结 / 285
 6.3.2 促进企业技术转移的具体措施 / 293
 6.3.3 企业如何申报技术交易奖励补贴 / 298

01 Chapter
认识技术转移人才体系建设

1.1 技术转移体系概况

随着20世纪90年代开始的科技革命,全球经济快速一体化,各国间的竞争由资源的控制和争夺转变为科学技术的创新和研发。谁掌握了最新的技术,谁就掌握了全球经济的命脉。

当然,企业的技术来源不可能也不应该全部依靠企业内部技术研发,还应该借助技术交易平台获取外部的技术资源。因此,技术转移已成为创新型企业提高自身技术水平和创新能力的关键,也是科技成果快速且高效地转化为生产力的重要步骤。在我国的技术转移活动中,政府、学校和企业都扮演着很重要的角色。为了能够更好地理解技术转移,本节主要介绍技术转移的一些基础知识和存在的相关问题。

1.1.1 国家技术转移建设的背景

(一)初探技术转移

按照国际上对技术转移研究的看法,技术转移可以表述为基于某种技术类型、代表着某种技术水平的一个知识群的扩散过程。联合国《国际技术转让行动守则草案》中表明,技术转移就是指转移制造某种产品、应用某项工艺或提供某种服务的系统知识。经济合作与发展组织认为,技术转移是指一国核准的发明包括新产品和新技术转移到另一国的过程。简言之,技术转移就是拥有技术一方通过某种方式把一项技术转让给另一方的活动。

　　技术转移有多种形式，可以通过购进出版物、机械设备，雇佣外部专家，输送本地人员到外地接受培训、教育等途径实现。

　　较为重要的技术转移机制包括以下五种方式。一是技术转让，即通过技术市场把技术从发明者或拥有者手中转移给接受者。二是技术引进，即引进国外成套设备、流水线或单项成熟技术。技术引进是对接受技术一方而言，对输出技术一方来说则是技术转让。三是技术推广，即以示范性的活动把某项先进技术传播出去，这种技术推广，通常由政府出面组织。四是技术交流，即通过现场、会议或新闻媒介交流技术方面的经验、技能，或进行样品、样机的展示。五是科技出版，即科技方面的理论、知识、经验等通过报刊、书籍、音像资料等形式广为传播。

　　如果从国际技术转移的角度来看技术转移的途径，主要包括五种方式。一是专项贸易，表现为补偿贸易、来料加工和组装出口等方式。这种贸易为工艺技术的转移提供了更多的机会。二是合作生产，主要表现为当地企业以国外企业提供的工艺和文献为基础生产零部件或最终产品，外方也经常参与本地企业的经营管理。三是咨询、技术服务和许可证贸易，主要表现为当地已有一定技术基础的产业，通过此方式获得所缺少的工艺和专业技能。四是交钥匙工程，技术转移中的交钥匙工程一般是指跨国公司为东道国建造工厂或其他工程项目，一旦设计与建造工程完成，在设备安装、试车及初步操作顺利运转后，可以立即使用的情况下卖给东道国，并将该工厂或项目所有权和管理权的"钥匙"依合同完整地交给对方，由对方开始经营。交钥匙工程是科技业中一种常见的技术转移方式，也可以看成是一种特殊形式的管理合同。要承担或完成交钥匙工程，服务单位没有一定经济实力是不行的。五是国外直接投资，包括独资和合资两种形式。这是一种有效的技术转移机制，外方的参与程度最高。

　　技术转移对于中国来说，并不是一个陌生的词汇，早在先秦时期就已经产生类似于技术转移的活动。古代的技术转移主要伴随人口迁徙、流动和民族融合而实现。据历史资料考证显示，在中国历史上技术转移传播的活动，不胜枚举，现列举数例如下。

早在商代，中国古代铜器和陶器达到了高峰。当时的商贾赶着牛车，载着陶器、铸铜工具等到远方去做买卖："肇牵牛车，远服贾用"（《尚书·酒诰》）。陶器、铸铜技术由河套地区经陆路传播到北方地区。在西周时期，西周人创造的陶鬲、青铜戈等器物沿着河西走廊被转移到天山南北地区。

据《史记·西南夷列传》记载，战国时期，楚国的庄桥曾派数千农民迁居到云南滇池地区，他们与当地人结婚并定居下来，把当时楚国的生产技术传到了滇池地区。

公元前2世纪，汉武帝两次派张骞出使西域，开辟了丝绸之路。当时的商队将许多先进技术，如养蚕、织丝、冶铁和炼钢、兵器制作、造纸和印刷、凿井等技术不断地传播到新疆乃至中亚。

公元641年，文成公主入藏，她带去了一些工匠，并在当地推广挖渠灌溉、精耕细作的农作技术。长安派遣了很多建筑、酿酒、制陶、造纸、制墨、冶金等方面的工匠帮助当地人种植水果、蔬菜、稻谷，安装水磨、水碾。

据《新疆图志·沟渠志》中记载，清代天山南北共有干渠944条，支渠2363条，灌溉田地1119万余亩。移民与当地居民先后修建了乌鲁木齐河、特纳格尔河等多条河道；在伊犁地区修建和改建了伊犁河，还在哈喇和卓、托克三、哈喇沙尔等地区修建河道，利用周围高山积雪融水灌溉田亩。这些新的河道大大提高了新疆的农业灌溉水平，改善了当地的生态环境和居住条件。

1869年，清政府在西安设置了机器制造局（1872年被迁至兰州并改称兰州机器制造局）。1878年，左宗棠在兰州创建了机器织呢局。1886年，贵州巡抚潘蔚筹建了贵州青溪铁厂。1900年，中俄联合成立了塔城金矿公司。1905年，陕西当局通过引进外国设备与人才，创建了石油工厂。1906年，甘肃农工商总局从比利时购买铜矿机器，用以开发兰州周围的铜矿。

（二）技术转移易混淆的概念及不同分类

技术转移比较容易混淆的相关概念，一共有6个方面。

(1)"技术转移"与"成果转化"

技术转移指某种技术（包括成熟技术和处于发明状态的技术）由其起源地点或实践领域转而应用于其他地点或领域的过程。按其转移方向，一般可分为地理空间位置上的双向传播和不同实践领域的单向扩散两大类；按照转移方式，可分为有偿转移和无偿转移；按照转移的范围，可分为国际转移和国内转移。

科技成果转化是指为提高生产力水平而对科学研究与技术开发所产生的具有实用价值的科技成果所进行的后续试验、开发、应用、推广直至形成新产品、新工艺、新材料，发展新产业等活动。

这两个概念其实非常接近，最终目的就是将前沿科技成果转化为实际生产力，改善民生及促进经济增长。"科技成果转化"和"技术转移"都是科技管理领域经常用到的术语。但由于对其概念的内涵和外延的模糊、对其联系和区别不能准确把握等原因，混用两个术语的情况比较常见。通过对两个术语的辨析，可理解为：一是两个术语的概念的内涵不同，科技成果转化重在"化"，即科技成果或技术形态的变化，而技术转移重在"移"，即技术在空间位置上的变化；二是两个术语的概念的外延有重合之处。

根据《中华人民共和国促进科技成果转化法》第一章第二条规定，科技成果转化是指为提高生产力水平而对科技成果所进行的后续试验、开发、应用、推广直至形成新技术、新产品、新工艺、新材料，发展新产业等活动；而技术转移不单是科技成果的转化，也不单纯是技术市场上的技术贸易，它既包括科研成果、新工艺、新方法、专利技术的应用和推广，也涉及已实施了的成熟技术、适用技术、技术装备、生产工艺的梯度转移。

(2)"技术转移"与"技术创新"

一国所需的技术来源于其内部和外部，前者源于本国自主的研究和开发，这就是通常所谓的"技术创新"（Technology Innovation）；后者源于从其他国家和地区引进的技术，这就是"技术转移"（Technology Transfer）。技术创新是指一项新技术成果的第一次商业应用，而技术转移则主要是指技术创新之后的不断利用。技术创新是整个技术进步的一个重要的中心环节，也是技术进步促进经济增长和社会经济发展的根本机制，它是一个包含技术发明（新技术的产生）、技术开发（新技术的应用）和技术扩散（新技术的应用推广）的技术进步过程，是技术转移的基本前提和主要源泉。

（3）"技术转移"与"技术转让"

一般情况下，人们会把这两个概念等同起来，但实际上这两个概念有本质上的差异。① 技术转移包括技术地点的转移和技术权利的转移双重含义；而技术转让只是技术权利的转让，是指一方将技术的使用权或所有权转让给另一方的行为过程。从这个意义上讲，技术转移的内涵更为宽泛，技术转让被包含在技术转移之中。例如，一项技术的发明人去另一个国家或地区，用自己的技术开办企业，生产某种产品，根本不存在技术转让的问题，但却发生了技术的转移。② 技术转让是有目的、有意识的技术转移活动，是一种有偿的技术转移活动，常被称为技术贸易或许可证贸易；而技术转移通常包含一切导致技术和知识迁移的过程和活动，包括有偿和无偿的、有意识和无意识的转移活动。③ 技术转让是一种有限定的、凝固式的行为，技术卖出或赠出即完成；而技术转移是一种行进式的动态行为，具有向前继续发展的含义，只有到受方完全掌握该技术才可称转移结束。

（4）"技术转移"与"技术扩散"

二者都是指技术通过一定的渠道发生不同领域或地域之间的移动。但技术扩散是一个纯技术的概念，扩散的对象就是纯粹的新技术，而技术转移则不仅仅包括纯技术，还包括与技术有关的各种知识信息等。

（5）"技术转移"与"技术推广"

技术推广是一项量大面广的工作，尤其适用于共性、公益性技术；而技术转移却是一项深入的、渗透性的、辐射性的工作。技术转移与技术推广相比，是一种更深层次的行为，在此行为中不仅有量的变化，而且更重要的是具有质的变化。

（6）"技术转移""技术引进"与"技术输出"

技术引进是指为发展本国经济和科学技术，通过各种方式，有计划、有重点、有选择地从国外获取先进技术的活动。技术输出泛指一国将其在国内研究创造的先进技术或经过消化吸收的外来技术输出到国外而获取等价报酬的活动。从供方的角度看，技术转移就是技术输出；而从受方的角度看，技术转移就是技术输入即技术引进。因此技术转移实际上包括技术引进、技术输出两方面。

总之，技术转移是一项综合性系统工程。技术转移以科技成果为起点，采取"接力"的方式，经过开发研究和市场开拓，实现成果的产业化，从而获取经济效益和社会效益。

学习了技术转移与其相关概念的联系和区别之后，接下来，我们来具体地了解一下技术转移的不同分类。

技术转移指的是技术知识从其生产者向应用者的转移，按照联合国的定义，它是指"系统知识的转移"。我国学者对技术转移有三种定义，一是系统知识的转移，即系统知识从产生知识的地方向使用知识的地方转移；二是技术运动各环节之间的转移，如基础研究→应用研究→试验开发→商业化各环节的转移；三是现有技术的新应用。不管如何定义，技术转移都有两种常见类型，一种是技术驱动型，另一种是技术服务型。这也是目前学者们公认的科研院所与企业合作较多的两种类型。

技术驱动型是指从技术到产品、到市场的过程，或者说从科研院所到市场、到企业的过程。这种类型的技术转移强调科技人员从技术源头出发，从而设计生产出市场需要的产品。比较早期的技术转移大多属于这种类型。例如，中科院自动化所投资的"汉王"公司生产的许多产品，首先源于研究所科技人员拥有的文字识别技术，公司继而结合市场需求，开发出了一系列OCR（光学字符识别）产品。

技术服务型是指从市场需求到技术开发的过程，或者说从市场到科研院所的过程。这种类型的技术转移强调的是，首先从市场或企业中找到实际需求，然后科技人员凭借自身的知识和能力，找到一种解决需求的技术路线和方法，继而开发形成产品或技术，服务于社会或企业。例如，科研院所与企业合作共建工程中心，科技人员深入企业，了解企业生产过程中存在的技术问题，然后由科技人员对症下药，提出解决方案，这就属于技术服务型的技术转移。

无论是哪种类型的技术转移，都必须是科技与市场的真正融合。要想做大做强，必须同时具备两个要素，一是技术具有核心竞争力，二是有强烈的市场需求。无论是技术驱动型还是技术服务型的技术转移，较有效的组织形式有以下五种。

第一种是通过组建实体，实施特定领域的技术转移。无论是技术驱动型，还是技术服务型，要想固定技术转移方式、取得长期效益、扩大市场规模，就必须建立法人实体，实施企业化运营。"联想"创立初期在汉字处理技术领域的技术转移、"汉王"在文字识别领域的技术转移、"地奥"在生物医药领域的技术转移等，都是技术转移工作的成功典范。这种类型的优点是能很快确定技术领域，投资方本着利益共享、风险共担的原则，投入一步到位，快速组织力量进行技术转移，并在一定时间内形成规模。

第二种是组建非法人组织，如联合研发中心、技术中心、联合实验室等形式，前期合作双方建立起较固定的机制，然后双方科技人员再确定某方面的技术合作，共同实施技术转移。这种类型的优点是，合作双方先建立一个机制，之后共同探讨，边实践，边磨合，最后确定比较稳妥的合作点，再进行技术合作。相对第一种方式来说，这种方式大大降低了技术转移风险。但由于该类型属松散组织，容易在知识产权方面产生纠纷，工作效率等会受到影响。

第三种是通过组建科技园、孵化园，提供良好的软、硬件环境，聚集社会各种资源，形成集群效应，为技术转移组织（实体）提供优质的服务，以提高技术转移效率。这种类型的技术转移，往往是多个技术转移组织（实体）形成的集群，并容易得到政府的扶持。目前大学科技园便属于该类型。

第四种是组建专业的孵化器。科研院所在实验室阶段的技术成果距离市场还有较长的路要走，为此，通过组建专业的孵化器，为技术成果走向小试、中试提供支持，以进一步提高科研成果的成熟度，并最终走向市场。这种类型的技术转移，往往需要大量的资金作支撑，对投资者来说风险较大。

第五种是设立技术转移中介机构。技术转移大多发生在科研院所与企业之间。改革开放之初我国科技成果转化率低，科研院所与企业的科技合作存在许多障碍。企业核心竞争力较弱，科研院所技术转移率较低，两者之间缺乏沟通的桥梁。技术转移中介机构作为综合性的专业机构，其主要职责就是将科研院所的技术与企业的实际需求相衔接。国家、地方政府及科研院所、高校等设立生产力促进中心、技术转移中心，目的就是要加快院所技术向企业的转移，建立社会化、网络化的科技中介服务体系，并最终形成以企业为主体、以市场为导向、产学研相结合的自主创新服务体系。目前我国的技术转移机构建设仍处于发展阶段。

技术转移的形式多种多样，可从不同角度对其加以划分。

根据其是否通过市场交易来实现，可划分为非商业性的国际技术转移和商业性的国际技术转移。

（1）非商业性的国际技术转移通常是一种无偿的技术转移，无须支付交易费用，其具体的转移途径如下。① 通过派遣人员出国访问考察、出国留学或工作获取技术。日本、韩国以及中国台湾等地在20世纪五六十年代曾向西方发达国家尤其是美国派出大量留学生，带回了许多先进的技术，为本国和本地区的经济起飞奠定了坚实的基础。② 通过国际性学术会议、技术交流、联合研究与开发、科技期刊或大众媒介等方式获取技术。③ 出于政治或军事目的，以技术援助的方式转移技术，即供方根据受方的要求，利用自己的技术、人力、仪器和设备等，就有关的技术项目、技术任务或某种服务所提供的技术援助。

（2）商业性的国际技术转移，即有偿的技术转移，需要支付一定的交易费用，其具体的转移途径如下。① 直接在技术市场上购买技术。技术供方将技术使用权通过市场交易转让给受方，包括专利、制造技术、专有技术和商标使用权等的转让。这是技术转移的主要途径和高级形式，技术受方需具备必要的技术水平和技术开发能力。② 海外直接投资，即技术供方在技术受方所在国建立合资、合作或独资企业，以此实现技术的转移。海外直接投资已逐渐成为一种非常重要的技术转移方式，投资主体起初大多为发达国家的大型跨国公司，它们常常为了绕过东道国的贸易壁垒、占领国际市场而到海外直接投资。采用这种形式转移的技术大多为成熟技术或边际产业技术，即在国内已失去竞争优势，或在国内发展受到限制的技术，也有少数非关键性的先进技术。③ 贸易型转移，包括签订技术许可证的技术贸易和含有技术的货物（如设备、工具、材料等）贸易。此外，还可通过仿制进口商品或补偿贸易学习国外的先进技术，也可雇佣外国技术专家提供技术培训、技术咨询、工程服务等方面的工作来实现技术转移。

根据技术转移的具体途径有以下七种分类。

（1）以许可证转让方式（包括专利和非专利科技成果）所进行的技术转移，是目前技术转移中最受关注和最为重要的方式，常用于当地已有一定技术基础的产业，通过此种方式获得所缺少的工艺和专业技能。这是一种有偿的转移方式，技术以商品的形式在技术市场中进行交易。

（2）"产学研"结合是技术转移中效果较好和最有前景的途径之一，包括合作研究、合作开发、合资生产等形式。其主要优点是能充分利用合作伙伴的知识技能和资源，发挥自己的优势，补充自己的不足，并且有利于迅速获取技术，减少成本和风险。主要缺点是组织之间的目标不同，有时难以形成良好的合作关系，并且管理过程和利益分配有时会出现矛盾。

（3）通过购置设备和软件获取所需要的技术，是最常见的技术转移方式。这种方式的优点是能最快地获取现有的技术，卖方可能会提供培训，投产获利较快，风险小。缺点是新设备可能不适应企业现有的环境，企业需要在组织上进行变化，成本较高，不能从根本上提高技术能力，并且随着技术的变化需要不断地购买。

（4）信息传播，指通过信息传播的方式获取所需的技术，包括文献信息、数据库信息，可通过现场、会议或新闻媒介交流技术方面的经验、技能或进行样品、样机的展示，或通过报刊、书籍、音像资料等形式广为传播。这类方式的优点是成本低、速度快、简单易行。缺点是无法获取较完整的、系统的技术知识，特别是难以获得关键技术，要求企业自身具有较强的技术能力或模仿能力。

（5）技术帮助，指大学和科研机构对企业提供技术援助，包括派员指导、解决技术问题等。其优点是能在关键时刻满足企业的特殊需要，可减少企业获取技术的成本，能促进人员之间的交流。缺点是难以找到合适的专家参与，管理较为困难，政府要给予财政支持，并且不可能对所有的企业进行技术支持。

（6）人员交流与流动。"技术转移的关键是人而不是技术文件"，这是近几年西方管理界十分流行的说法。企业与高校科研机构互派人员访问、学习和工作，技术知识随着这种人员的交流得到转移。关键技术人才的流动常常伴随着技术成果的流动。这种方式的优点是，这是一种比较直接的技术转移方式，转移中出现的问题较容易解决，成功率较大，成本不高，人员交流也有利于增进相互了解，建立更好的合作关系。缺点是在人员交流过程中，有可能干扰单位内部正在进行的活动，或造成不希望有的信息和关键技术的转移。此外，关键人才的流动可能使流出单位造成损失或出现知识产权的纠纷。

（7）创办新企业。由技术拥有单位或科技人员自己创办企业，是技术转移最为直接的方式。其优点是转化速度较快，易于成功，技术拥有单位或个人可能获取更大的收益。缺点是风险大，难以获得风险投资，不易形成规模经济。

根据技术转移的不同方向有以下两种分类。

（1）垂直转移。按照国际分工理论，以发达国家或地区为技术提供方，以发展中国家或经济水平低的地区为技术接受方所进行的技术转移。

（2）水平转移。指技术水平或经济发达程度相同或相近的国家或地区间进行的技术转移。

（三）技术转移的参与主体

技术转移主要参与主体有技术提供者、技术接受者、政府和中介服务机构。

（1）技术提供者

高校和科研院所是技术主要提供者，在技术转移中发挥着重要作用。随着近几年来国家对技术转移的支持不断深入，高校和科研院所对技术转移的重视程度和参与度也越来越高。技术转移帮助科研成果从科学领域转移到了经济领域，实现了其商业价值与利用价值；另外，技术转移已经成了高校和科研院所的主要收入来源之一。

此外，有很强科研实力的大型企业也常常扮演着技术提供者的身份，例如，IBM从技术转移中获得的收入就高达10亿美元。

（2）技术接受者

企业是科技成果的需求者与接受者，同时也是研发资金的主要提供者。绝大多数企业的创新能力欠缺、科研能力不足，与高校或科研院所的合作可以弥补自身不足，以更低的成本、更短的时间获得所需的科技成果，转化为企业的核心竞争力。但是，企业也面临着投资风险，技术转移的前期成本较高，企业往往会面临资金周转困难的问题，而且大部分科研成果都很新颖，能否成功地通过中试与产业化阶段，从而创造商业价值，还是个未知数。

（3）政府

政府在技术转移活动中扮演着倡导者与约束者的双重角色。政府通过制定相关法律与各项优惠政策，鼓励高校、科研院所与企业合作，联合开展科技成果转化活动，但同时，我国现阶段的技术转移市场与发达国家相比，还不够成熟与活跃，存在利益分配、投资环境、信息搜集等诸多问题，亟待政府能够出台相关法律加以约束和引导。

（4）中介服务机构

在技术转移市场上，中介服务机构是非常重要的一个组成部分，在转化科技资源、推动区域科技资源向外辐射的过程中发挥了重要的作用。中介服务机构为技术转移牵线搭桥，是技术转移的桥梁与催化剂，是风险投资机构，可以为企业在技术转移过程中解决资金不足的困扰。在美国等比较成熟的技术转移市场中，中介服务机构扮演着非常重要的角色，直接影响技术成果转化的成功率，以及产业化之后的商业利润。此外，为了提倡技术转移合作，政府有时也会扮演中介服务机构的角色。

技术中介服务机构主要包括四种类型。第一种是由大学或科研院所派生出来的专职技术转移机构，如中科院北京国家技术转移中心。第二种是为实现政府目标而设立的技术转移中介机构，如科技部借鉴欧盟经验设立的创新驿站。第三种是独立的第三方技术转移中介机构，如中国医药科技成果转化中心，为医药领域的技术转移提供代理和居间服务。第四种是兼具政府服务职能与市场化职能的技术转移中介机构，如中国技术交易所，通过与经纪、咨询、评估等专业中介机构合作，为专利技术、商标以及其他知识产权以转让、许可、入股、融资、并购等多种形式转移转化的全过程提供专业服务。

（四）技术转移的不同模式

（1）从技术内容的完整性上看，可以把技术转移区分为"移植型"和"嫁接型"两种模式。

"移植型"技术转移，是指转移技术的全部内容。跨国公司的海外扩张多是通过这种模式实现其技术转移的。这种模式对技术吸纳主体原有的技术系统依赖性极小，而成功率较高，是"追赶型"国家或地区实现技术经济跨越式发展的捷径。但是同时转移的支付成本较高。

"嫁接型"技术转移，是指转移技术的部分内容，如某一单元技术，或关键工艺设备等流动而实现的技术转移。它以技术需求方原有技术体系为母本，与外部先进技术嫁接融合，从而引起原有技术系统功能和效率的更新。显然，这种技术转移模式对技术受体原有技术水平的依赖性较强，要求匹配的条件较为苛刻。虽然技术转移的支付成本较低，但嫁接环节上发生风险的频率较大。一般为技术实力较为均衡的国家、地区、企业之间所采用。

（2）从技术载体的差异性上看，可以将技术转移区分为"实物型""智能型""人力型"技术转移3种模式。

"实物型"技术转移是指由实物流转而引起的技术转移。从技术角度看，以生产手段和劳动产品形态出现的实物，都是特定技术的物化和对象化，都能从中反观到某种技术的存在。因此，当实物发生空间上的流动或转让时，某种技术就随之发生了转移，这是所谓"硬技术"转移的基本形式。

"智能型"技术转移是指由一定的专门的科学理论、技能、经验和方法等精神范畴的知识传播和流动所引发的技术转移。这种技术转移不依赖实物的转移而进行，通常被称为"软技术"转移。市场上的专利技术、技术诀窍、工艺配方、信息情报等知识形态的商品交易，都是这种技术转移借以实现的基本形式。

"人力型"技术转移是人类社会较为古老的一种技术转移模式，它是由人的流动而引起的技术转移。随着人员的迁徙、调动、招聘、交流往来、异地培养等各种流动形式，皆可引发技术的转移。这是因为，技术无论呈现何种具体形态，都是以人为核心而存在，为人所理解、掌握和应用。所以人力资源的流动必然伴随着技术转移。第二次世界大战期间，为躲避战乱及法西斯迫害，欧洲特别是德国大批科学家流亡美国，比如著名的物理学家爱因斯坦等。这极大增强了美国的科技力量，并将许多领先技术特别是核技术转移到美国开花结果。

（3）从技术功能上看，又可把技术转移区分为工艺技术转移和产品技术转移两种基本模式。

一般来说，在产业技术系统内部，并存着工艺技术形态和产品技术形态两大系统，而每种技术形态又包含若干相关性极强的单元技术，它们共同构成社会生产活动的技术基础。从具体生产过程看，工艺技术是产品技术形成的技术前提和物质手段，直接决定着产品的技术性能和生产能力。而从社会生产总过程看，产品技术往往又构成工艺技术的单元技术（广义上说，工艺技术的实体本身就是特定的产品），它又影响着工艺技术的总体水平和效率。

事实上，任何产业技术就其功能而言，都不是万能的，而是有其不同的侧重点。当技术侧重于影响生产流程，具有提高效率和扩张产量作用时，把这种技术的转移称为工艺技术转移；而当技术侧重于影响生产过程的结果，有助于提升产品的技术含量及功能拓展时，把这种技术的转移称为产品技术转移。一般来说，农业、采掘业领域的技术转移多属前者，而制造业、信息产业、建筑业等领域的技术转移多属后者。同时，工艺技术和产品技术在功能上又具有极强的相关性。因此，技术转移过程，又往往是通过工艺技术的转移来达到产品技术的升级，或通过产品技术的转移来实现工艺技术的改造。

(五)技术转移的基本规律

(1) 技术转移的适用律与选择律

技术转移的机制揭示,技术转移有其特定的目标指向,这种目标指向不是简单地由技术拥有方指向技术接受方,它还包含转移的价值取向,即实现同一定的技术转移行为相协调的价值目标。可见,技术的转移既是以技术使用权为标志的技术能力的转移,也是以技术的科技、经济、社会目标为特征的技术价值的转移,技术转移的目标指向是这两者的综合。

一项技术由一个地区转向另一个地区,是需要考虑技术受方的适用环境和对技术的应用能力的,在技术转移中需要考虑技术的适用性。例如,南方果树在北方地区很难越冬,会冻死,北方的土壤也不适合南方果树的生长。而北方果树到了南方,由于昼夜温差变小,所以水果的品质会变差,再加上南方地区病虫害较多,管理成本也会大幅上升,所以也不适宜种植。

技术转移的适用性在学术界获得广泛的关注,印度的著名经济学家雷迪提出了适用技术的概念,并对适用技术的有关问题做了重要阐述,他的理论又得到了其他学者的支持和发展。

从技术转移的角度来考察,适用技术实际上是根据诸多相关要素,如生产要素状况、市场规模状况、社会文化背景、技术吸收能力等,对技术转移的适用性选择。换言之,就是为了实现技术转移的价值目标,根据特定的社会、经济、文化等环境条件,选择其中某种技术的一种决策思路、准则和方法。就实现转移的具体的技术而言,它并不特指某一种或一类技术,往往是各种、各类技术的综合或复合。

需要指出的是,由于市场的扩大和国际化,人们对技术转移的适用性理解大大拓展了,我们决不能囿于一国、一地、一个部门、一个行业、一个公司或一个院所,而必须着眼于大市场。在这里,技术转移并不完全是为了内需,而是通过大市场再创造、再转移,从整体上增强国家的综合实力。看不到这一点,正是适用技术论的局限;揭示这一点,正是引入技术转移适用律的重要原因之一。

技术转移的适用律，就是相关主体的技术转移行为必须同时满足技术接受方的内部价值目标与外部价值目标，它构成技术转移的充要条件。

① 技术转移的选择律是同技术适用律相互联系、相互补充而又相互独立的一条规律。

② 技术的选择律主要揭示转移技术同环境的相容关系，它可以解释技术转移的不同结果。

对转移技术的选择，与其说是选择某种具体形态的技术，不如说是选择该种技术赖以植根的经济、文化、生态、社会的环境条件，并获得最佳的转移效果。这是因为，技术选择的影响因素只有少部分属于纯技术的范畴，而最重要和更多的因素是关于转移的技术环境的选择，或环境的适应性选择。

于是，我们需要引入一个新的概念，即技术与环境的相容度概念，用以描述技术同环境的相关性程度。相容度显然存在一个"域"，在这域内都是相容的，尽管相容度的强弱不同，技术转移未来实施的效果不同，但只要是在这个域内，技术转移的效果就都是正的，即正的效应。我们把相容度这个域的下限定义为临界相容度，当选择的转移技术同环境的相容度小于临界相容度时，我们则称之为不相容。不相容的技术不能作为转移的技术，否则，技术转移的后果必定产生负的效应。这就是技术转移的选择律。

技术与环境的相容度及其临界相容度，可用统计方法加以确定。当用以进行统计分析的技术转移活动太少，即作为样本的数据过少时，则可用系统评价的方法加以确定。这里的关键是确定评价的指标体系。由于技术包含着经济、文化、生态的转移，技术选择的影响因素主要包括科技、经济、文化、社会以及自然环境，因此，这些具有决定性的环境因素也就成为评价的一级指标。一级指标中的每一个又由若干二级指标构成，例如，经济指标中的主要二级指标不能不包括生产性条件与市场条件。必要时，还可设计出三级或更低层次的指标。这些不同层级的指标形成一个完整的评价指标体系。

如何确定指标体系的评价准则是至关重要的。从其同经济环境的相容度看，通常有高产出准则、高效益准则、资源极限准则、高积累率准则和高市场占有率准则等。

（2）技术转移的加速律与周期律

技术转移的加速律是指技术转移在地理空间位置上转移的时间周期越来越短，从而呈加速的运动态势。技术转移的加速律可以从世界上重大技术发明项目实现转移的时间周期的历史统计资料得到证明，也可以从国际技术转移的重要形式——国际技术贸易额的增长率迅速提高得到证明。

技术转移的加速发展同技术能力的加速发展是同步并交互作用的。所谓技术能力，是指技术创新能力、技术开发能力、技术仿制能力、技术吸纳能力和技术传播能力的总称。技术系统之间不通过技术转移产生技术交换关系时，所论技术系统不会获得外界的技术推力，只能按照原有的惯性运作，在内外因素的阻滞下原有的技术能力将衰减。相反，当技术系统之间通过技术转移产生技术交换关系时，所论技术系统的技术能力将产生加速增长的态势，其加速度同技术转移的力度与有效性成正比。如果同技术系统内技术能力的加速增长互相协调，该系统向外系统转移技术的能力也会加速增长。

技术转移的加速发展同社会的传输能力的加速发展也是同步并交互作用的。所谓社会传输能力是指基于社会生产能力和科技水平的物质、能量与信息的传递能力。当社会传输发展到借助信息手段的今天，技术转移的传输速度已大大加快，并能克服一切地理空间上的传统障碍。

技术转移的加速律对我们有以下要求。

第一，技术转移的加速律同时间的经济律相关，如何主动自觉地利用技术转移的加速律，节约我们自己的技术研究与开发时间，缩小我国同发达国家之间的距离，增强我国的整体科技、经济实力与综合国力，应当提高到战略高度加以注意。

第二，技术转移的加速律是以系统开放为前提的，因此深化改革、扩大开放，不断完善改革开放的政策和法律体系，便成了有效利用该规律的重要环节。

第三，技术转移的加速律是以社会传输能力为基础的，因此，不断完善社会传输设施，提高社会传输能力，就为技术转移的实行提供了物质技术保障。

第四，技术转移的加速律表明，我们要不断提高技术转移的效率，加快我们在技术转移工作中的节奏。这就要求我们不断准确地捕捉和把握有关信息，克服技术转移中的各种障碍因素，完善技术转移的相应机构，及时、有效地推动技术的内向转移和外向转移。

作为技术转移的客体的技术，具有明显的生命周期，不过，当从供方与受方两个不同的角度加以研究时，其内涵各异。

就供方而言，技术生命周期主要是指技术扩散周期，它是一条由曲线方程描述的呈"S"形的增长曲线。扩散过程主要有三个阶段：扩散初期，速度较慢；扩散中期，速度加快；扩散后期，速度放慢，直至最后停滞。技术扩散不同阶段速度的差异，主要取决于扩散行为赖以存在的大环境中的社会因素与经济因素及其二者的共同作用。

就受方而言，技术生命周期主要是指技术引进周期，它包括技术引入期、技术吸收期、技术成熟期和技术老化期四个阶段。技术转移的生命周期律，第一层含义，是指以上两类生命周期的匹配规律，受方要善于从供方技术生命周期的有利阶段选择技术，同时尽可能缩短引进和吸收两阶段的周期以防止技术的老化。第二层含义，是要善于在原有的技术老化阶段到来前，通过技术转移及时引进新的技术因素，使原有技术获得再生，或延长其生命周期。

（3）技术转移的层次分布律与梯度分布律

按照技术向高级发展的过程可以把其划分为不同的阶段，或者按照技术扩散的规模可以把其划分为不同的类型。技术的这种发展的阶段性与扩散的规模大小反映到技术转移行为中便形成转移技术的层次分布。

我们所论的技术转移的层次分布律，是指供方有针对性地区分受方的具体环境条件，如资金、资源、技术条件等，以确定转移技术的类型与转移规模，受方则依据自身经济成长与技术成长的不同时期确定引进技术的层次。

英籍德国经济学家舒马赫（E.F.Schumacher）曾经根据发展中国家存在"二元经济"的现实，提出所谓"中间技术"的理论。这个理论尽管有其不足，但客观上反映了技术层次分布及技术转移层次分布律的要求。

技术以其发源地为中心对外界的影响与扩散，从地域空间上或技术层次上呈均匀的递减分布或递次转移，这就是技术的梯度分布律。技术转移的梯度分布律只具有相对性意义，而不具有绝对性意义，其原因如下。① 由于现代科学技术发展的社会化与信息化、市场发展大型化与国际化，跳跃式技术转移必将替代传统意义上的梯度式技术转移。② 技术发展的非均衡性使技术源的分布趋于多元化，因而同时出现技术梯度的正向与逆向分布、平行分布与交叉分布。这不仅存在于发达国家或地区之间，而且也存在于发达国家或地区与发展中国家或地区之间。③ 由于竞争程度的加剧，作为技术主体的个人或群体在知识结构上快速更新并且趋向多元化，技术转移主体的地位将依条件不断发生转化。

将技术转移梯度分布律绝对化或简单化，其危害是显而易见的，供方可能丧失技术扩散的时机与市场，受方可能抛弃技术选择的价值准则，而消极地等待技术扩散波的到来，从而丧失自身的发展机会。

（4）技术转移的经济成长律与经济技术互动律

技术转移的主要动因是经济的需求，其主要效果是经济的增长。技术转移同经济增长效果之间具有内在的必然联系，并且互为因果。技术转移也是经济增长的主因之一，原因如下。

① 技术转移服从于比较利益规律。技术转移方向按两优中取其更优，两劣中取其次劣的原则确定，这能够促进更高价值的技术扩散，并推动资源的有效配置，提高整体经济效益。

② 技术转移服从于动态利益规律。技术转移是个动态转换过程，一方面，技术梯度转移继续运行，从而提高受方整体的技术水平，缩小转移双方的技术差距，不断降低生产成本，提高劳动生产率和经济效益；另一方面，技术转移产生的经济增长将迅速传递，从而推动经济技术的一体化进程，促进经济结构的变化，加速资本同技术转移的顺向流动，给经济的增长注入新的动力。

经济和技术不仅存在一个互动的过程，并且存在着互动的效应。清末时期的闭关锁国政策，远离了工业革命，没有及时从外国引进技术，这导致我国经济落后，遭遇侵略。近几年来，我国的GDP数据逐年增长，而这和改革开放以后政府重视创新、发展科学技术有很大关系。党的十八大以来，科技带动经济发展的重大作用明显，我国对科技和人才的重视程度越来越高，如今，在外媒眼中，中国似乎有了一个新的代名词，那就是"人工智能"。2017年以来，我国在人工智能研发创新上不断加大投入力度，在人工智能领域的国际科技论文发表量和发明专利授权量已位居世界第二，语音识别、视觉识别等技术已经达到了世界领先水平。同时，我国政府积极出台各项政策措施，支持国内企业的快速发展，力图构建一个完善、活跃、开创性的人工智能产业生态。我国的崛起，让科技领先不再是西方的专属。国外媒体对于我国人工智能发展的看法几乎出奇的一致——中国正在人工智能领域建立独特优势，参与世界的竞争将成为必然趋势。经济与技术的互动机制，同技术转移的效率和效益是相联系的，或者说，经济与技术的互动作用，是由技术转移为轴心转动的。

我们若将基本规律作为一级规律，那么，以上所论的四对规律就是二级规律。它们作为一个规律群，是对技术转移基本规律表征的一种方式、一种形式，这对于我们迄今努力探讨的这一课题，无疑是一个可能的答案。技术规律的探讨对科技、经济、社会系统协调发展有特殊意义，激励我们更深入地研究这一课题，并殷切地期待着这项研究的新进展。

1.1.2 我国技术转移发展趋势及面临的挑战

（一）影响我国技术转移发展的因素

我国在技术转移实践中遇到了各种影响技术转移实施的障碍，加强这方面问题的研究对加速技术转移进程有重要意义。一般认为，技术转移涉及4个方面的因素，即技术供方、技术受方、转移渠道和转移环境。转移渠道是否畅通主要取决于供方、受方和环境的状况，所以可以从技术供方、技术受方及影响技术转移的外部环境三个方面来分析技术转移的障碍。

从技术供方来看，影响技术转移的主要因素如下。

（1）观念和行为滞后。相当一部分科技人员和管理人员还没有从传统角色中转变过来，重理论研究轻技术开发或不善于搞技术开发的现象还比比皆是。而且搞技术开发和推广花时、费力、实惠少，往往吃力不讨好，因而不少科研单位和科技人员对技术开发和推广工作提不起热情。

（2）选题不当。科研选题没有充分考虑市场需求和生产条件，是导致科研成果难以转移的一个重要原因。有些研究是研究者纯粹出于兴趣和以往的研究套路或为写论文而做的，很少考虑成果的应用性，结果是其研究成果往往满足不了企业技术创新的要求。有些研究成果虽然技术先进，但生产成本高或原材料供应不足，也难被企业所接受。

（3）技术水平不适应。有些研究成果水平不高，缺乏开发潜力和市场前景，自然难以推广出去。还有许多研究成果由于研究者没有考虑到应用环节，一般只有技术的核心部分而没有提供使用该技术所必需的配套技术，因而也很难成功转移。

（4）拥有先进技术的企业搞技术垄断，不愿将技术向其他企业转移。

对于技术受方来说，影响技术转移的主要因素如下。

（1）科技进步的意识不强。许多企业只注重短期效益，由于没有专门的鉴定中介组织对高校、科研单位的研究成果进行评估，而企业自身又没有能力和精力对每项成果进行评估，因此对新技术疑虑重重，仍满足于现有技术，缺乏技术进步的意识。

（2）企业能用于研究与开发的资金不足。大多数企业经济效益不好，经营粗放，无力进行科技投入。

（3）对科技的吸纳能力不足。企业技术力量薄弱，技术设备落后，人员科技素质不高，对新技术不易掌握，许多企业没有技术开发机构，缺乏中试条件，这些也制约了企业技术进步。

影响技术转移的外部环境因素如下。

从供需双方的问题中可以得出，虽然我国经济部门对科技的潜在需求很大，但企业对科技的有效需求不足；同时，科技部门的科研成果大量闲置，而对经济发展的有效供给却严重不足。这表明，我国国内技术转移的渠道不畅，技术转移尤其在市场方面存在严重障碍。供方和受方出现的这些阻碍技术转移的因素，大多可以从转移环境中找到其根源。

（1）金融体系的改革滞后于科技发展的要求

这些年来各专业银行开办了科技信贷业务，一些地方还建立了科技银行或科技风险基金，但规模不大、条件苛刻、管理经验不足。企业想通过银行贷款搞技术开发和技术改造并非易事，而能得到国家的专项拨款进行技术开发和改造的毕竟只是少数企业。在自筹资金、拨款和银行贷款都比较困难的情况下，企业搞技术开发和技术转移是心有余而力不足。

（2）机制体制的不完善阻碍了技术转移

① 僵化的科研体制严重阻碍了技术市场发育。目前我国大多数科研机构结构单一，规模弱小，科研集中度较低，这严重阻碍了我国技术市场发育和技术商品的有效供给。

② 教育体系中存在着不符合科技发展要求的缺陷。我国由于教育体制改革未跟上科技体制改革的步伐，在评职称、评奖、计算工作量时只重视论文的数量和所发表刊物的级别，而对转移和推广工作不够重视，从而在行为导向上引导科技人员轻视转移和推广工作。此外，教育机制中还存在一些课程设置上重理轻工，教学上重知识灌输轻能力培养，重专业教育轻通才教育的情况。引进技术后，技术接受方由于缺乏高水平的技术人才，很难对引进技术进行消化、吸收，也很难不断提高自己的科研、设计和制造能力，无法形成独立的技术创新能力，以至于无法摆脱对技术供方的依赖。这些都在不同程度上削弱了科技人员进行技术开发和技术转移的能力。

③ 企业的管理体系有缺陷。主要表现在以下两个方面。其一是企业的产权关系不明确，企业领导往往只需对上级管理部门负责，而在上级对企业的考核中通常只重视产量、产值和利润指标，缺少考核技术进步的有效办法，导致一些企业领导人在承包期内靠消耗企业原有设备片面追求产值

产量的短视行为。其二是企业税负重高,但留利水平和折旧率低,其结果是企业普遍缺乏进行技术开发、技术改造的资金。

④ 人事管理制度的改革滞后。实现技术转移的实质就是科技与经济的紧密结合,是一个复杂的系统工程,它涉及科技部门、经济部门以及金融、财政、税务、计划、教育等其他部门。要协调好各个部门共同促进技术转移,以实现科技与经济的紧密结合就需要一个良好的组织保障体系。而目前存在着的条块分割、地方保护主义、部门保护主义以及政府部门对企业经济活动的不合理干预,不仅保护了落后技术,也抑制了先进技术的推广。这种人事管理制度也束缚着作为技术转移的重要载体——科技人员的流动。严格的户籍管理制度,加上缺乏有力的人才流动鼓励措施,使得各省科技人员云集大中城市,这就造成了一种恶性循环,即越是缺人才的地方,越是招不到、留不住人才。

⑤ 合理的技术商品转移价格机制尚未形成。技术商品的价格形成机制是技术商品化的核心。由于技术商品的单一性特征,其价格只能由技术的供受双方谈判来确定。交易条件是交易价格大于技术开发成本而小于技术应用的效益,并受技术供受双方的满意程度控制。在实际中,一项技术的交易往往不是通过一次性独家转让进行的,而是对多个受方进行多次转让。在这种情况下,理论上供方的交易条件是多次转让的总交易额大于技术的开发成本;而受方的交易条件是交易价格小于技术应用的效益。但由于技术商品交易的次数一般是不能预先确定的,且技术应用的效果与受方对该技术的使用效率及产生的经济价值有关,因而更具不确定性。此外,我国又未建立起诚信机制,不可能按照成本加成法计价,所以这些不确定性导致了技术供受双方交易的高风险性,从而一定程度地影响了技术转移。

⑥ 社会保障体系尚未健全,科技人员在生活、就业、医疗、养老等问题上存在着后顾之忧,这是影响科技人员走向市场的一个重要因素。

⑦ 风险防范和回避机制的缺乏加剧了技术转移的风险性。技术转移的高风险性也会增加技术转移的障碍,主要表现在三个方面。(a)技术风险。技术的研究开发是创造性工作,本身就存在失败的风险,而技术的使

用也存在失败的风险。(b)市场风险。由于技术生产的一次性,生产成本在出售前就全部形成,市场的变动性和技术商品价格的不确定性存在很大风险。(c)扩散风险。由于技术的外溢性,技术供方随着技术价值丧失而承受的风险转移到了技术受方。我国因无相应的避险机制,对于投入大的高新技术的开发和转移尤其困难。

(3)科技中介功能缺位

我国每年有3万多项科技发明产生,这些发明都需要产业化、商品化,同时我国民间有10万亿元的银行存款在寻找出路;而众多的中小企业缺乏资金、需要技术转移,庞大的市场需求给科技中介机构带来了巨大的发展机遇。尽管近几年我国科技中介机构发展迅速,为科技创新和科技产业化做出了重要贡献。但是从整体上看,我国科技中介机构的发展仍处于起步阶段,服务能力仍然满足不了日益增长的服务需求,主要表现如下。

① 科技中介机构发展存在较大的不平衡,主要表现为地区间发展的不平衡和业务领域发展的不平衡。科技中介服务体系发育也不健全,一些保障科技成果有效流通所必需的服务环节缺乏相应的机构或组织承担,从事科技评估、审计、仲裁、风险投资等业务的机构太少。

② 绝大多数科技中介服务机构的运行机制尚处在向市场机制的转变过程中,非企业法人的中介机构占多数,单纯靠科技中介服务得以生存和发展的,仅占现有科技中介服务机构的一小部分,相当一部分还是靠多种经营来维持生计。此外,科技中介机构的服务水平、服务质量和人员素质偏低,缺乏竞争力,真正能依靠服务手段,通过采取有偿服务的方式,实行自主经营、自负盈亏的服务机构不多。

③ 缺乏公平的竞争环境,阻碍了科技中介的市场化进程。以500万元以上的科技中介类国家项目为例,由于缺乏有效的招标机制,承接这些项目的大多都是和各级政府有着千丝万缕关系的科技中介机构,这就使得一些民营中介机构根本无法与其进行竞争。

④ 支持科技中介机构发展的公共信息基础设施薄弱,公共信息流通不畅。各类科技中介服务机构,尤其是政府资助的机构基本上是条块分割,各自为政,都有自己的运作方式和发展目标,因此,整个科技中介服务机

构的建设工作和运作的统筹性不强，有些工作难免重复，造成资源浪费。

（4）技术转移所需的复合型人才比例低

在技术转移所需的一切资源中，人力资源是最宝贵的。虽然全国科技人员队伍在不断壮大，但是，我国高等教育方面存在学科划分较细、专业设置有缺陷、教育应试化等问题；此外，相应的继续教育在我国是软制度，学与不学没有相应的监督保证制度，经常会由于某些原因，如企业领导的重视程度、学员自身接受继续教育的积极性、企业人才培训经费等的影响而使接受再教育成为一纸空文。所以，目前我国严重缺乏既懂专业技术知识，又懂经济规律、商业化运作和企业管理知识，同时具备良好的心理素质和竞争意识的复合型科技产业化人才。目前全国技术市场从业人员有111.7万人，其中受过培训的有4万人，约占总数的4%，取得技术经理人证书（此资格认证起点低，其含金量也相对较低）的有约1万人，仅占从业人数的0.9%。因此，培养和造就一支能够把技术与资本、技术与管理、技术与经营、技术与市场结合起来的复合型人才队伍，已成为我国加速技术转移亟待解决的紧迫任务。

（5）未充分意识到技术转移的负面效应

我们知道技术转移不仅仅是技术形态在空间上的移动，由于技术本身的复杂性和技术的广泛应用性，技术转移常常具有综合性特征。也就是说，在一项技术发生转移的同时还会伴随着很多有形或无形因素的移动。一项技术引入后，会通过溢出效应和波及效应对技术受方国内的技术环境、产业组织、经济状况和人文环境产生影响。现代大数量、高速度、多渠道的技术转移会使这种综合性变得更为复杂。技术在转移的同时，也将一国的文化习俗、生活方式和价值观念转移到另一国，使人们由单一的民族传统和价值观念向一个多元综合的价值观念转变。但任何事物都具有两面性，技术转移的综合效应同样也具有两面性。随着西方技术向东方的转移，东方几千年来形成的价值观念和生活方式受到巨大的冲击。从生产技术转移来看，一些经济发达国家已集中了高附加值的知识产业，将越来越多的工业制造业、资源密集型产业向发展中国家转移。

总之，我国的技术转移市场尚处于比较初级的阶段，技术转移以简单交易型的技术贸易和作坊式的科技产业化为主要形式，技术市场体系很不完善，技术转移的市场途径中也存在着严重障碍。这造成了目前我国科技部门技术商品的有效供给不足和企业对科技成果的有效需求不足的矛盾局面，严重阻碍了我国的技术转移。

（二）新时期我国技术转移的发展趋势

根据我国技术转移的现状，新时期技术转移的发展呈以下三种趋势。

（1）国际技术转移主体将呈现多元化趋势

在国际技术市场上，跨国公司以其雄厚的资金和强大的技术力量成为国际技术转移的主要承担者，是现代国际技术贸易中最活跃、最有影响力的力量。随着世界贸易进入以技术和技术产品出口为重点的新时期，跨国公司将在其中扮演重要角色，在世界技术市场上的地位将进一步提升。但近年来，发达国家的中小型企业也开始积极参与国际技术转移活动。目前，中小型企业正在向跨国公司垄断国际先进技术的地位提出挑战，特别是西欧国家的一些中小型企业很有竞争力，已成为国际技术转移中不可忽视的力量。此外，在今后的国际技术贸易中，除了在企业之间进行交易活动外，以高新技术为重点的交易活动（如航天技术、卫星发射技术、核能技术以及有助于国土资源分析和利用的其他高技术），将更多地通过政府之间的技术贸易进行。政府参与或通过政府进行高新技术贸易，将使高新技术的国际贸易呈现高速增长的趋势。

（2）技术转移客体不断向高级化方向发展

近年来，纯粹知识或信息形态的技术转移（如专利、专有技术、技术情报等）占据了越来越重要的地位。技术转移软件化扩大了科学技术成果应用和传播的可能性，同时也带来了人们知识的更新、素质的提高和企业经济管理方式的改进。伴随着世界高技术创新的竞争态势，世界技术转移也由劳动密集型向技术密集型发展。

此外，高技术产品正在成为世界贸易发展的主导力量。随着高技术的发展及其在生产、信息、商品流通领域中的广泛应用，服务贸易相对于产品贸易的比重迅速上升，工业制成品特别是高技术产品在世界贸易中的比重大幅度增加。目前，韩国电子产品已占总出口的1/4，新加坡总出口的2/3是电子产品（包括个人电脑、电脑磁盘驱动器等）。以技术服务和信息交换为内容的国际技术服务贸易的形成和发展，以及以高技术产品和高价值技术为贸易对象的现代技术贸易的扩展，构成了世界贸易结构变化的基础。

（3）亚太地区将成为国际技术转移的新兴市场

目前世界格局的多极化趋势中出现了正在形成中的三大经济圈，以欧盟为核心的欧洲经济圈、以美国为核心的北美经济圈，以及正在形成中的东亚经济圈或更大范围的环太平洋亚太经济圈。其中，亚太地区经济以高于其他地区的速度连年增长，新加坡以及东京、悉尼、香港、上海等地已经或正在成为国际经济、金融中心。21世纪，亚太地区的国际贸易、投资活动更趋活跃，亚太地区将成为国际技术转移最为重要的市场之一。

随着技术转移的发展，关于技术转移的研究也发展起来，特别是在第二次世界大战以后，发表了很多有价值的论著，对于指导技术转移起了历史性的作用。然而，这些研究在技术转移系统环境与运行新特点面前，则暴露出了它的局限性，主要如下。

① 主体局限性。传统的技术转移理论多是为技术转让方的利益服务的。

② 民族局限性。一些技术转移理论是以保持本民族特别是发达国家的技术"中心"地位，及其与"边缘"的技术差距，借以控制或支配"边缘"为目的的。

③ 时代局限性。未能对发生了时代性变化的客观环境和条件及时做出反应。

④ 知识局限性。技术转移既受经济规律制约，也受技术社会发展规律以及政治军事因素所制约，然而，仅仅具有贸易知识、仅仅借用经济贸易的"现成"理论是不能正确回答技术转移问题的。许多传统技术转移理论往往只是从某一侧面或某一环节去探讨或回答问题，而对当代技术转移的本质与规律缺乏探讨。一些技术转移论著强化政策操作下的论述，理论比

较贫乏，更未形成关于技术转移的系统、科学的理论体系。

总之，传统的技术转移论著，同实际相脱离、相背离，适应不了系统环境发生的时代性变化。理论同实践的脱离必须通过理论同实践相结合来解决，必须通过探求与创造新理论来解决。

1.2 技术转移人才体系建设概况

我国将加快构建起功能完善、运行高效、全链条、市场化的国家技术转移体系，为科技成果转化为现实生产力提供有效支撑。同时，我国将从构建财政科技计划成果信息发布与转化应用、打造专业化技术转移机构和人才队伍、构建区域性科技成果转移转化工作、健全企业主导的产学研协同转化应用、完善科技成果转化的多元化投融资五大体系着手，着力打造国家技术转移体系。

1.2.1 认识技术转移体系

（一）技术转移体系的概念

2017年9月15日，国务院印发《国家技术转移体系建设方案》，明确提出了加快建设和完善国家技术转移体系的总体思路、发展目标、重点任务和保障措施。此次发布的《国家技术转移体系建设方案》指出，国家技术转移体系是促进科技成果持续产生，推动科技成果扩散、流动、共享、应用并实现经济与社会价值的生态系统。这是中国首次提出国家技术转移体系的概念。

国家技术转移体系是国家创新体系的重要组成部分。当前，科技创新范式具有开放性、平台化、网络化、多元参与和用户牵引的特性，因此，在新的形势下，有必要优化国家技术转移体系的基础架构，激发创新主体技术转移的活力，增强科技转移转化的供给。在国家重大的、面向产业发展的技术的研发上，要建立以企业牵头，为国家重大项目实施的机制；在有些前瞻性的领域，鼓励产、学、研成立联盟来增强供给；在一些关乎国家重大需求、体现国家重大战略的重点领域,要加强技术转移工作和技术转移体系的建设,比如在人工智能、环境治理、精准扶贫等领域,我们要有重点、有目标地推动创新主体各个要素产出更好的科技供给。

(二)技术转移体系的构成

(1)技术转移体系构成分析

① 政策法规体系

技术转移的政府政策分为两大类,即外资政策和技术管理政策。政策法规体系构成如图1.2.1所示。

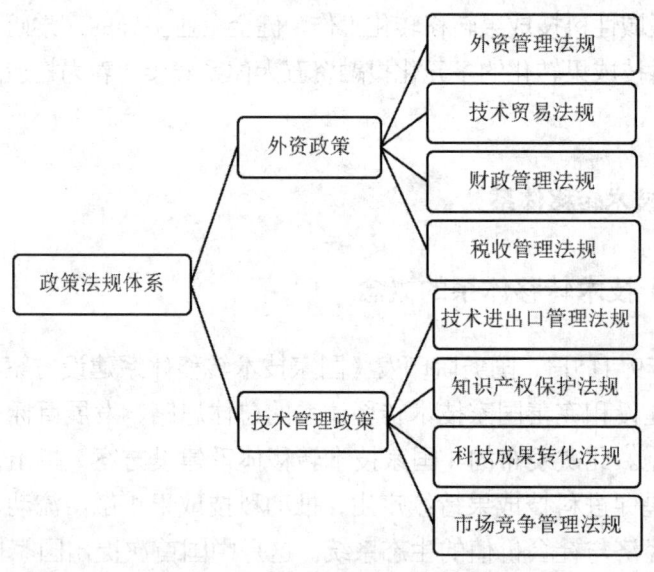

■ 图1.2.1 政策法规体系构成图

国家采取的外资政策措施大致可分为鼓励性、中性、限制性三类。技术管理政策中,与技术转移最直接相关的是知识产权保护法规和技术进出口管理法规。上述两类国家政策主要是通过法律法规加以实现,如外资管理法规、技术贸易法规、技术进出口管理法规、知识产权保护法规等。

② 技术引进管理体系

技术引进涉及政治、经济、金融、技术、法律和国家发展战略等多个方面，是一个极其复杂的过程，因此大多数国家政府都通过健全管理制度和设立管理机构对技术引进实施比较严格的宏观管理。技术引进管理体系构成如图1.2.2所示。

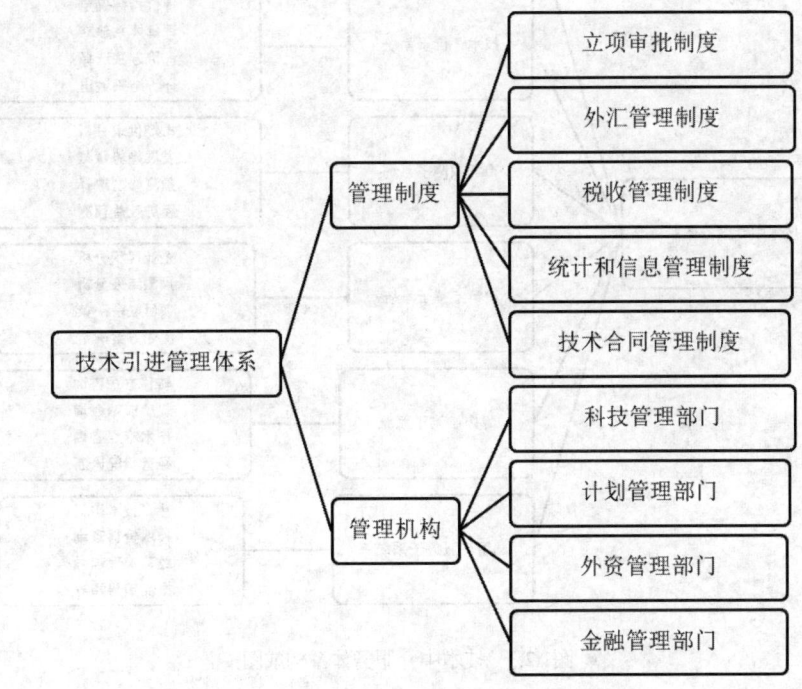

■ 图1.2.2　技术引进管理体系构成图

马来西亚、印度尼西亚、墨西哥等大多数发展中国家均采用制定管理制度的方法对技术引进实施宏观管理。另外，许多国家都设立了专门的管理机构负责本国技术引进管理，如印度财政部下设的外国投资署、泰国的技术转移中心等。

③中介服务体系

技术转移中介服务体系是一个多功能综合服务体系，由信息集散、技术评价、市场预测、决策支持、专家咨询、用户服务等多个子系统构成，各子系统的功能则体现了技术中介对于技术转移过程各个环节的支持作用。技术中介服务体系构成如图1.2.3所示。

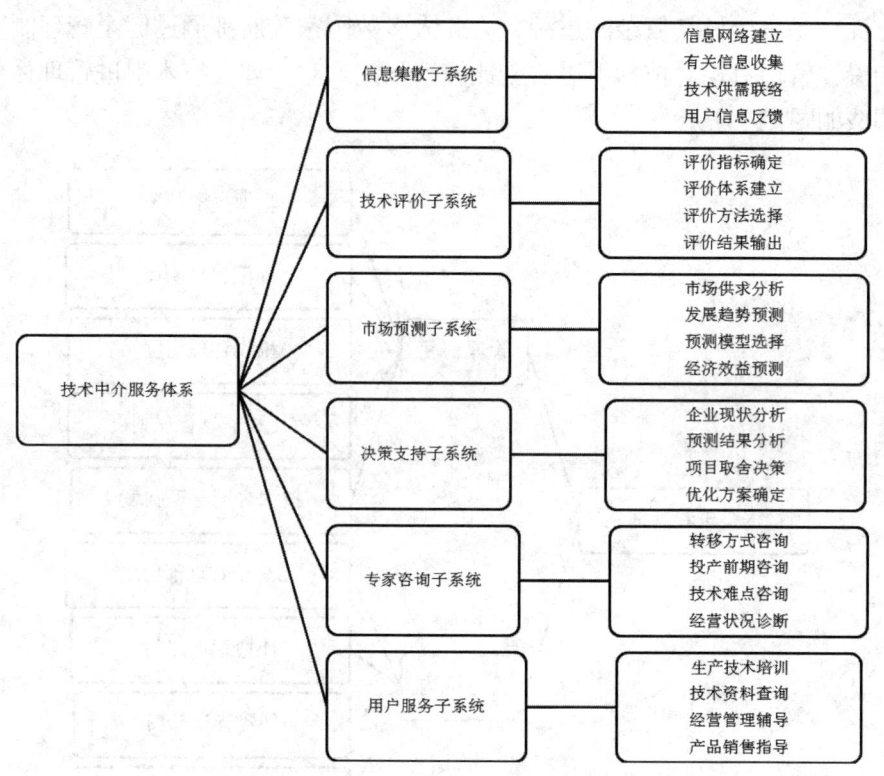

■ 图1.2.3　技术中介服务体系构成图

科技中介服务体系的服务范围非常广泛，主要为技术转移的各行业主体提供技术信息咨询、人才供求与培训、国家科技政策咨询、科技投资需求分析、企业科技管理咨询以及法律及财务咨询等服务。

④绩效评估体系

技术转移绩效评估体系是指国家为审查评估技术转移活动的执行情况，建立的以政府部门为主导，以企业为对象，高等院校、科研机构和中介组织参与，依靠市场和企业反馈信息的组织体系。在该体系中，政府运用客观、科学的评估手段，在技术转移开始前、过程中和结束后，对技术转移活动的技术、经济、社会和环境收益进行有效评估。这种评估不仅仅体现在技术创新和技术扩散等科技活动本身，而且体现在经济、社会、环境等诸多方面，反映了技术转移活动对整个国民经济的贡献水平和影响程度。

⑤ 辅助支撑体系

技术转移的辅助支撑体系分为资金投入和技术承载两个子系统。辅助支撑体系构成如图1.2.4所示。

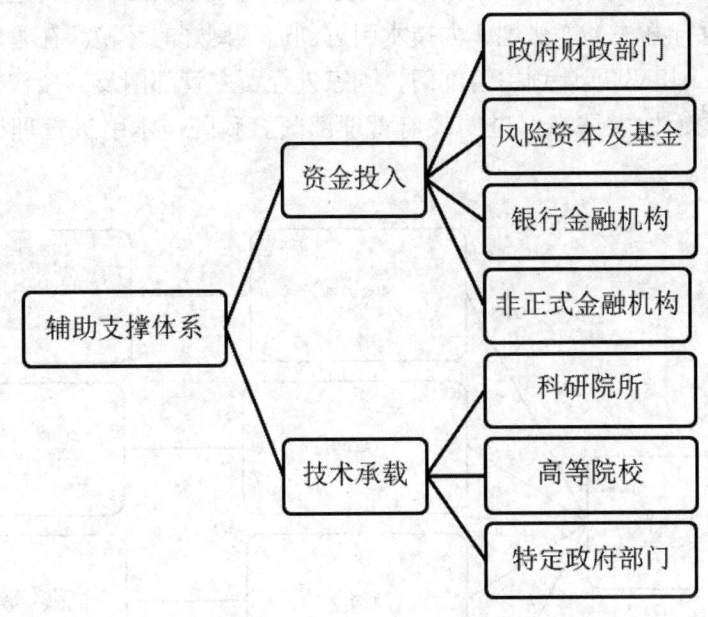

■ 图1.2.4 辅助支撑体系构成图

资金投入子系统为企业科技创新活动提供资金支持，技术承载子系统则主要充当技术扩散和技术传播的载体。例如，加拿大国家研究委员会下辖的工业研究辅助计划（IRAP）是该国技术转移的重要载体。

（2）我国国际技术转移体系的现状分析

① 技术转移立法体系基本形成，但缺乏专门的技术转移法规。我国外商投资管理的法规主要有《中华人民共和国外商投资法》，技术引进与管理的法规主要有《中华人民共和国科学技术进步法》《中华人民共和国促进科技成果转化法》等。这些法规包含对外资吸收、鼓励、保护、技术引进和科技成果转化的可操作条款，基本上形成了一套比较完善的政策立法体系。但截至目前，我国并没有像国外那样专门的技术转移法，相关规定只是散见于其他与外商投资和技术转移有关的法规中。

② 技术引进宏观管理体系日益完善，但多头管理模式有待改进。我国对技术引进的国家管理主要通过政府相关机构对技术引进项目及合同实施审批及管理。近年来，我国技术引进法规日益完善，相继出台了《技术进出口管理条例》《技术引进合同管理条例》《技术引进和设备进口贸易工作管理暂行办法》等法规，为技术引进创造了良好的环境。在管理机构的设置上，国家发展计划主管部门、国家外经贸主管部门及其授权的地方或行业机构，构成技术引进的政府管理部门。我国技术引进管理模式如图1.2.5所示。

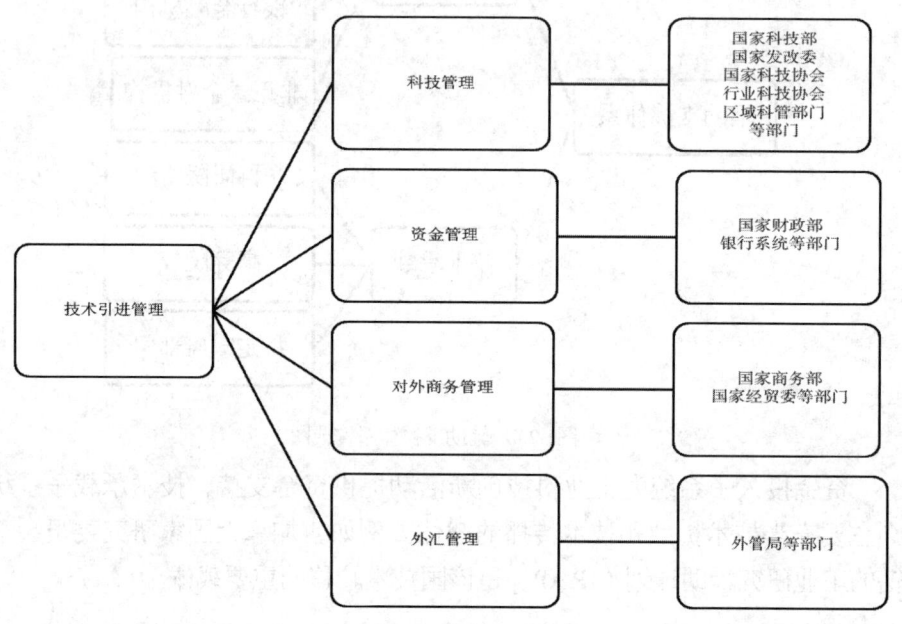

■ 图1.2.5 我国技术引进管理模式图

上述条例、法规和政府管理部门构成了我国技术引进管理体系，在促进技术引进整体规模不断扩大，提升我国科技实力，缩短与发达国家之间的技术差距等方面发挥了积极作用。另外，我国技术引进管理体系中也存在许多不容忽视的问题，比较突出的问题是我国现在尚未建立专门、权威的技术引进管理机构，现行的管理模式客观上造成了多头管理，导致同类技术重复引进项目过多。同时，各部门管理分散，协调性差，严重影响了技术引进的效率。

③ 中介服务体系初具规模，但综合服务能力有待提高。我国技术转移服务体系主要由地区性、行业性的生产力促进中心，国家工程技术研究中心，国家级、省级的科技成果推广中心，科技企业孵化器，大学科技园，科技咨询中心和国家重点建设的国家技术转移中心等中介服务机构构成。目前，在我国大中城市共有各类科技中介组织（包括技术贸易机构）6万余个，生产力促进中心850余家，科技企业孵化器460余家，科技情报信息机构400余家。一批水平高、实力强、后劲足的科技中介组织不断涌现，高层次的科技中介队伍正在形成。例如，西安创业服务中心已拥有十万平方米的孵化场所，能够提供开发试验、贷款推荐与担保、风险投资、人才培训、政策指导和咨询、国际合作等全过程、全方位、高效率的服务。但总而言之，我国科技中介服务体系起步较晚，发展缓慢，行为不够规范，服务功能比较单一，所提供的服务大多仅限于"牵线搭桥"式的信息服务，远远没有达到集"信息集散—技术评价—市场预测—决策支持—专家咨询—用户服务"为一体的全方位服务要求，不能完全满足技术转移和扩散的需求。

④ 绩效评估体系基础较好，但企业信息反馈机制尚未建立。国家科技部是我国科技评价活动的行业主管部门，各类评估机构主要是在科技管理部门所属的有关单位，如软科学研究机构、科技咨询机构、科技情报机构等部门的基础上产生的。这些机构对国家和地方科技政策、产业政策、科技战略、科技发展水平比较了解，具有开展科技评价的良好基础。我国科技评价体系模式如图1.2.6所示。

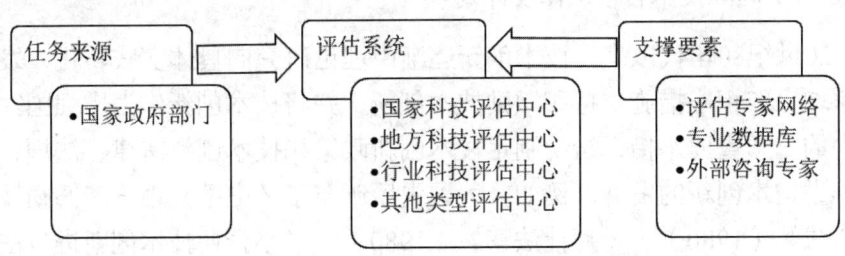

■ 图1.2.6 我国科技评价体系模式图

我国目前的科技评估体系，由于很少有企业的参与和信息反馈，很大程度上不能完全反映国际技术转移的绩效和全部收益及影响，例如，产业前后向关联度、对技术接收方的带动作用、环境污染程度等。应该说，我国目前尚未建立真正意义上的国际技术转移绩效评估体系，国家层面的顶层设计不够，技术转移绩效评估和监督工作还停留在单个项目层面，没有建立系统的登记、统计、反馈和监督机制，相关的法律法规也不尽完善。

⑤ 辅助支撑体系功能单一，融资能力不强。科技投入是技术转移的保证和前提。近年来，我国财政科技投入逐年增加，2010年我国财政科技拨款4114.4亿元，此后5年连续保持快速增长，至2016年，国家财政科技支出达7760.7亿元，同比增长88.6%。同时，国家财政科技拨款占财政总支出的比重也呈逐年上升趋势。但对于我国强劲的技术转移势头来说，仍然缺乏强有力的资金支持。国家金融体系的改革明显滞后于科技发展的要求。

技术转移既是技术获取的方式，又是技术成果商业化的重要途径，因此，技术转移是技术创新的重要环节，也是国家创新体系的重要组成部分。进入21世纪，随着经济全球化和知识经济的发展，知识流动对技术创新的作用日趋重要，加强技术转移体系建设，特别是促进公共研究成果的技术转移，成为主要发达国家创新体系建设的重点。

1.2.2 理解技术转移人才体系建设

（一）技术转移政策法规支撑体系

（1）国际技术转移法律及计划

20世纪80年代以来，技术创新逐渐由理论研究向具体实践转化，发达国家均采取相应措施支持和激励技术创新，并将技术创新作为增强国家竞争力的一项重要举措，纷纷制定技术创新政策和技术创新法律、法规，直接推进技术创新的发展。例如，美国先后颁布了《史蒂文森—威德勒技术创新法》（1980）、《拜杜法案》（1980）、《小企业技术创新进步法》（1982）、《国家合作研究法》（1984）、《经济间谍法》（1996）等20多部技术创新法律，形成了一个完整的技术创新法律体系。日本也先后颁布《中小企业技术开发促进临时措施法》（1985）、《促进大学等的技术研究成果向民间事业转移法》（1998）、《科学技术基本法》（1995）等一系列法律，全面推进技术创新。法国1999年通过了《技术创新与研究法》，以色列政府1985年颁布了《产业研发鼓励法》，等等。一些发达国家长期保持国家竞争力的领先优势，正是技术创新政策效用的最好反映。

（2）我国技术转移法律支撑体系

借鉴国外先进国家的成功经验，制定具有中国特色的技术创新政策、法律和法规，是全面推进我国技术创新的一个关键。

《中华人民共和国促进科技成果转化法》由第八届全国人民代表大会常务委员会第十九次会议于1996年5月15日通过，自1996年10月1日起施行。现行版本为2015年8月29日第十二届全国人民代表大会常务委员会第十六次会议修正后的版本。2015年3月，国务院面对全球新一轮科技革命与产业变革的重大机遇和挑战，面对经济发展新常态下的变化趋势和特点，面对实现"两个一百年"奋斗目标的历史任务和要求，发布了《关于深化体制机制改革加快实施创新驱动发展战略的若干意见》（中发〔2015〕8号）。2016年2月26日，国务院印发《实施〈中华人民共和国促进科技成果转化法〉若干规定》（国发〔2016〕16号），紧接着2016年4月，国务院办公厅通过并印发了《促进科技成果转移转化行动方案》（国办发〔2016〕28号），为加快科技成果转化为现实生产力提供了动力。2017年7月19日下午，中央全面深化改革领导小组第三十七次会议审议通过了《国家技术转移体系建设方案》（国发〔2017〕44号），首次描绘出了我国技术转移体系的蓝图。2017年10月，党的十九大会议再次重申科技创新对国家未来发展的重要作用。

为深入贯彻落实党的十九大精神，实施创新驱动发展战略，激发科技人员创新创造活力，进一步推动落实科技成果转化政策，全面协调推进高校科技成果转化工作，我们更应该认真学习，坚决执行国家技术转移计划。

（二）技术转移管理体系分析

（1）发达国家技术转移管理体系

①集中管理体系

实施技术转移集中管理体系的国家，一般都设有专门负责技术转移的政府部门，并在全国各地设有技术转移工作机构以负责执行和实施国家的技术转移计划。例如，法国设有研技部，负责全国科技政策的制定和协调。英国设有国家级大学技术转移协会，负责指导和管理全国高校和科研机构的技术转移活动。韩国设有知识经济部，且每3年出台一个"技术转移与产业化促进计划"，意在建立全国性技术转移与产业化支撑体系；在2014年，韩国政府为促进经济和就业增长，还提出了构建"创造经济"的规划，并将技术转移及产业化列入创造经济实现的核心课题。

②分散管理体系

采取技术转移分散管理体系的国家，中央政府一般只负责制定有关技术转移政策和建设法律环境，技术转移的具体工作由地方科研机构和高校设立的技术转移中介机构来执行。例如，日本政府在宏观科技管理方面成立了两个机构，一个是内阁府下设的"日本综合科学技术创新会议"，以抓宏观政策为工作重点；另一个是文部科学省，其职责是根据政府确定的科技综合战略和方针制定各省厅统一实施的科技政策，制定和推进并调整研究开发计划，确保学术和科学技术研究的协调性和综合性。日本的一些高校和科研机构也设立了专门的技术转移办公室（TLO）来负责具体的技术转移工作。虽然在日本的整个技术转移服务体系中，主要组成部分包括政府、大学以及民间力量，但是，日本政府的引导作用十分重大。

③混合管理体系

实施混合管理体系的国家，一般既有专门负责管理技术转移工作的政府部门，也依赖地方科研机构和高校设立的技术转移中介机构来实施具体的技术转移工作。例如，美国国会明确界定了联邦实验室、高校等非营利组织的技术转移职责；美国联邦政府则设立国家技术转移中心，促进政府资助的科研成果向产业界转移，并在商务部里建立技术管理机构，负责对技术转移工作的指导。又如，德国联邦教育研究部（简称"联邦教研部"）是德国政府的科技宏观管理部门，主要负责制定科技政策，进行宏观管理。同时，除高校和研究所外，德国政府根据各个地区的需求和经济的总需求设立技术转移机构，并且建立科技成果和人才情报网络，为高校、研究所和企业搭建一个沟通和技术转移的平台。

（2）我国技术管理体系分析

技术市场是我国促进技术转移，促进科技成果转化的最为重要和广泛的组织管理支撑体系。

① 技术市场的概念

技术市场概念有狭义和广义之分。狭义的技术市场是指在一定时间、一定地点，进行技术商品交易的场所，如技术交易会、技术集市等。广义的技术市场是指将科技成果作为商品进行交易，并使之变为直接生产力的交换关系的综合。它包括从技术商品的开发到应用和流通的全过程。本文所研究的技术市场是广义的技术市场，包括有形技术市场和无形技术市场。

② 技术市场的功能

技术市场的服务功能主要在于实现和增加技术商品的价值和使用价值，调节技术商品的生产和消费状况，提高技术商品交易的效益和效率。具体功能如下。

• 交易功能

技术市场是技术商品交易的场所，其首要功能便是通过市场实现技术商品的交易，使无形的技术商品转化为有形的货币，并通过交易实现技术商品的使用价值，使其转化成现实生产力，进而实现其价值。常设技术市场提供洽谈场所和中介服务，同时具备咨询、技术成果评估、登记、结算、仲裁等一系列条件，可以为技术交易提供良好环境。

• 信息集散功能

常设技术市场是技术信息的基本平台。技术转移的主体方能通过技术市场获得各种有用的技术信息和相关信息，以便正确选择技术商品和合作对象，使得科技成果顺利应用和转化。因此，技术市场必须通过各种途径和现代信息收集、处理、存储、显示、辐射技术，把相关的市场信息、政策信息不断及时地向外界发布，以供检索和查询。

- 服务功能

服务功能是指技术市场为方便技术商品的有效转移所提供的各种支持条件，以及实现公平交易的综合配套服务。包括技术经理人服务，各类技术合同登记、公证、仲裁及法律咨询服务，技术成果水平、无形资产评估及市场调研服务，金融信贷及财务服务，科技风险投资与保险等服务，以及技术进出口的组织与相关咨询等服务。

- 协调管理功能

根据有关法规和技术交易管理办法制定市场的系统管理办法，维护市场交易的正常秩序，使其规范化。组织社会客户和会员开展各种有利于技术交易的活动，引导和监督客户在交易中遵纪守法、公平交易。此外，还应了解技术贸易的国内外动态、发展趋势及存在的问题，研究对策，为国家制定相关政策和有关法律提供信息依据。

③ 技术转移的方式

在技术市场中，作为技术转移的主体方，即技术供方、技术需方以及中介服务机构，可以通过如下的方式完成技术转移。

- 技术开发

技术开发是指从研究或试制开始，直至新技术获得推广应用或新产品投入批量生产为止的创新过程，也是将科学技术潜在的生产力转化为直接生产力的过程。技术开发经营业务是由技术供方受技术买方的委托或按社会和市场的需求，就一定的技术项目进行的研究、试验、设计、试制、应用推广以及引进技术的消化吸收活动。

技术开发的主要内容包括新产品、新工艺、新材料、新技术系统和其他技术的开发。技术开发的范围包括在基础研究和应用研究的基础上，对工业化、商业化的目标和前景进行的研究课题；对初步技术成果、中试技术成果进行工业化、商业化开发的课题；技术改造项目；国外引进技术、设备的改进项目等。技术开发的主要形式有计划开发、委托开发、合作开发等。

- 技术转让

技术转让是指技术在不同法律主体之间的转让，即技术在国家间、地区间、行业间、单位间甚至个人之间，以及在技术领域内输出与输入的活动过程。在技术市场中，越来越多的技术成果为独立存在的知识形态商品，包括以物质、信息、人和管理为载体的硬技术成果、软技术成果、活技术成果和管理技术成果。技术转让逐渐成为在市场经济中科学技术传播、扩散，科技成果推广应用的重要形式。

技术转让的范围不受行业、专业和自然科学学科的限制。所转让的技术，可以是具有工业产权的技术，如申请了专利或获得专利权的技术、商标等，也可以是非专利技术，如专有技术、传统技艺、开发性新成果、管理方法等。

- 技术服务

技术服务是科学技术的社会化服务，是为解决经济建设和社会发展中具有技术难度的问题和症结所提供的知识性服务。拥有技术的一方运用技术知识为另一方解决特定的技术问题，如传播技术经验，提供技术信息，进行技术诊断、改进工艺流程和产品结构，从事非常规的设计、计算、分析、检测、计量、安装、调试等。

技术服务的内容包括改进产品结构、改良工艺流程、提高产品质量、降低产品成本、节约能源资源消耗、保护资源环境、实现安全操作、提高经济效益和社会效益等专业技术工作。

- 技术咨询

技术咨询是指掌握知识技术的一方，运用自己的科学技术知识、经验、能力和信息，根据委托方的要求，通过调查研究、分析评价和预测，提供各种可供选择的决策依据的一种智力服务形式。技术咨询的方式是运用科学技术知识和技术手段进行分析、论证、评价和预测。其内容较为广泛，主要包括政策咨询、工程咨询、管理咨询等。

- 技术培训

技术培训是指拥有技术知识的一方接受委托，为另一方提供特定的专业技能、管理技能的培训服务，包括具有这方面的职能经营机构运用其组织能力，通过培训方式传播专业技术和管理技能的活动。在开展技术培训经营活动时，必须注意围绕传播推广新技术、新工艺和新的管理技能，帮助技术引进方消化、吸收新技术，帮助引进方提高劳动生产率、节能降耗、更新品种、提高产品和服务质量、提高经济效益等方面进行。

- 技术入股

技术入股是指技术的拥有者，把技术作为投资资本，与技术引进方合作，共同组成经济实体的经济活动。

（三）技术转移专业人才能力体系分析

技术商品不同于其他普通商品，技术本身往往很难被理解，而且技术的交易过程通常需要一段较长的时间进行技术转化，因此，技术商品交易对技术转移专业人员的素质要求很高。一般来说，合格的技术转移专业人员不但需要懂技术，了解技术的商品价值，能够把技术商品的信息推介给社会，而且还要了解市场情况，善于经营技术商品。在我国，技术转移专业人才，被称为"技术经理人"，将"技术经理人"定义为在技术市场中，以促进成果转化为目的，为促成他人技术交易而从事中介、经纪或代理等经纪业务，并取得合理佣金的公民、法人和其他经济组织。这说明技术转移专业人才不仅具备一般经理人的基本能力，即为组织双方"牵线"，协助双方商定技术转让的价格，协助技术转让方和购买方签订和履行技术合同等，还要有区别于一般经理人的、具有技术转移专业特色的能力，即深入参与技术成果的工业化和商业化开发的能力，以及在技术成果工业化、商业化的开发过程中对融资起参谋、协调监督作用等能力。

欧盟委员会1995年发表的欧洲、美国、日本等国家和地区技术转移人才调研报告显示，欧盟对技术转移专业人才的技能要求为具有良好的科学知识水平，善于鉴别、了解多种多样的技术；具有良好的工业素养；具有企业经济学方面的实践经验；具有商业头脑；具备有关保护知识产权以及起草许可协议和工业合作协议方面的基本法律知识等。

由此可见，技术转移过程涉及多个领域的知识和能力，技术转移专业人才能力体系是一个多领域知识综合运用的过程。

因此，技术转移专业人才体系应包括科技信息模块中的获取和筛选信息能力、调研和预测能力、鉴别和评估能力，经济管理模块中的宣传和传播能力、组织和洽谈能力、计划与实施能力，法律知识模块中的沟通与协调能力、学习与研究能力等。

1.3 人才是推动技术转移工作的核心动力

21世纪是知识与各类高科技引导潮流的世纪，如何将各种技术成果迅速转化成现实生产力，进而创造商业价值已经成为了国内外竞相关注的焦点。然而，从技术开发、研究到技术应用，并不是技术知识、时间技巧或科技成果从一个组织到另一个组织的简单转移，在这个过程中涉及了多个领域。据统计，目前我国有八成的科研专利成果没有实现转化，造成转化率低的因素有很多，其中，缺乏高素质的人才无疑是最重要的因素。所以人才是推动人才技术转移工作的核心动力。

1.3.1 人才与技术转移的关系

人才与技术转移有着密不可分的关系，人才是技术转移的第一资源理念。本小节将从国家的政策、技术转移面临的问题、名校专家解读的技术转移以及人才流动与技术转移来详述人才和技术转移的关系。

（一）人才的战略核心地位

2012年，我国开始实施"万人计划"，旨在发现、培养和使用国内高层次人才。该计划是与国家"千人计划"并行的国家人才工程，计划用10

年时间遴选1万名左右本土高层次创新、创业人才，给予他们更宽松的环境开展创新、创业。

4年来，"万人计划"成效显著。首批199名青年拔尖人才，入选不到两年，就有84人获得国家级和世界级重要科研奖项，占42.2%；有163人在国际重要学术期刊发表高水平论文，占81.9%，成绩喜人。

2013年，国家领导人接见清华大学经济管理学院顾问委员会海外委员时，就已经突出表明了人才的核心战略地位，并表示科教兴国已成为中国的基本国策。我国将秉持科技是第一生产力、人才是第一资源的理念，兼收并蓄，吸取国际先进经验，推进教育改革，提高教育质量，培养更多、更高素质的人才，同时为各类人才发挥作用、施展才华提供更加广阔的天地。

2014年，国家领导人在中国科学院第十七次院士大会、中国工程院第十二次院士大会上提出："我们在科技队伍上也面对着严峻挑战，就是创新型科技人才结构性不足矛盾突出，世界级科技大师缺乏，领军人才、尖子人才不足，工程技术人才培养同生产和创新实践脱节。"

2016年"七一"讲话中，国家领导人连用"识才""爱才""用才""容才""聚才"等词汇，大力号召"广开进贤之路"。

2017年10月，党的十九大报告提出"人才是实现民族振兴、赢得国际竞争主动的战略资源。要坚持党管人才原则，聚天下英才而用之，加快建设人才强国。实行更加积极、更加开放、更加有效的人才政策，以识才的慧眼、爱才的诚意、用才的胆识、容才的雅量、聚才的良方，把党内和党外、国内和国外各方面优秀人才聚集到党和人民的伟大奋斗中来，鼓励引导人才向边远地区、边疆民族地区、革命老区和基层一线流动，努力形成人人渴望成才、人人努力成才、人人皆可成才、人人尽展其才的良好局面，让各类人才的创造活力竞相迸发、聪明才智充分涌流。"

功以才成，业由才广，一个惜才爱才的国家必然是一个充满希望的国家。可见人才问题是现在亟待解决的问题，也是位居战略核心地位的问题。

（二）技术转移服务业人才问题分析

（1）技术转移人才问题

技术转移服务机构在发展中存在的关键问题是缺乏综合性专业人才。高新技术的转移过程不只是简单的转让、买卖，而是涉及技术的先进性、实用性，科技与金融、生产要素以及相关的社会资源整合与集成等方面。因此一名优秀的从业人员要具备调查评估、项目管理、市场运营、财务、法律等全面的知识，以及对行业的深入了解，同时具有较强的学习、分析、判断、沟通及协调能力。

技术转移转化链条中所涉及的资金链、创新链、产业链以及最初的设计、产品交付、大规模生产，这其中每个环节都有可能出错，因此需要专业的人才提供技术服务。另外，也催生了我国对技术经理人的迫切需求。

"我国技术转移工作中迫切需要培养一批兼具法律技能与生产力技能的优秀人才，这批专业性的技术转移岗位不仅需要具备对技术本身的理解和洞察能力，还需具备与企业工业界打交道的能力。"这是清华大学技术转移研究院院长金勤献的观点。

从欧美的经验来讲，培养一个技术经理人，从大学主修相关课程到其成熟需要8年到10年的时间。鉴于我国现在的教育体系中没有开设技术转移学科的专业，所以高校毕业生从事技术经理人这一行业的话可能需要大量的时间和精力。

在南京大学技术转移中心综合部部长杨思军看来："目前，我国高校中拥有本科学历的法律专业人才很多，只可惜他们还没有接触到技术转移这个行业。高校可以采取提高劳动报酬和成果收益的方式吸引这部分专业性人才融入到科研项目的转移转化工作中。同时，这也为高校毕业生进入职场拓宽了渠道。"

（2）造成这一结构性矛盾的主要原因

根据相关调查表明，我国技术转移从业人员全部具有大专以上学历，其中取得技术经理人资格的占31%，虽然学历水平不低，但是基本都未受过专业培训以及缺乏经验。

1.3.2 我国技术转移人才培养概况

（一）技术转移人才培养的现状——以河南省为例

河南省是我国东部地区产业转移、西部地区资源输出和南北区域交流合作的桥梁与纽带，在全国区域格局中有难以替代的枢纽地位。改革开放40年来，河南走出了一条具有河南特色、符合河南实际的产业发展道路。全省经济发展迅速，主要经济指标在全国保持领先地位，并成为全国经济增长速度最快和最具活力的省份之一。

现河南省委、省政府高度重视技术转移工作。河南省产业结构优化升级不断加快，对科技创新和技术转移转化的需求越来越强烈，特别是技术转移转化、联合人才培养等环节要切实加强。为充分利用国内外先进技术，培育科技型中小企业和新的经济增长点，建立技术创新市场导向机制，健全技术交易、成果展示与转化、人才引进及创业孵化、知识产权服务、各类科技创新公共服务等创新服务功能，引领相关行业领域迅速发展，打通科技与经济社会发展之间的通道，全面提升河南省科技创新服务经济社会发展的能力，河南省政府下发了《国家技术转移郑州中心建设方案》。由省科技厅牵头筹建国家技术转移郑州中心大厦，项目地址设在交通便利的高端城市区域——郑东新区龙子湖湖心岛，目前已基本建设完毕。

2013年年底，国家科技部正式批复，同意国家技术转移郑州中心建设发展规划，支持河南省在中部地区先行先试，集聚、整合与利用国内外创新资源，形成以国家技术转移郑州中心为枢纽的跨区域、跨领域、跨机构的技术流通与转化新格局。国家技术转移郑州中心是继中关村技术转移集聚区之后，国家批复的第二个区域性技术转移中心项目，将成为全链条、全方位、高端化、前瞻性的技术转移公共服务平台。项目拟建设技术转移服务中心区、技术产权交易区和技术研发服务区三大功能区，以及国际国内技术转移培训、全省高新区与产业集聚区技术转移培训、创新成果展示和发布、科技资源共享、科技综合服务、技术交易、科技金融、新兴产业研发等八大公共服务平台，满足技术转移各项配套服务功能。国家技术转移郑州中心作为科技部和河南省会商合作的重要成果，对促进河南省科技发展、推进全省产业升级和结构调整具有重要意义。

随着产业结构的升级以及全球化竞争日益加剧，竞争的核心优势已不再是规模和市场占有率，技术创新成为拥有竞争优势的关键。只有拥有创新技术才，能在竞争中立于不败之地。因此，企业对技术的需求也大幅提高。上述需求有效地推动了技术转移市场的拓展，对技术转移人才提出了更高的要求。人才是技术转移机构运行的根本保障，也是促进科技成果转化为生产力的中流砥柱，更是区域发展的制胜关键。技术转移人才队伍建设是促进河南经济发展的关键动力，加强河南技术转移人才队伍的建设和培养，储备一批高素质的技术转移人才，对提高河南的经济发展水平、科技发展水平至关重要。实施河南省技术转移人才培养计划，符合郑州航空港经济综合实验区、郑洛新国家自主创新示范区等的战略发展需要。

技术转移人才较为特殊，其在拓展科技成果、开拓空间价值、履行技术合同等方面都有重要的意义，他们不仅能够推动技术的发展，还能够加速科技生产力的转化。经济的发展又能反哺技术研发，促进科技的发展，进而形成人才培养与经济发展的良性循环。从产业链条的角度来讲，技术转移人才的培养可以打通技术链条壁垒，促进产业链条融合，形成资源互补，真正实现产学研一体化。因此，经济新常态下技术转移人才的培养十分重要。

（二）影响我国技术转移人才培养的因素

2006年，国务院颁布了《国家中长期科学和技术发展规划纲要（2006—2020年）》，我国确定了建设创新型国家的发展战略，技术转移已成为实施"提高自主创新能力，建设创新型国家"战略的重要组成部分。技术创新与技术转移的理念日益渗透于整个国民经济发展的各个领域，并对促进国民经济的发展发挥着重要作用。为了积极拓展技术市场，促进我国技术转移行业的进一步发展和完善，2007年年底，科技部联合教育部、中科院共同启动了国家技术转移促进行动，并联合发布了《国家技术转移促进行动实施方案》，对国家技术转移促进行动的指导思想、指导原则、总体目标、重点内容、保障措施提出了具体要求，从国家层面对建立新型技术转移体系、加速知识流动和技术转移等工作进行了新的部署。2008年8月，科技部印发了《关于公布首批国家技术转移示范机构的通知》，确定了76家机构为首批国家技术转移示范机构，并对示范机构的工作提出要求，从而带动了全国技术转移工作的深入开展。2017年9月，国务院印发《国家技术转移体系建设方案》，明确提出了加快建设和完善国家技术转移体系的总体思路、发展目标、重点任务和保障措施。这是我国首次提出国家技术转移体系的概念，确定了"两步走"建设目标。

然而，在科技创新体系的发展建设中，技术转移仍是其中较薄弱的环节，很多技术因得不到系统、有效的服务而无法转移。其主要原因之一是严重缺乏掌握信息技术的高层次技术转移专业人才。近年来，高层次技术转移人才严重短缺的问题已经成为制约科技优势转化为竞争优势的主要因素之一，基于信息技术的技术转移人才培养模式的研究与实践就显得十分迫切。

我国实施的产学研工程，主要的工作内容就是技术转移。技术转移工作开展十多年来，科技事业取得长足进步，经济快速发展，这与科技与产业界的有识之士的积极努力是密不可分的。尽管我国技术转移小有成效，但从客观的角度来看，科技与产业之间的"鸿沟"仍未从根本上消除，技术转移障碍重重。主要原因有以下五个方面。

（1）长期计划经济体制影响的后果

改革开放之初，科技与产业两大系统长期并行，虽然两个系统的科技进步较快，但受原有制度的影响，两者的结合不够紧密。其导致的结果是，科技没有从根本上促进经济的进步：一方面，产业技术主要依靠引进，一些重要行业，比如一直走在科技前沿的电子设备行业，没有形成自己的核心技术；另一方面，大学及科研院所的科技成果大部分没有很好地产业化，成了"秀才绣花，中看不中用"的产物。近年来，政府有关部门出台了相关政策，鼓励科技与产业的结合并取得良好效果，但要想彻底改变这种局面尚需时日。

（2）国家缺乏技术转移立法

以美国的技术立法为例。1980年国会通过《拜杜法案》，允许大学和非营利组织将其拥有的专利向企业转让或发放许可，从而推进了联邦政府有关部门和机构及其下属的联邦实验室的技术转移，对美国的经济、社会发展产生了积极影响。据统计，从1980年到2002年，美国致力于技术转移的大学增加了8倍，超过300家。据美国高校技术管理协会调查的数据，美国大学的技术发明披露由1991年的6000项增加到18178项，专利申请由1643项增加到11089项。到了2015年，技术转移对美国商务部完成促进就业和经济增长、推动可持续发展、提高国民生活水平的使命具有重要意义。NIST共许可专利40件（其中11件专利在2015年获得授权），其中4件许可给小企业。美国商务部研究人员共披露新发明61件（其中NIST 46件，NOAA 15件），提交专利申请30件（其中NIST 26件，NOAA 4件），获得授权20件（其中NIST 19件，NOAA 1件）。

在我国，政府每年投入大量经费支持科研院所和高校从事科学研究，科研院所与高校每年也产生大量科技成果。但是由于长期以来缺乏明确的立法，也并未确立科研院所与高校在技术转移工作中的主体地位，技术转移也不一定就是科技人员必须要做的事情，再加上技术转移工作自身的难度，因此技术成果转化率低的现象也就不足为奇了。

（3）技术转移激励政策不到位

首先，科技人员从事技术转移的积极性不高。1999年，科技部等七个部委为加快科技成果转化，制定了相关政策，鼓励科研机构、高校以及科技人员研究开发高新技术，转化科技成果，发展高新技术产业，并规定对已实现转化成果的科技成果完成人以及为成果转化做出重要贡献的有关人员给予奖励。但在实际操作过程中，由于技术转移在我国的发展尚未成熟，这些政策的兑现程度并不高，而且一些院所、高校的评价制度并不利于科技人员从事技术转移工作。其次，国家有关部门出台文件规定，对以无形资产投资入股的，要以无形资产评估作价入股值上缴所得税。无形资产，顾名思义是一种无形收入，科研单位在尚未实现其有形价值的情况下要先上缴有形的税收，这是导致科研单位对技术转移积极性不高的原因之一。

（4）技术转移主体不明确

在技术转移的研究过程中，很多人忽略了技术转移的主体究竟应该是谁。技术转移工作首先应依托"生产"技术或知识的源头——大学及科研院所，在此基础上，建立适应实际情况的管理体制与运行机制进行交接转化。2001年9月，国家产学研办公室开始在大学设立6家国家级技术转移中心，2003年3月在中科院设立了3家国家级技术转移中心。大学及科研院所创造知识、培养人才、培养技能，理应成为技术转移工作的主体。当前，企业有需求，院所有技术，但缺少中间的桥梁。我们应大力倡导建设"院所高校为主体，政府强力参与，并以企业科技需求为目标，致力于搭建院所高校与企业间的桥梁"的技术转移中介机构。

（5）企业的积极性有待进一步提高

企业要具有应用新技术的胆量和魄力，尤其是具有引进独立自主知识产权技术能力时。但在实际工作中，经常遇到企业急需高新技术项目，科研院所的技术水平也能满足要求，但企业领导却迟迟下不了决心，犹豫再三，最终还是放弃的情况。实事求是地分析，科研单位提供的技术在许多情况下只是部分单元技术或"实验室产品"，与企业的实际需求有很大差距，在这种情况下，企业领导者的确很难进行决策。某国有大型企业的高层领导曾经透露，他们希望科研人员能理解企业决策者的矛盾心理。当前市场竞争很激烈，企业的压力也越来越大，虽然大多数企业存在产品科技含量低、生产成本高、产品竞争力不强的问题，迫切需要新技术的支撑，但从另一方面来看，如果对新技术没有十足的把握，企业是不敢贸然采用的，因为一旦发生"事故"，很有可能血本无归，得不偿失。无奈之下，只好维持现状。

一般来说，企业采用新技术的前提条件是技术既稳妥可行，又能真正解决企业的实际问题。所以，科研院所与企业进行项目交流之初，需要技术方提供该技术已成功应用的案例，在许多情况下还要进行实地考察。企业生产是一个连续的流水过程，任何新技术的应用都不能带来半点闪失，这就要求提供的技术必须切实可行。一项新技术的应用不能只凭在实验室

"走通"的技术路线，就认定在实际生产过程中的应用没有问题。任何新技术都需要从实验室起经过一个漫长的"中试"过程，最后逐步走向市场。一方面，我国的科技界在转移新技术的时候，一定要做到切实可行，降低企业的风险；另一方面，企业要敢于决策，敢于尝试，积极应对风险，提前想好化解方案。任何一项新技术的应用都需要经历漫长的过程，企业需要抓住时机，用长远的眼光来看待问题。例如，中科院自动化所的"油品调和技术"是国内该领域第一个具有自主知识产权的技术。该项目的成功实施，首先得益于中石油各级负责人的胆识与魄力，尤其是选择在大庆石化分公司试点，是因为大庆分公司的决策人更具有开拓意识，敢于冒风险，鼓励科技创新，因而该项目从开始立项就得到了中石油各级领导的高度重视并顺利实施。但在现实情况中，许多企业宁愿花昂贵的费用引进国外技术，也不愿意采用具有自主知识产权的国产技术。

1.3.3 推动技术转移人才体系建设的方案

（一）构建技术转移人才培训体系

2016年，科技部在全国范围内建立了11家技术转移人才培养基地。2017年9月15日《国家技术转移体系建设方案》出台，明确提出开展技术转移人才培养工作，强化人才体系建设。那么，如何建立队伍？如何形成完善的培养课程？如何切实提升人才的技术转移能力？

一般而言，一个完整的专业人才发展链条包含输入、输出、管理三个方面。链条的顶端是国家需求、战略驱动、专业导向、人才策略等输入项，在打通整个链条的过程中，它们是需要充分调研、考量、对接的因素；链条的核心是从业资格标准构建、学习地图（Learning Maps）绘制、学习资源开发、学习活动管理、岗位资格认证五个要素；链条的外围是专业人才盘点，盘点不是目的，而是人才发展、应用、规划的依据；链条的底座是管理者的监督。要驾驭、玩转这个链条，才能保证体系的落地。

（1）模板：从业资格标准构建，建立人才培养与发展的标准和方向

从业资格的建立是为了培养符合不同层级岗位的优秀人才，使其拥有

正确的标准与发展方向。

建立资格标准的重要性如下。

① 完善的从业资格标准是基于人才战略和服务发展而建立的，它使人才可以更有效地发展并支撑人才战略目标的实现。

② 从业资格的建立让人才的发展通道更加明确，使技术转移专业的学生认识到知识、技能、学历的重要性，并使学生认识到自己的不足之处，并快速找准自己的发展方向。

③ 从业资格提高了培训的针对性与落地性，使知识与技能的运用方向更加明确，培训更易见到实效。

④ 作为人力资源管理的基础，从业资格对人才的录用具有考核及指导作用。

专业的培训师在从业资格这一要素中起到关键作用。由于这一要素的素质更为抽象、隐秘，因此对素质进行定义时，需要与岗位要求结合，形成行为化的语言，才能指导人员的行为。培训师需通过资料分析、BEI标杆访谈、焦点小组研讨会等形式，积累大量的行为事例，具体梳理出目标岗位的素质模型与知识技能模型，并结合其他任职资格要求形成技术转移从业资格标准。

（2）流程：学习地图，加速学习成效的行动指南

学习地图是学习的成长路径，直接体现为以技术人员的职业技能发展为核心而设计的一系列学习活动。以从业资格标准为依据打造的学习地图有三个核心功能，可简单概括为高度、角度与尺度。

① 高度：以终为始，用以致学

通过学习地图可以清楚地看到，职业技能的学习不是单纯地对着书本死记硬背，也不是单一的教室内的学习课程，而是由学习、实践和总结三个阶段构成的。技术转移人员需要依照学习地图的要求参与学习和考核，从而更快地达成胜任工作的目标。

②角度：战略驱动、密切联系实际、发展人才

学习地图在分析培训需求、确定培训策略、开发学习资源、实际操作、评估效果等诸多方面为高校、企业和人才提供了一个统一的视角。

③尺度：没有度量，就没有标准

从业资格标准提示了应该具备什么样的知识和技能，而学习地图则展示了如何获得这些知识和技能，从而帮助人才培训加速完成、技术人员快速成长。学习地图与从业资格标准结合，可以作为核心人才培育、选用、提升的标尺。

（3）落地：学习模式，打造密切联系实际操作的课程与实用型人才

学习地图的落地需要学习管理机制、学习激励与管控、学习资源开发等各种条件，其中学习资源开发是学习地图落地的基础。要构建针对行业实际、符合从业资格要求的学习模式，比如讲授课程、模拟实验室、从业资格考试、就业前培训、企业实习等。

（二）注重高校技术转移人才的培养

（1）设立技术转移专业

技术转移高端专业人才严重缺乏，对国家技术转移工作的不利影响越来越突出，影响技术转移的深入开展。技术转移向更高层次或者更广的范围发展，都需要有专门的高端专业人才来推动。我国有条件的大学应尽快开办技术转移硕士、博士专业。例如，美国国会于1989年通过法案，授权教育部每年培养5万至6万名硕士、博士层次的技术经营人才。我国大学这方面的专业设置依旧缺乏，北京工业大学工程硕士班只有技术转移方向，而不是纯粹的技术转移专业。目前，我国从事技术转移的大多是经验型人才，不具备复合型人才所应具有的条件。

（2）成立高校技术转移中心

我国科技成果转化的渠道不畅，形成了技术与市场之间的真空地带，严重制约了企业的发展，也使许多优秀的科技成果无用武之地。为了有效解决科技、经济"两张皮"的问题，很多大学相继设立了技术转移中心。

中心集技术集成、技术创新、信息咨询、金融服务以及国际技术转移等多项功能于一体，组建了相当规模的专业技术经理人队伍，探索产学研深度合作机制。

高校技术转移中心致力于组建一支既懂技术，又了解市场运作，同时精通法律、商务、金融的专业技术经理人队伍，在技术与市场之间架起有效的沟通渠道，推动高校和科研院所的科技、人才、信息等资源与重点行业、重点企业相结合，将科技畅通高效地转化成生产力。目前，我国高校技术转移中心已组建了专业的技术经理人队伍，并且面向全社会招聘高素质综合人才。

技术转移中心将主要通过从技术到市场、从企业到技术两种途径开展成果转化。一方面，专业技术经理人甄别高校和科研院所的在研技术，经过市场评估等环节明确其应用前景，随后申请专利并与市场相结合。另一方面，技术经理人可深入企业，通过问题集成帮助企业提出具体的技术需求，进而寻找技术支持。

（3）创办技术经理人协会

西安技术经理人协会被科技部火炬中心确定为国家技术转移人才培养基地的依托机构，可见技术经理人协会的作用是巨大的。

技术经理人协会为技术转移搭建交流平台，同时为技术转移工作培育高端人才，制定一系列的行业标准，以此推动创新、创业，以及促进科技与经济共同发展。

协会不但能够制定技术经理人行业管理规范、打造金牌技术经理人队伍，更重要的是建立起一条科技成果转化服务生态链，完善了市场与政策环境之间的联系，推动以技术转移和知识产权为核心的科技服务业的发展。技术经理人协会可以联合国内外高校院所、科研机构、企业和技术转移机构，打造国际知名的知识产权运营与技术转移转化平台，探索技术转移转化的新模式和新路径，促进科技与经济有效结合，实现科技资源优势向创新优势、产业优势和经济优势的转化。

西安技术经理人协会创建的"1+3"技术转移服务模式，是以西安科大市场为依托的技术交易平台，结合以技术经理人协会、技术经理人公司

（机构）和技术经理人为支撑的三级管理体系构建而成的技术成果转移转化服务生态系统。该系统将技术市场供需双方、技术中介方整合于统一的平台上，通过链接集成技术、人才、政策、资金、服务等创新资源，有效促进技术供需对接和成果转移转化，可以为其他高校或地区的经理人协会提供参考。

（三）提高人力资本总体水平

20世纪90年代以来，越来越多的外商直接投资产业转入我国，直接促进了我国经济的发展。然而，外商直接投资的产业转移不是随机的，也不是盲目的，而是有很大的约束性和条件的。在这些影响外商直接投资产业转移的因素中，人力资本因素又是最重要的因素。因此，大力提高我国人力资本的水平，对于促进我国技术转移具有重要的作用。

（1）增加人力资本投资，提升我国人力资本的总体水平

国外直接投资向我国进行产业转移，很大程度上是由于我国拥有丰富的人力资源。但是我国长期的物质资本优先发展战略限制和影响了人口质量的改善与提高，形成了人口数量对质量的劣质替代，导致社会日益缺乏进行人力资本投资、提高人口素质所必需的物质条件。因此，加大人力资本投资，提高我国人力资本总体水平，是现阶段促进我国技术转移的重要手段。

① 增加政府对人力资本的投资，并扩大其投资比例。教育作为公共产品，能大大促进经济的发展和社会进步，社会效应大于私人效应，因此政府应该将其作为最重要的投资主体。目前，我国教育经费支出占国内生产总值的比重一直在4%以上，已达到发展中国家的水平。如果按人均来计算教育经费的话，那么我国的各项指标则低于5.2%的世界平均水平。所以，政府应该在"教育立国""科技兴国"的指导思想下，制定相关的政策措施，促进我国人力资本水平的提升。

a）政府应加大对教育的投资力度，使公共教育经费的增长速度与我国的经济增长速度相称，提高教育经费占国内生产总值的比重，使其达到发达国家的水平。

b）建立完善的监督、经费投资评估体系。避免出现腐败及"豆腐渣"

工程，并制止资金浪费等乱投资现象。

在近年来我国经济快速发展，城市和农村以及中、东、西部地区之间的收入差距不断扩大的背景下，教育保障体系的建立，能有效地解决教育不公的问题。只有政府建立教育保障体系，保证每一个公民都有平等的受教育机会，才能全面提高我国的人力资本水平，提高我国的竞争力，最终实现全面建设小康社会的宏伟目标。

② 增加企业对人力资本的投资

此外，企业也应该增加对人力资本的投资，承担自己对教育的社会义务。企业是人力资本投资的主要受益者，企业若要不断发展和壮大，并在激烈的竞争中立于不败之地，就必须不断吸取先进的管理经验和进行技术的自主创新，这些都依靠企业职工的素质和能力，而这样的素质和能力来自对人力资本的投资——教育和培训。但在我国，一方面大多数企业并没有意识到人力资本投资的重要性，很少进行人力资本投资；另一方面，有的企业已经意识到人力资本投资的重要性，但由于人力资本市场的不健全，以及这样的投资具有正向外部性，使得它们减少了这样的投资。所以，近年来出现了许多企业用高薪也聘请不到满意的高等技术工人的现象，这是企业不愿进行人力资本投资的短视行为造成的。因此，鼓励企业进行人力资本投资，不仅可以为社会培养和储备大量的人才，也使人力资本投资更加具有针对性。按照企业的需求来进行人才培养，解决了企业人才短缺和人才浪费并存的问题，能够极大地提高企业的生产效率。

③ 加大私人对人力资本的投资

在人力资本的投资方面，除了政府、企业应该加大投资以外，私人也应该相应地增加对人力资本的投资，形成一个"政府—企业—个人"的投资体系。随着知识、技术等生产要素参与分配，以及我国工资制度改革的深化、劳动力市场的良好发育和居民收入的市场化，我国的收入分配与劳动者的知识技能存量将呈正相关，文化程度对收入差距的影响日益扩大，即就业者的文化水平越高，收入也会越高，且这种趋势正逐年增强。受教育程度与收入呈正相关关系将促使人们意识到人力资本投资的重要性，并加大这方面的投资。

有的学者从经济发展水平不同的国家的不同层次教育的私人收益与社会收益的比较研究得出以下结论。

a）由于发展中国家的教育成本相对低于、教育收益相对高于发达国家，研究表明，即使在发展中国家，发展水平较低国家的教育收益也高于发展水平较高的国家。

b）由于义务教育费用均由政府承担，社会成本大于个人成本，因而在发展中国家和发达国家，教育的个人收益率一般均高于教育的社会收益率。

c）发展中国家三级教育收益率依次降低，而发达国家则相反，即教育收益率的高低顺序为大学、中学和小学。这恰好证实了为什么知识经济先在发达国家实现，并体现了"收益递增规律"。

在知识经济条件下，由于经济发展越来越依赖高等教育人才和高等教育研究，受过高等教育的人才在就业与收入方面有绝对优势。所以，加强宣传和引导力度，促使人们加大对人力资本的投资，不仅可以提高人们的收入，提高他们的生活质量，还可以提高经济增长率，促进社会的全面发展和进步。

（2）优化人力资源结构，使之与社会需求相适应

随着外商直接投资产业越来越多地向我国转移，需要我国人力资本的多样性来满足技术转移对人才的需求，一些技术要求相对较高的产业对人力资源的要求也越来越高。然而，在我国市场机制不甚完善的条件下，人力资本投资主体不能形成正确的成本收益预期，使得人才供给很难与产业发展需求相适应，在总体与结构上都会失衡，造成人力资源的不合理配置。我们必须重视人力资本投资结构，优化资源配置，从长远利益和整体利益出发，以最能促进国民素质和满足社会需要的角度来考虑投资结构，使人力资本投资结构与社会需求相适应。

① 转变高等教育办学模式，大力发展职业教育

国际上一般有以下三种类型的高等学校。一是研究型大学，二是一般高等学校，三是专科专门学校、社区学院、职业技术学院、短期职业大学等。

这三种类型的高等学校培养人才的层次和侧重点不同，在整个高等教育体系中承担的任务和所起的作用也不同。从国外的经验来看，完成高等教育大众化的并不是传统大学。在这个过程中通常会产生一批新的学校，例如，美国是社区学院，日本是短期大学，英国是多科技术学院。这批新型的学校担负起了高等教育大众化的任务，它们和传统的精英教育阶段的学校不同，其培养的不是精英型人才，而主要是应用型、技术型人才。但是从我国目前的进程来看，却选择了与国外完全不同的途径，是通过精英教育阶段的传统学校来完成大众化的任务；相对来说，职业教育没有受到应有的重视。职业教育是专门培养社会各行业所需人才的教育领域，以社会需求为导向，培养社会各行业所需的实用性技术人才，能很好地调节目前我国人力资源供给失衡的结构。

因此，我国应该转变高等教育的办学思路，把精英教育和大众化教育分开，分别由研究型和职业型大学来进行人才的培养，在大力发展高等教育的同时，注重职业教育的发展，合理配置教育资源，使人力资源与社会需求相适应。

② 优化专业结构，提高人力资本配置效率

我国从业人员中，技能型、实践型人才长期短缺，信息通信技术、计算机网络、软件开发、生物工程等关键领域的高层次专业人才严重缺乏，真正能适应加入世界贸易组织所需要的财政、金融、法律、贸易和管理人才还相当缺乏。在国外产业不断向我国转移的过程中，迫切需要与之相适应的大量的高素质劳动力。虽然我国的高等教育得到了很大的发展，每年几百万名大学毕业生流向社会，但是大学生就业难的问题充分暴露了我国高等教育的专业结构设置不合理，不能适应社会的需求，供不应求和供过于求的现象同时存在。一方面，存在结构性的困难，即一些社会需求大的专业供不应求，而社会需求不大的专业却供大于求。另一方面，存在区域性的困难，即民营企业、中小企业和经济欠发达地区供不应求，大企业、经济发达地区供大于求。这就要求高校要根据社会需求的变化不断调整专业学科的设置，改进人才培养模式，提高资本配置效率。

(3) 重视人才交流，吸引人才"回流"

技术转移要求大量的顶尖人才为之服务，但是由于我国人才培养的弊端，使得我国本土的顶尖人才供给远远不能满足技术转移的需求，同时大量的中国留学生学成之后选择留在海外，因此，吸引人才"回流"也是我国提高人力资本水平的重要途径。

① 制定留学生归国政策

为了吸引海外留学生"回流"，首先应该制定相关政策，在鼓励国内学生赴国外深造的同时也鼓励他们学成回国。一方面，要努力增加与国外研究机构的合作与交流，以使本国人士接受此前只有在美国、欧洲和日本才能接受的培训。另一方面，政府可以通过提供一系列的便利条件，鼓励在国外取得文凭的留学生回国。目前，我国的"支持出国，鼓励回国，来去自由"的政策充分体现了对留学人员的民主和自由权利的支持。政府积极支持科技人员出国学习先进的技术和管理经验，学成后也不强迫其回国，而是采取"来去自由"的政策，同时又鼓励留学生学成回国报效祖国。

② 提供优越条件和创造良好的创业环境

一方面，为归国的高科技人员提供丰厚的薪酬和优越的生活条件，营造现代化的科研条件和宽松的工作环境，缩小与发达国家的差距。另一方面，为归国人员创造好的创业环境，提供优惠政策。例如，许多省市纷纷建立"科技园"，竞相鼓励在国外学有所成的人才回国创办新兴企业。通过高薪水、减免征税、提供减息贷款、免征进口器材关税、享受外币交易等优惠政策，吸引了越来越多的留学人员学成回国，不仅满足了我国对尖端人才的需求，也极大地促进了我国的科技创新。

(4) 开放人力资本市场，促进人力资源流动

人力资本的市场化是人力资本优化配置的重要条件，有效的市场价格与竞争机制是人力资本市场良好运行的根本保证。但是由于我国传统的人才流动管理制度的缺陷和人力资本市场的不完善，影响了我国人力资源的合理流动，人力资源配置长期不合理，效率低下。

开放人力资本市场，放开能进行人力资本投资、融资的资本市场，以

便私人能进行人力资本的运作。开放市场的确会带来一定的风险，但是可以激励人们去获得更多的技能。如果开放和使劳动市场自由化，那么劳动者投资自己的人力资本获得的回报率就会上升，他会更加乐意投资。并且，人力资本市场的开放可以减少人力资本流通的障碍，促进人力资本在更大范围内流通，能够有效解决人力资源供给的结构矛盾，提高人力资本的配置效率。

Chapter 02 权威解读《国家技术转移体系建设方案》

2.1 《国家技术转移体系建设方案》原文

国务院关于印发国家技术转移体系建设方案的通知

国发〔2017〕44号

各省、自治区、直辖市人民政府，国务院各部委、各直属机构：

现将《国家技术转移体系建设方案》印发给你们，请认真贯彻执行。

国务院

2017年9月15日

（此件公开发布）

国家技术转移体系建设方案

国家技术转移体系是促进科技成果持续产生，推动科技成果扩散、流动、共享、应用并实现经济与社会价值的生态系统。建设和完善国家技术转移体系，对于促进科技成果资本化产业化、提升国家创新体系整体效能、激发全社会创新创业活力、促进科技与经济紧密结合具有重要意义。党中央、国务院高度重视技转移工作。改革开放以来，我国科技成果持续产出，技术市场有序发展，技术交易日趋活跃，但也面临技术转移链条不畅、人才队伍不强、体制机制不健全等问题，迫切需要加强系统设计，构建符合科技创新规律、技术转移规律和产业发展规律的国家技术转移体系，全面提升科技供给与转移扩散能力，推动科技成果加快转化为经济社会发展的现实动力。为深入落实《中华人民共和国促进科技成果转化法》，加快建设和完善国家技术转移体系，制定本方案。

一、总体要求

（一）指导思想。

全面贯彻党的十八大和十八届三中、四中、五中、六中全会精神，深入贯彻习近平总书记系列重要讲话精神和治国理政新理念新思想新战略，按照党中央、国务院决策部署，统筹推进"五位一体"总体布局和协调推进"四个全面"战略布局，坚持稳中求进工作总基调，牢固树立和贯彻落实新发展理念，深入实施创新驱动发展战略，激发创新主体活力，加强技术供需对接，优化要素配置，完善政策环境，发挥技术转移对提升科技创新能力、促进经济社会发展的重要作用，为加快建设创新型国家和世界科技强国提供有力支撑。

（二）基本原则。

——市场主导，政府推动。发挥市场在促进技术转移中的决定性作用，强化市场加快科学技术渗透扩散、促进创新要素优化配置等功能。政府注重抓战略、抓规划、抓政策、抓服务，为技术转移营造良好环境。

——改革牵引，创新机制。遵循技术转移规律，把握开放式、网络化、非线性创新范式的新特征，探索灵活多样的技术转移体制机制，调动各类创新主体和技术转移载体的积极性。

——问题导向，聚焦关键。聚焦技术转移体系的薄弱环节和转移转化中的关键症结，提出有针对性、可操作的政策措施，补齐技术转移短板，打通技术转移链条。

——纵横联动，强化协同。加强中央与地方联动、部门与行业协同、军用与民用融合、国际与国内联通，整合各方资源，实现各地区、各部门、各行业技术转移工作的衔接配套。

（三）建设目标。

到2020年，适应新形势的国家技术转移体系基本建成，互联互通的技术市场初步形成，市场化的技术转移机构、专业化的技术转移人才队伍发展壮大，技术、资本、人才等创新要素有机融合，技术转移渠道更加畅通，面向"一带一路"沿线国家等的国际技术转移广泛开展，有利于科技成果资本化、产业化的体制机制基本建立。

到2025年，结构合理、功能完善、体制健全、运行高效的国家技术转移体系全面建成，技术市场充分发育，各类创新主体高效协同互动，技术转移体制机制更加健全，科技成果的扩散、流动、共享、应用更加顺畅。

（四）体系布局。

建设和完善国家技术转移体系是一项系统工程，要着眼于构建高效协同的国家创新体系，从技术转移的全过程、全链条、全要素出发，从基础架构、转移通道、支撑保障三个方面进行系统布局。

——基础架构。发挥企业、高校、科研院所等创新主体在推动技术转移中的重要作用，以统一开放的技术市场为纽带，以技术转移机构和人才为支撑，加强科技成果有效供给与转化应用，推动形成紧密互动的技术转移网络，构建技术转移体系的"四梁八柱"。

——转移通道。通过科研人员创新创业以及跨军民、跨区域、跨国界技术转移，增强技术转移体系的辐射和扩散功能，推动科技成果有序流动、高效配置，引导技术与人才、资本、企业、产业有机融合，加快新技术、新产品、新模式的广泛渗透与应用。

——支撑保障。强化投融资、知识产权等服务，营造有利于技术转移的政策环境，确保技术转移体系高效运转。

二、优化国家技术转移体系基础架构

（五）激发创新主体技术转移活力。

强化需求导向的科技成果供给。发挥企业在市场导向类科技项目研发投入和组织实施中的主体作用，推动企业等技术需求方深度参与项目过程管理、验收评估等组织实施全过程。在国家重大科技项目中明确成果转化任务，设立与转化直接相关的考核指标，完善"沿途下蛋"机制，拉近成果与市场的距离。引导高校和科研院所结合发展定位，紧贴市场需求，开展技术创新与转移转化活动；强化高校、科研院所科技成果转化情况年度报告的汇交和使用。

促进产学研协同技术转移。发挥国家技术创新中心、制造业创新中心等平台载体作用，推动重大关键技术转移扩散。依托企业、高校、科研院所建设一批聚焦细分领域的科技成果中试、熟化基地，推广技术成熟度评价，促进技术成果规模化应用。支持企业牵头会同高校、科研院所等共建产业技术创新战略联盟，以技术交叉许可、建立专利池等方式促进技术转移扩散。加快发展新型研发机构，探索共性技术研发和技术转移的新机制。充分发挥学会、行业协会、研究会等科技社团的优势，依托产学研协同共同体推动技术转移。

面向经济社会发展急需领域推动技术转移。围绕环境治理、精准扶贫、人口健康、公共安全等社会民生领域的重大科技需求，发挥临床医学研究中心等公益性技术转移平台作用，发布公益性技术成果指导目录，开展示范推广应用，让人民群众共享先进科技成果。聚焦影响长远发展的战略必争领域，加强技术供需对接，加快推动重大科技成果转化应用。瞄准人工智能等覆盖面大、经济效益明显的重点领域，加强关键共性技术推广应用，促进产业转型升级。面向农业农村经济社会发展科技需求，充分发挥公益性农技推广机构为主、社会化服务组织为补充的"一主多元"农技推广体系作用，加强农业技术转移体系建设。

（六）建设统一开放的技术市场。

构建互联互通的全国技术交易网络。依托现有的枢纽型技术交易网络平台，通过互联网技术手段连接技术转移机构、投融资机构和各类创新主体等，集聚成果、资金、人才、服务、政策等创新要素，开展线上线下相结合的技术交易活动。

加快发展技术市场。培育发展若干功能完善、辐射作用强的全国性技术交易市场，健全与全国技术交易网络联通的区域性、行业性技术交易市场。推动技术市场与资本市场联动融合，拓宽各类资本参与技术转移投资、流转和退出的渠道。

提升技术转移服务水平。制定技术转移服务规范，完善符合科技成果交易特点的市场化定价机制，明确科技成果拍卖、在技术交易市场挂牌交易、协议成交信息公示等操作流程。建立健全技术转移服务业专项统计制度，完善技术合同认定规则与登记管理办法。

（七）发展技术转移机构。

强化政府引导与服务。整合强化国家技术转移管理机构职能，加强对全国技术交易市场、技术转移机构发展的统筹、指导、协调，面向全社会组织开展财政资助产生的科技成果信息收集、评估、转移服务。引导技术转移机构市场化、规范化发展，提升服务能力和水平，培育一批具有示范带动作用的技术转移机构。

加强高校、科研院所技术转移机构建设。鼓励高校、科研院所在不增加编制的前提下建设专业化技术转移机构，加强科技成果的市场开拓、营销推广、售后服务。创新高校、科研院所技术转移管理和运营机制，建立职务发明披露制度，实行技术经理人聘用制，明确利益分配机制，引导专业人员从事技术转移服务。

加快社会化技术转移机构发展。鼓励各类中介机构为技术转移提供知识产权、法律咨询、资产评估、技术评价等专业服务。引导各类创新主体和技术转移机构联合组建技术转移联盟，强化信息共享与业务合作。鼓励有条件的地方结合服务绩效对相关技术转移机构给予支持。

（八）壮大专业化技术转移人才队伍。

完善多层次的技术转移人才发展机制。加强技术转移管理人员、技术经纪人、技术经理人等人才队伍建设，畅通职业发展和职称晋升通道。支持和鼓励高校、科研院所设置专职从事技术转移工作的创新型岗位，绩效工资分配应当向作出突出贡献的技术转移人员倾斜。鼓励退休专业技术人员从事技术转移服务。统筹适度运用政策引导和市场激励，更多通过市场收益回报科研人员，多渠道鼓励科研人员从事技术转移活动。加强对研发和转化高精尖、国防等科技成果相关人员的政策支持。

加强技术转移人才培养。发挥企业、高校、科研院所等作用，通过项目、基地、教学合作等多种载体和形式吸引海外高层次技术转移人才和团队。鼓励有条件的高校设立技术转移相关学科或专业，与企业、科研院所、科技社团等建立联合培养机制。将高层次技术转移人才纳入国家和地方高层次人才特殊支持计划。

三、拓宽技术转移通道

（九）依托创新创业促进技术转移。

鼓励科研人员创新创业。引导科研人员通过到企业挂职、兼职或在职创办企业以及离岗创业等多种形式，推动科技成果向中小微企业转移。支持高校、科研院所通过设立流动岗位等方式，吸引企业创新创业人才兼职从事技术转移工作。引导科研人员面向企业开展技术转让、技术开发、技术服务、技术咨询，横向课题经费按合同约定管理。

强化创新创业载体技术转移功能。聚焦实体经济和优势产业，引导企业、高校、科研院所发展专业化众创空间，依托开源软硬件、3D打印、网络制造等工具建立开放共享的创新平台，为技术概念验证、商业化开发等技术转移活动提供服务支撑。鼓励龙头骨干企业开放创新创业资源，支持内部员工创业，吸引集聚外部创业，推动大中小企业跨界融合，引导研发、制造、服务各环节协同创新。优化孵化器、加速器、大学科技园等各类孵化载体功能，构建涵盖技术研发、企业孵化、产业化开发的全链条孵化体系。加强农村创新创业载体建设，发挥科技特派员引导科技成果向农村农业转移的重要作用。针对国家、行业、企业技术创新需求，通过"揭榜比拼""技术难题招标"等形式面向社会公开征集解决方案。

（十）深化军民科技成果双向转化。

强化军民技术供需对接。加强军民融合科技成果信息互联互通，建立军民技术成果信息交流机制。进一步完善国家军民技术成果公共服务平台，提供军民科技成果评价、信息检索、政策咨询等服务。强化军队装备采购信息平台建设，搭建军民技术供需对接平台，引导优势民品单位进入军品科研、生产领域，加快培育反恐防爆、维稳、安保等国家安全和应急产业，加强军民研发资源共享共用。

优化军民技术转移体制机制。完善国防科技成果降解密、权利归属、价值评估、考核激励、知识产权军民双向转化等配套政策。开展军民融合国家专利运营试点，探索建立国家军民融合技术转移中心、国家级实验室技术转移联盟。建立和完善军民融合技术评价体系。建立军地人才、技术、成果转化对接机制，完善符合军民科技成果转化特点的职称评定、岗位管理和考核评价制度。构建军民技术交易监管体系，完善军民两用技术转移项目审查和评估制度。在部分地区开展军民融合技术转移机制探索和政策试点，开展典型成果转移转化示范。探索重大科技项目军民联合论证与组织实施的新机制。

（十一）推动科技成果跨区域转移扩散。

强化重点区域技术转移。发挥北京、上海科技创新中心及其他创新资源集聚区域的引领辐射与源头供给作用，促进科技成果在京津冀、长江经济带等地区转移转化。开展振兴东北科技成果转移转化专项行动、创新驱动助力工程等，通过科技成果转化推动区域特色优势产业发展。优化对口援助和帮扶机制，开展科技扶贫精准脱贫，推动新品种、新技术、新成果向贫困地区转移转化。

完善梯度技术转移格局。加大对中西部地区承接成果转移转化的差异化支持力度，围绕重点产业需求进行科技成果精准对接。探索科技成果东中西梯度有序转移的利益分享机制和合作共赢模式，引领产业合理分工和优化布局。建立健全省、市、县三级技术转移工作网络，加快先进适用科技成果向县域转移转化，推动县域创新驱动发展。

开展区域试点示范。支持有条件的地区建设国家科技成果转移转化示范区，开展体制机制创新与政策先行先试，探索一批可复制、可推广的经验与模式。允许中央高校、科研院所、企业按规定执行示范区相关政策。

（十二）拓展国际技术转移空间。

加速技术转移载体全球化布局。加快国际技术转移中心建设，构建国际技术转移协作和信息对接平台，在技术引进、技术孵化、消化吸收、技术输出和人才引进等方面加强国际合作，实现对全球技术资源的整合利用。加强国内外技术转移机构对接，创新合作机制，形成技术双向转移通道。

开展"一带一路"科技创新合作技术转移行动。与"一带一路"沿线国家共建技术转移中心及创新合作中心，构建"一带一路"技术转移协作网络，向沿线国家转移先进适用技术，发挥对"一带一路"产能合作的先导作用。

鼓励企业开展国际技术转移。引导企业建立国际化技术经营公司、海外研发中心，与国外技术转移机构、创业孵化机构、创业投资机构开展合作。开展多种形式的国际技术转移活动，与技术转移国际组织建立常态化交流机制，围绕特定产业领域为企业技术转移搭建展示交流平台。

四、完善政策环境和支撑保障

(十三)树立正确的科技评价导向。

推动高校、科研院所完善科研人员分类评价制度,建立以科技创新质量、贡献、绩效为导向的分类评价体系,扭转唯论文、唯学历的评价导向。对主要从事应用研究、技术开发、成果转化工作的科研人员,加大成果转化、技术推广、技术服务等评价指标的权重,把科技成果转化对经济社会发展的贡献作为科研人员职务晋升、职称评审、绩效考核等的重要依据,不将论文作为评价的限制性条件,引导广大科技工作者把论文写在祖国大地上。

(十四)强化政策衔接配套。

健全国有技术类无形资产管理制度,根据科技成果转化特点,优化相关资产评估管理流程,探索通过公示等方式简化备案程序。探索赋予科研人员横向委托项目科技成果所有权或长期使用权,在法律授权前提下开展高校、科研院所等单位与完成人或团队共同拥有职务发明科技成果产权的改革试点。高校、科研院所科研人员依法取得的成果转化奖励收入,不纳入绩效工资。建立健全符合国际规则的创新产品采购、首台套保险政策。健全技术创新与标准化互动支撑机制,开展科技成果向技术标准转化试点。结合税制改革方向,按照强化科技成果转化激励的原则,统筹研究科技成果转化奖励收入有关税收政策。完善出口管制制度,加强技术转移安全审查体系建设,切实维护国家安全和核心利益。

(十五)完善多元化投融资服务。

国家和地方科技成果转化引导基金通过设立创业投资子基金、贷款风险补偿等方式,引导社会资本加大对技术转移早期项目和科技型中小微企业的投融资支持。开展知识产权证券化融资试点,鼓励商业银行开展知识产权质押贷款业务。按照国务院统一部署,鼓励银行业金融机构积极稳妥开展内部投贷联动试点和外部投贷联动。落实创业投资企业和天使投资个人投向种子期、初创期科技型企业按投资额70%抵扣应纳税所得额的试点优惠政策。

(十六)加强知识产权保护和运营。

完善适应新经济新模式的知识产权保护,释放激发创新创业动力与活力。加强对技术转移过程中商业秘密的法律保护,研究建立当然许可等知识产权运用机制的法律制度。发挥知识产权司法保护的主导作用，完善行政执法和司法保护两条途径优势互补、有机衔接的知识产权保护模式，推广技术调查官制度，统一裁判规范标准，改革优化知识产权行政保护体系。优化专利和商标审查流程，拓展"专利审查高速路"国际合作网络，提升知识产权质量。

（十七）强化信息共享和精准对接。

建立国家科技成果信息服务平台，整合现有科技成果信息资源，推动财政科技计划、科技奖励成果信息统一汇交、开放、共享和利用。以需求为导向，鼓励各类机构通过技术交易市场等渠道发布科技成果供需信息，利用大数据、云计算等技术开展科技成果信息深度挖掘。建立重点领域科技成果包发布机制，开展科技成果展示与路演活动，促进技术、专家和企业精准对接。

（十八）营造有利于技术转移的社会氛围。

针对技术转移过程中高校、科研院所等单位领导履行成果定价决策职责、科技管理人员履行项目立项与管理职责等，健全激励机制和容错纠错机制，完善勤勉尽责政策，形成敢于转化、愿意转化的良好氛围。完善社会诚信体系，发挥社会舆论作用，营造权利公平、机会公平、规则公平的市场环境。

五、强化组织实施

（十九）加强组织领导。

国家科技体制改革和创新体系建设领导小组负责统筹推进国家技术转移体系建设，审议相关重大任务、政策措施。国务院科技行政主管部门要加强组织协调，明确责任分工，细化目标任务，强化督促落实。有关部门要根据本方案制订实施细则，研究落实促进技术转移的相关政策措施。地方各级政府要将技术转移体系建设工作纳入重要议事日程，建立协调推进机制，结合实际抓好组织实施。

（二十）抓好政策落实。

全面贯彻落实促进技术转移的相关法律法规及配套政策，着重抓好具有标志性、关联性作用的改革举措。各地区、各部门要建立政策落实责任制，切实加强对政策落实的跟踪监测和效果评估，对已经出台的重大改革和政策措施落实情况及时跟踪、及时检查、及时评估。

（二十一）加大资金投入。

各地区、各部门要充分发挥财政资金对技术转移和成果转化的引导作用，完善投入机制，推进科技金融结合，加大对技术转移机构、信息共享服务平台建设等重点任务的支持力度，形成财政资金与社会资本相结合的多元化投入格局。

（二十二）开展监督评估。

强化对本方案实施情况的监督评估，建立监测、督办和评估机制，定期组织督促检查，开展第三方评估，掌握目标任务完成情况，及时发现和解决问题。加强宣传和政策解读，及时总结推广典型经验做法。

2.2 《国家技术转移体系建设方案》重点导读

2.2.1 科技部专家解读《国家技术转移体系建设方案》的三大看点

国务院印发的《国家技术转移体系建设方案》首次描绘了我国技术转移体系建设的蓝图。在创新大国向科技强国迈进的征程中，全面提升国家科技创新能力、发挥好科技成果转化对经济社会发展的推动作用，具有重要的意义。国家技术转移体系是国家创新体系的重要组成部分，是促进科技成果持续产生，推动科技成果扩散、流动、共享，创造经济与社会价值的生态系统。

《国家技术转移体系建设方案》首次提出了国家技术转移体系的概念，目的是要构建符合科技创新规律、技术转移规律和产业发展规律的技术转移体系，加强对技术转移和科技成果转化工作的系统设计，形成体系化推进格局，进一步推动科技与经济的紧密结合。

建设国家技术转移体系，是促进科技成果资本化产业化、提升国家创新体系整体效能、促进科技与经济融通发展、激发全社会创新创业活力的重要举措，对于建设创新型国家和世界科技强国等具有重要意义。

一是有效把握和应对全球科技革命和产业变革新态势，抢占国际竞争制高点的必然要求；二是推进供给侧结构性改革，培育壮大发展新动能的关键举措；三是深化科技体制改革，提升国家创新体系整体效能的重要抓手。

科技成果向现实生产力转化不畅，根本还在于技术转移和科技成果转化的体系不健全，表现在创新链条衔接不畅、供需对接不顺、体制机制不完善等诸多方面。为此，必须加快建设国家技术转移体系，健全技术转移机制，促进科技成果资本化、产业化，构建"政产学研用"多方协同推动科技成果转化和创新创业的新格局。

建设国家技术转移体系是一项复杂的系统工程，技术转移和科技成果转化涉及方方面面，建设国家技术转移体系是一项复杂的系统工程。为此，方案特别提出了行之有效的"两步走"目标和"三方面"重点任务。

"两步走"目标包括：第一步，到2020年，适应新形势的国家技术转移体系基本建成，互联互通的技术市场初步形成，有利于科技成果资本化、产业化的体制机制基本建立；第二步，到2025年，结构合理、功能完善、体制健全、运行高效的国家技术转移体系全面建成。

"三方面"重点任务是指着眼于构建高效协同的国家创新体系，要从三个方面对国家技术转移体系进行系统布局。

一是优化国家技术转移体系基础架构，构建技术转移体系的"四梁八柱"；建设统一开放的技术市场，构建互联互通的全国技术交易网络；发展技术转移机构，加强高校、科研院所和社会化技术转移机构建设。

二是拓宽技术转移通道，放大技术转移体系的辐射和扩散功能。依托创新创业促进技术转移，深化军民科技成果双向转化，推动科技成果跨区域转移扩散，拓展国际技术转移空间。

三是完善政策环境和支撑保障，保障体系高效运行。推动高校、科研院所完善科研人员分类评价制度的发展，建立以科技创新质量、贡献、绩效为导向的分类评价体系。健全国有技术类无形资产管理制度，统筹研究科技成果转化奖励收入有关税收政策等。

在此之前我国已经形成了促进科技成果转移转化工作的"三部曲"，现国家出台的《国家技术转移体系建设方案》最突出的特点是设计出了一个体系框架，并不是全部从头重建，而是要把促进科技成果转移转化的现有工作和各个环节勾连起来；同时，方案确定了进一步促进科技成果转移转化的改革突破方向，优化了政策环境。为此，《国家技术转移体系建设方案》明确了我国技术转移体系建设的战略重点。

首先，立足发展全局，加快推动科技成果转化为现实生产力，使成果转化能够真正成为释放经济新活力、惠及社会大众的"及时雨"。深入研究和解决制约经济与产业发展的重大科技问题，推动科技成果转移转化，促进产业和产品向价值链中高端跃升。

其次，瞄准薄弱环节，加快构建高效协同的技术转移体系。补齐技术转移链条上的短板，形成纵横联动的技术转移网络。大力发展技术转移机构，培育职业化技术转移人才队伍。发挥财政资金的杠杆作用，引导各类金融和社会资本投入成果转化，支持科技成果跨区域、跨国界流动。

最后，破除制度障碍，加快培育技术转移的良好生态环境。鼓励高校院所探索符合成果转化规律的职务成果所有权制度，完善容错试错机制，探索对科研人员的长效激励机制，让企业真正成为科技成果产业化和先进技术扩散应用的主体。

2.2.2 《国家技术转移体系建设方案》的实施意义

《国家技术转移体系建设方案》是对技术转移这一体系做进一步的优化和完善，它系统地描述了这一体系，并力图谱写科技成果转化的"多重奏"和"交响乐"。

（一）首次描绘技术转移体系建设蓝图

虽然近年来我国通过从修法、制定细则到部署行动的"三部曲"使科技成果转移转化工作更加完善，但以往的工作更多注重局部推动和重点突破，在一定程度上存在碎片化问题。

《国家技术转移体系建设方案》的最大亮点是通过供给、需求和服务端同时发力，从基础架构、转移通道、支撑保障三个方面进行系统性布局,并瞄准薄弱环节,使国家技术转移体系能够成为有效地促进科技成果持续产生,推动科技成果扩散、流动、共享、应用并实现经济与社会价值的生态系统。这一设计可以说是国家技术转移体系从线性思维到立体化认识思维的跨越性发展。

(二)引导科技工作者把论文写在大地上

高校和科研院所是科技成果产出"大户"。数据显示,2016年,全国高校和科研机构技术合同成交额分别增长14.56%和25.8%。对全国180余家高校、院所成果转化情况的统计显示,2015年至2016年上千万元成交额的成果转化项目达151项。

《国家技术转移体系建设方案》的出台,建立了以科技创新质量、贡献、绩效为导向的分类评价体系,扭转唯论文、唯学历的评价导向,并推动高校、科研院所完善科研人员分类评价制度。这是第一次在国务院文件中提出在高等院校、科研院所建立技术转移机构。

(三)统筹研究相关税收政策

《国家技术转移体系建设方案》相较于其他文件具有更强的针对性。中基层科研人员普遍反映,现金奖励征收的所得税率过高,科研人员通过科技成果转化获得的现金奖励,按照"工资、税金所得"科目,采取七级超额累进税率,使其最高达到45%,在一定程度上限制了科技人员成果转化的积极性。

《国家技术转移体系建设方案》提出,结合税制改革方向,按照强化科技成果转化激励的原则,统筹研究科技成果转化奖励收入的有关税收政策。这指明了一个方向,目前科技部、财政部等已启动新的奖励办法的相关研究工作。

(四)补齐技术转移服务机构等突出的短板

目前,有些单位存在技术经理人功能定位不明确、缺乏有效的管理体制和运行机制、素质亟待提升等现实问题。甚至有些大学的技术转移机构仅仅是在科技管理部门加挂了一个牌子，与美国斯坦福大学技术许可办公室等国际知名大学的技术转移机构存在巨大差距。但是《国家技术转移体系建设方案》也提出，对于加快社会化技术转移机构发展，加强技术转移人才培养，我国已取得巨大的进步。

2.3 科技部火炬中心专家重点解析

2.3.1 《国家技术转移体系建设方案》背景介绍

2017年2月，中央改革办到科技部调研，并进行改革任务部署，对制定国家技术转移体系建设方案提出要求，建议6月底前呈报中央深改领导小组审议。首先，中央改革办调研部署工作，然后科技部创发司及火炬中心、北方交通大学战略院、中检所评估中心组成联合机构，联合起草并启动方案的编写。对若干意见和体系建设方案，在前期已经做了研究。自这项工作启动之后，每周都要讨论文件的框架、覆盖的内容、文件的逻辑关系等。

3月22日，组织国内知名的技术转移机构召开座谈会。整个技术转移的核心是技术转移机构，所以召开技术转移机构座谈会听取意见。这类似于征求意见稿的作用，听取多方对这个文件的意见，特别是关于技术转移、技术转移机构方面的看法。

4月13日，上午邀请来自教育部、国资委等10个部委的人员，对文件进行讨论，征求意见；下午邀请来自北京、上海等10个省区的人员进行讨论。从部委的角度、从各个省区的角度对这个文件再次进行了打磨。把这些意见吸纳进来，进一步完善体系建设方案。

4月20日，把这些意见纳入体系建设方案，开始正式书面征求科改小组成员单位23个部委的意见。从23个部委处一共收到了43条意见，对其中的41条进行了采纳；其余两条意见与整个方案的安排出入比较大，而且这两个意见的理由不太充分，所以没有被采纳。

从2月到4月，严格意义上不到两个月的时间，同期启用了驻外使领馆的力量，调研了10个技术转移做得比较好的国家，包括美国、法国和德国等国家的技术转移的情况，为这个报告做支撑，所以该报告对国外先进的技术转移经验和做法也兼收并蓄。

科技部第十七次党组会专题审议了这个方案，参会领导对这个方案也做出了很明确的指示。根据科技部党组的意见，同期与国务院办公厅进行了沟通。

7月审议结束后，中共中央办公厅对方案进行了再次打磨，所以再次把一些意见与相关部门进行沟通磨合，其间用了一个多月的时间。最后文件在9月15日由国务院印发，26日发布，晚上的《新闻联播》进行了报道。9月27日，科技部召开新闻发布会，宣布《国家技术转移体系建设方案》正式出台。9月29日，国标委以国标34670号文件的形式正式发布《技术转移服务规范》。"国家标准"是一个推荐型标准。到目前为止，党的十八届三中全会的三句话都已基本经落实。

介绍背景，主要有以下三层含义。

一是凸显技术转移的规划是国家的安排。

二是表明从技术市场诞生30多年来，技术转移这个概念从世界范围诞生50多年来，这是我国第一次对技术转移进行系统的规划。

三是表明这个方案包含的内容与信息量是非常大的。在整个方案的编制过程中，科技部领导作了多次部署。特别是科技部在4月12日专题研讨技术转移方案。同时，分别在3月21日、3月30日和5月10日三次专门召开会议讨论。从2月到7月的整个方案出台的过程和会议节奏的安排，可见科技部对这个事情的重视，也可见事件过程的严谨性。

2.3.2 《国家技术转移体系建设方案》文件解析

整个方案是国家首次对技术转移工作进行系统部署的纲领性文件，是统筹指导国家技术转移体系建设的行动性纲领。它是纲领性文件，纲举目张。它是行动指南，技术转移解决不了的问题需要找依据，到文件里找；找模式，到文件里找；互相的创新，到文件里找。任何方案的制定过程都是研究和学习的过程、在讨论中体会的过程。整个2017年，是

《国家技术转移体系建设方案》从理论基础、概念既定，到方案安排非常密集的一年。

首先介绍两个概念——技术转移和技术转移体系。

（一）主要概念解读

（1）技术转移的解读

技术转移，是指制造某种产品、应用某种工艺，或提供某种服务的系统知识，通过各种途径从技术供给方向技术需求方转移的过程。技术转移的内容包括科学知识、技术成果、科技信息、科技能力等。这是对技术转移的定义，这个定义是《技术转移服务规范》国家标准里对技术转移的定义，并且这个定义是没有争议的，是固化的。

什么叫技术转移？在编制这个标准的时候也参考了1964年国际上的《国际技术转移行动手则草案》里出现的对技术转移的理解，以及国内20世纪80年代初制定的技术转移的概念，包括后来的文件等，综合各方面，然后在众多专家讨论下形成了技术转移的概念。所以，技术转移的主要内容包括知识、成果、信息、能力等，虽然它名字叫技术转移，但是它真正的内涵不限于技术，它的实际概念更大。

（2）技术转移体系的解读

技术转移体系，按照《国家技术转移体系建设方案》里边的描述就是指促进科技成果持续产生，推动科技成果扩散、流动、共享、应用，并实现经济与社会价值的生态系统。

体系是指什么体系？从另外一个角度去看，就是符合科技创新规律、技术转移规律和产业发展规律的体系。这是对它生态概念的圈定。这次整个技术转移体系建设方案从宏观把控，从源头、结果以及过程去共同设定，所以它的概念是比较大的。它涉及了科技创新的源头和技术成果的产生，从科技创新规律来研究，从产业发展规律来研究。

所有的技术转移都是为了创造经济与社会价值，它最终的落脚点肯定要进入产业，所以要从产业发展规律、创新规律的技术曲线来研究。

产业层面的，从这个资金链条来讲，更偏向于VC（风险投资问题）、PE（私募股权投资）问题。中间是技术转移股权这种无形资产的转移过程的规律，包括文件里头提出来的一些强化点。按照这三个规律，去推动整个体系的建设并进行完善，按原文来讲，就是生态性，所以这个体系具有生态性。

（二）文件正文解读

文件里并没有写在编制过程中对这件事情的思考，真正的方案比较简单，就是5个部分，22条，从总体技术要求，优化技术转移体系基础构架，拓宽技术转移通道，完善政策环境和支撑保障，强化组织实施5个方面来介绍。简单来说就是总体要求、基础构架、转移通道、支撑保障和组织实施5个方面。

在设计方案的时候，第一部分总体要求是对全局的宏观把控；最后一部分是总结和实施，主要针对怎么组织问题；具体需要做什么工作，第一部分总体要求是对全局的宏观把控；第二部分是非常关键的一个环节，主要讲基础构架；中间的三部分更是整个体系的"四梁八柱"；最后一部分是总结和实施，主要针对怎么组织问题，需要做什么工作开始讲述，所以接下来的介绍中，会重点讨论第二部分。所以接下来的解读过程中，我们重点交流第二部分。

整个方案不到7000字，但是里面有几个出现频率比较高的词，应该也是这个文件想打造的重点亮点之处。"建立"（18次），"探索"（7次），"任用"（2次）。"建立"是硬性的，根据它整个的过程，大致分成两个阶段，到2025年需要实现什么目标，这是硬任务。文件中加上"探索"和"研究"的，是我们想突破的东西，探索不一定落地，却是整体的脉络。"建立"的东西，"探索""研究"的东西，可以说是贯穿整个方案的灵魂，这里面的着力点在于"企业"（26次）、"高校院所"（18次）、"人才"（16次）。打点企业、打点高校院所、打点人才是发力点，手段是用机构、用平台、用网络。这都是出现频率比较高的点，也是整个方案的一个骨架，接下来我们按照顺序来解读。

（1）总体要求

第一条　指导思想

《国家技术转移体系建设方案》遵循五位一体、四个全面的布局。主旨是要激发创新主体活力。源头上，从创新源来激发，加强技术供需推进；中间层面上优化要素配置，就是资源的配置，特别是科技创新资源的配置。特别体现技术作为要素的市场配置的概念，完善政策环境，在这方面政策有突破性的提法。

第二条　基本原则

第一，"市场主导，政府推动"。这是贯穿全篇的思想，一定要用市场化的机制解决技术的流动。从一开始领导部署工作，就要求一定要用市场主导，政府推动。从政府来讲，就是四抓："抓战略，抓宏观，抓服务，抓政策"。

第二，"改革牵引，创新机制"。整体上把技术转移作为科技体制改革的一个突破口。所以"改革牵引，创新机制"有两个层面的意思，一是在原有基础上吸纳、教化，再创新，二是创立原先没有的东西，也叫"无中生有"的创新。

第三，"问题导向，聚焦关键"。要不断地问些问题：技术转移的问题在哪？短板在哪？为什么？怎么补？把这些问题拿出来，然后聚焦相关问题，逐个解决。这也是《国家技术转移体系建设方案》第二部分基础框架产生的源泉。

第四，"纵横联动，强化系统"。强化系统，主要是指全国技术转移的系统，包括区域间的，尤其是中西部地区间，也包括行业间的，还包括国际间的纵横联动系统。

第三条　建设目标

建设目标可以分成两段布局，2020年和2025年，前者是基本建成，后者是全面建成。2020年基本建成这个部分主要包括机构、人才，这是重点，尤其是"一带一路"开始后，基本建成的压力相对小一点；2025年全面建成的压力相对较大，因为后期可借鉴的经验少了，需要我们真正地创新，把握新的方向和布局。

建设目标只有结构合理、功能完善、体制健全、运行高效四个词。要求全面建成，这是一个大目标，到2025年，还有不到十年的时间，需要围绕这四个方面发力。这是建设目标，也叫"两步走"，正好跟党的十九大的两步走分段是一致的。

第四条　体系布局

其实体系布局引出整个方案的第二、第三、第四部分，所以体系布局可以用三句话概括："基础框架、转移通道、支撑保障"。整个《国家技术转移体系建设方案》的第二部分就是基础框架，第三部分是转移通道，第四部分就是支撑保障。

（2）优化国家技术转移体系基础构架

《国家技术转移体系建设方案》的第二部分，是优化国家技术转移体系基础构架。也就是国家技术转移体系到底是什么，它的"四梁八柱"在哪里。这个一共分成以下四条。

第五条　激发创新主体的技术转移活力

激发创新主体的技术转移活力，其实是技术转移的源头，技术转移的活力就是再学习、再消化的推动力问题，可以从"供给、协同、民生"三个方面来讲。

① 从"供给"层面，第一句话和最后一句话其实是有连带关系的。推动企业深度参与项目实施全过程，在国家重大科技项目中，明确成果转化任务，设立与转化直接相关的考核指标，这是从源头，从项目的源头，特别是重大项目的源头设立的。

这体现了两层含义。第一，体现企业参与重大项目全过程。是从未立项目—指南，到立了项目—实施，再到后期的验收、评估整个的过程。其实这也是科技体制改革层面的东西。第二，在这些项目指标里引入转化指标。项目完成之后的再推进、再发展、再转化，需要引入转化的指标，然后把它的指标变成考核，也就是从供给方面发力。接下来引导高校院所开展技术创新、技术转移活动，强化高校院所科技成果转化情况年度报告的汇交事宜。原文里也描述了高校院所技术创新与转移转化如何引导，并且涉及评价、认可的问题，这在高校院所是一种改革，甚至从一定程度上说是体制的改革。

②从"协同"层面。"协同发挥技术创新中心等平台作用，推动重大关键技术转移。"这是第一句话。必须注意，重大关键技术，这个平台中心是谁？原文里说的是，发挥北京、上海创建中心的作用，这些创建中心要起到核心带头的作用。创建中心要干大事，可以说是重大、关键技术，并且在一定程度上是国家作用的体现。第二句话，"产学研协同建立一批聚焦细分领域的科技成果中试、熟化基地。"原先提过中试，也提过熟化，也有一批人在做，但是这次我们在写文件的过程中，就一直在研究，技术转移老说"最后一公里"突破不了，如果说是高校的问题，高校认为自己有自己的理；如果说是企业的问题，企业会说高校技术不行。

其实高校院所的技术真正走向市场的时候，并没有那么成熟，缺少一个可以直接变为产品的中间层，这个缺失的中间层就是中试熟化基地。"支持产业技术创新联盟建设，加快发展新型研发机构"，现在好多新兴研发机构都计划做这方面的工作。在这里我们要逐步树立自信，原先我们总是学习外国，工研院也说外国技术扩散得好，但其实他们没有注意到，工研院本身就是一个链条，它既是技术的创作者，又是技术的熟化者，它的技术往市场走的时候，早就已经千锤百炼过了。所以下一步我们的工作就是联合新型研发机构，包括中试、熟化基地，进行技术联盟建设。技术的熟化并不是其中某一方就能够独立完成的，它需要多方面的共同努力，联合推动。

技术转移机构可以投资前端的好技术，自己组织熟化，这个过程就是一个系统。增值部分是熟化的价值，所以熟化是我们提的比较多的，中试、熟化很可能就是我们接下来工作的重点。

要充分发挥协会、行业协会、研究会等社会团体优势协同推动技术转移，但是这方面的力量现在并没有发挥出来。当然，不是说我们技术转移的社团弱，而是普遍意义上的社团组织力量弱。下一步怎么推动这块工作，也是我们的一个着力点。

③从"民生"层面来看，民生是整个技术转移的一个大方向，也是对党的十九大的精神——"惠民"的响应，是领导对这个方案的要求。

"民生"层面关注社会、实惠、民生问题,如环境、精准扶贫、人口健康问题,特别是大环境上的战略必争领域、重点领域如人工智能和农村农业。这是更高层面的对技术转移的一种诉求,所以需要关心怎么用技术转移为民生服务,如精准扶贫。

第六条　建立统一开放的技术市场

建立统一开放的技术市场,这里面包含了两个层面的意思。

第一个是平台,"构建互联互通的全国技术交易网络平台"。这里的网络也有两个层面,一层意思是指平台,"开展线上线下相结合的技术交流活动",这句话是围绕平台上的;第二个层面,"连接技术转移机构、投融机构、各类的创新创业主体",既可以通过网络平台,还可以通过类似于联盟、区域等来完成。这两个层面,都体现统一开放、互动、互融、互通等概念,来构建全国技术交易网络。

第二个是培育发展技术交易市场。这个市场是物理空间概念,是常设机构,有三个层次的概念:枢纽型,全国技术交易市场都是枢纽,那么到底谁排第一,谁排第二、第三,在下一步工作中要进行排名;区域型,相对比较好理解,是指一个省或者几个省共同组成的区域市场;行业型,是指根据行业组成的市场,可以在同一区域也可以在不同区域。

其实,这里的交易市场和"网络"有联系,这些市场成立起来之后,如何联通、联合,这是承上启下的联系。

推动技术市场与资本市场融合,拓宽各类资本参与技术转移投资、流转和退出的渠道,其实是想给技术成果的资本化、产业化打掩护,因为技术市场跟资本市场的联通融合,就目前的情况来看,还有很多障碍没有突破。但是不管有多难,我们也要往前推进,推进的方法就是开头说的遵循规律。

另外,不管是创新的、转移的、还是产业的规律,在整个技术转移过程中如果没有资本的支撑,那么各环节相对来说就是松散的,所以一定要突出资本的力量。其实资本的力量也是各方利益的均衡,这是实践得出的规律,也是党中央和国务院的一个要求。在党的十八届三中全会里有这么一句话:"推动技术成果的资本化、产业化。"其中资本化的实现是尤为重要的。

后面说"拓宽各种资本参与技术转移投资、流转、退出的渠道",其实就是一个循环。现有的基础,可以不客气地说,近乎其微,虽然我们有产权交易所和各种交易中心,但是从资本的概念来讲,目前还要改进。实现资本化,要有金融产品的诞生,"探索知识产权证券化",这就是一个金融产品、一个资本市场的概念。

第七条　发展技术转移机构

发展技术转移机构,制定技术转移服务规范,这在2017年9月29日已经完成。这是我们技术转移、技术市场领域内第一个服务标准,并且是第一个国家标准。标准的制定也基于各领域前期开展的卓有成效的基本工作,已经发布的地方标准有不少,我们也参考了这些地方标准,吸取了一些经验,最后在国标委的大力支持下(这里的"大力支持"并不为过,因为一项国家标准从立项到制定没有两三年是不可能完成的),紧锣密鼓,仅用了一年的时间就完成了这项标准的制定。从2017年启动,到2018年1月就已经正式地推出了。

完善市场化定价机制,其实就是技术定价明确、拍卖挂牌交易、成交操作流程公示。程序怎么走,路径在哪里,内容是什么,有什么程序,这些规则我们都需要制定。其实我们也慢慢地积累了经验,只要统一操作规则,大家按一个规则走,话语权就统一了,不然交流起来就会困难。这个也是成果转化的要求,它点出要做哪些事,但是关于这些事怎么做并没有答案,需要我们逐步地去探索找到答案。

建立健全技术转移服务业专项统计制度。技术转移专项统计制度,需要从统计局获得指定,这个指标制定出来,发言就有依据,并且这个统计制度的建立对我们现在正在开展的宏观经济能起到支撑作用。

完善技术合同认定规则与登记管理办法。主要工作是建立一个规则,完善两个办法,因为这两个都是科技部、财政部和国家税务总局联合制定的,它们的制定是和我们的税收政策密切相关的,是跟我们日常的合同登记密切相关的。上一个办法的制定是在2000年,已经20年了,它所认定的规则和现在的操作必定会产生不一致之处。这就像是一个命题作文,命题明确,具体怎么做的问题,需要操作人员自己去考虑。

发展技术转移机构。技术转移机构作为技术转移的中坚力量，一定要大力培养。这里分政府、高校院所还有社会组织三个层面。政府该做什么？政府要加强统筹指导，协调开展成果收集评估转移。高校以及社会要建立技术转移机构。技术转移机构的方向是什么？市场化、规范化、专业化，可以说这"三化"是整个技术转移机构的方向，不管是高校院所还是社会化的机构，如果做不到这"三化"，最后只能大浪淘沙，被淘汰掉。因为这"三化"才是你的核心竞争力，特别是专业化，只有具备专业的能力，才有市场的空间，才有规范的基础。

接下来要做一些示范机构的培育，各省，包括河南也在做技术转移机构的培育。其实从国家层面来讲，政府部门要首先培育出一批具有示范带动作用的技术转移机构，因为我们总要有一批领军的技术来探索一种模式。在这个机构的建立过程中，提出几个制度：职务发明奖励制度，这主要针对的是高校院所；技术经理人聘用制度；还包括技术转移联盟，对于地方的转移机构，要鼓励其结合服务绩效对相关技术转移研究给予指导。

第八条　壮大专业化技术转移人才队伍

基础构架最后一条，壮大专业化技术转移人才队伍。其实在组织方案建设的过程中，这一要求落在文字上是两个层面的意思，第一个是人才队伍建设，第二个是如何建设。

"人才队伍建设是加强技术转移管理人员、技术经理人等人才队伍建设，畅通职业发展和职称晋升通道。"一是要建设两批队伍，即管理人员、技术经理人。二要给这些人以正常的名分与地位，以及职业发展、职称晋升空间。一直以来从事技术转移的人员处在特别边缘化的位置，这一次明确地提了出来，并且不止在这一个地方提出，是要给真正从事技术转移的人一个身份。

"高校院所设置专职从事技术转移工作的创新型岗位。"很多人不太理解这句话，其实前面有一个条件，是在不增加编制的情况下，设立专职岗位，这是要解决高校院所九龙治水的现状。从事技术转移的八个部门，出现问题的时候到底谁负责，权责并不清晰。设立专职岗位，就是为了逐步做到专业化、规范化。这个事情的阻力其实也很大，当时还有种意见是，要在高校院所设立专一的技术转移部门，但教育部不同意，因为设立转移部门需要过程，需要时间。其实设立机构，可以做到部门不单一设置，岗位专职设置，也就是说在不增加编制的情况下设立一个部门。从大的方向来讲，是鼓励真正的专业的人来干专业的事。《国家技术转移体系建设方案》里头也有这么一句话："分配情节，多鼓励科研人员从事技术转移活动。"也是从奖励这一块给予人才的一种肯定。

在培养方式上，我们现在只是通过项目、基地、教学合作等多种载体和形式培养一些人才。其中建设培养基地肯定是培养人才的一种形式，并且我们现在依托国家区域技术转移中心，建设了11个基地。河南省区域作为人才基地的指挥中心，其人才培养工作是做得非常不错的，这种形式要逐渐扩散，要以点带面，带起更多机构去进行人才培养工作，比如鼓励有条件的高校设立技术转移相关的学科和专业。现在国家也在推动此事，原来做孵化器的时候，也让高校参与过，现在是技术市场阶段，这事确实比较难干，但是通过一定努力，干起来是特别有意思的，就是要设立一个专门的学科专业——技术转移。在前两年有的学校已经设立了相关专业，现在更应加速设立。

主要解决的问题是："将高层次技术转移人才纳入国家和地方高层次人才培育特殊支持计划"，这句话是对改革层面提出的要求，但是技术转移专业类型并没有被纳入国家和地方高层次人才特殊支持计划。现有文件只是宏观提出来要纳入，但是具体怎么纳入需要技术转移从业机构、相关部门、相关从业人员去深入地研究。将技术转移专业类型纳入到人才支持计划中的过程是一个互动、双赢的过程。整个技术转移体系的结点无外乎政策、改革、方法，然后是机构、人才和工具场所。要结合平台、机构、人才，组织推动，遵循三个规律，搭建一个立体的体系。

（3）拓宽技术转移通道

第九条　依托创新创业促进技术转移

推动、促进技术转移，要从以下四点梳理。① 创新创业是技术转移最有效的方式之一。② 区域技术转移推动区域的发展。③ 进行国际化的高端技术转移。④ 军民融合作为国家战略的技术转移。

首先是创新创业，依托创新创业促进技术转移，在这里有两层意思，一要突破原有创新，二要搭载载体。在创新方面是通过挂职、兼职或在职创办企业以及离岗的自主创业来推动科技成果转移,在创新创业方面国家已经有一些文件和相关政策支撑;其次,高校、科研院所设立流动岗位,通过这类型的岗位有效地吸引企业创业人才,然后引导高技术走向市场,完成技术的流动。

"引导科研人员面向企业开展技术转让、技术开发、技术服务、技术咨询,横向课题经费按合同约定管理。"这句话的意思很明确,第一要鼓励开展研发和技术转移咨询服务,引导技术人员开展和技术转移相关的所有横向课题,并按合同约定完成。合同优先,没有合同的再按约定的规矩,有合同的按照合同走,这解决了高校横向课题和校内规章管理效率不高的问题。所以就是从体制机制上进行一些约定,其实还是开源的概念。第二层意思就是载体培育,发展专业化技术转移创新空间,现在全国有17家这样的载体。

"建立开放共享的创新平台,为技术概念验证、商业化开发等技术转移活动提供服务支撑。"这句话指的是要发挥大企业的作用,把资源开放共享,在满足企业利益诉求的前提下去开放资源,发展专业领域的技术验证,鼓励龙头企业开发创新资源,推动大中小企业跨界融合。用大带小,形成产业技术链,要发挥大企业的龙头作用。

第十条　深化军民科技成果双向转化

"优化孵化器、加速器、大学科技园等各类孵化载体功能,构建涵盖技术研发、企业孵化、产业化开发的全链条孵化体系。"意思是改变孵化的体系,把专业化众创空间改作优化众创空间。孵化器、加速器、大学科技园,这是一个企业的成长链,同时也是技术的验证链。是从一个想法变成一个企业,再从一个企业逐步成熟的过程,也是从一个想法变成技术、从一个技术变成一个固化的程序、从成熟的技术包变成商品的过程,然后走向市场,其中后面的两个是比较特定的载体。

"加强农村创新创业载体建设,发挥科技特派员引导科技成果向农村农业转移的重要作用。"其实,还有一个名词是一主多元,是对农村技术转移的进一步加强,这都属于农村技术转移的专业名词。技术难题可以通过揭榜、比拼、招标等形式征集解决方案,从技术转移需求的角度发力,形成最终的产品。

"通过协调沟通建立健全的军民融合国家战略,深化居民科技成果双向转化"有两个层面。第一层，军民对接。通过强化军队装备采购信息平台建设，搭建军民技术供需对接平台，引导优势民品单位进入军品科研、生产领域，加快培育反恐防爆、维稳、安保等国家安全和应急产业，加强军民研发资源共享共用。从信息到沟通，应加强现有的技术转移平台，建立目前还没有的技术转移平台。在体制机制方面，完善国防科技成果，建立权利归属、价值评估、考核激励、知识产权和居民双向转化配套政策。第二层，推动开展军民融合国家专利运营试点。探索建立国家军民融合技术转移中心、国家级实验室技术转移联盟，建立军民融合技术评价体系，完善符合军民科技成果转化特点的职称评定、岗位管理和考核评价制度。探索重大科技项目军民联合论证与组织实施的新机制，要联合论证、联合组织去探索这项新的技术转移机制，这对军民融合技术转移工作会有突破性的进展。

针对军民融合的技术转移工作分为50项，这是各地方相关部门要做的工作。在部分地区开展军民融合技术转移机制探索和政策试点，开展典型成果转移转化示范。其做法是先实验，再摸索经验和做法，然后开展示范，示范成熟后再推广。

第十一条　推动科技成果跨区域转移扩散

推动科技成果跨区域转移和扩散的概念有三个层面。

第一层，重点区域。① 发挥北京、上海科技创新中心及其他创新资源集聚区域的引领辐射与源头供给作用，促进科技成果在京津冀、长江经济带等地区转移转化。② 振兴东北，开展振兴东北科技成果转移转化专项行动、创新驱动助力工程等，通过科技成果转化推动区域特色优势产业发展。③ 开展科技扶贫、精准脱贫，推动新品种、新技术、新成果向贫困地区转移转化。

第二层，梯度布局。① 了解中西部地区差异化的梯度布局。② 探索中东西部局部转移的利益分享，其实这是区域技术转移的一种梯度布局与探索，是合作模式的创新。③ 合作共赢。建立健全省、市、县三级技术转移工作网络，加快先进、适用科技成果向县域转移转化，推动县域创新驱动发展。可以把这三级网络转移工作整合起来形成国家技术转移平台，实现全国资源共享。以技术转移为出发点，对数据进行分析挖掘，最后形成一个产品。建立技术转移网络平台需要根据国外的数据，再和国内的数据去匹配，在这个基础上进行加深，从另一个角度来说也是专业化的一种体现。

第三层，区域试点。试点就是试管区，是瞄准跨区域的基本点。支持有条件的地区建设国家科技成果转移转化示范区，开展体制机制创新与政策先行先试，探索一批可复制、可推广的经验与模式。我国目前已经建了6个国家科技成果转移转化示范区。探索一个可复制、可推广的经验与模式，做一些政策性的、机制性的和模式性的突破，允许高校、科研院所、企业按规定执行示范区相关政策。

第十二条　拓展国际技术转移空间

"拓展国际技术转移空间""国际化""引进来走出去"，这三句话是一个载体布局。载体布局要求加快国际技术转移中心建设、企业和信息技术平台软件实施，加强国内外技术转移机构对接，创新合作机制，形成技术双向转移通道。"开展'一带一路'科技创新合作技术转移行动与'一带一路'沿线国家共建技术转移中心及创新合作中心，构建'一带一路'技术转移协作网络"，"一带一路"科技专项行动就包含人文、实验室、园区、技术转移这4方面的内容。现在科技部正在规划这4个方面，要落实一下建设方案，在落实过程中还有一些需要细化的东西，特别是国际技术转移。要引导企业建立国际金融公司，国际技术转移成果转化交流是具有导向性的，就是让我国企业在海外建立公司，做一些布局，从而实施基础性的铺垫。

（4）完善政策环境和支撑保障

第十三条　树立正确的科技评价导向

树立科技导向，通过导向机制建立"推动高校、科研院所完善科研人员分类评价制度，建立以科技创新质量、贡献、绩效为导向的分类评价体系，扭转唯论文、唯学历的评价导向。对主要从事应用研究、技术开发、成果转化工作的科研人员，加大成果转化、技术推广、技术服务等评价指标的权重"的制度。原先有的制度要建立分类评价体系，然后要加大常规建设技术服务、指标的权重。树立科技导向就是有指标，要加大权重。

第十四条 强化政策衔接配套

强化政策衔接配套有三个重要的突破点。

"健全国有技术类无形资产管理制度，根据科技成果转化特点，优化相关资产评估管理流程，探索通过公示等方式简化备案程序"。健全国有技术类无形资产环境，启动技术类固有资产进场交易的规则起草编写工作，某一种程度是一种复制，需要慢慢地推进。现在国有资产唯一单独的管理办法，是要逐步建立真正适合创新的无形类资产，必须要承认它的特殊性，它是一种无形的技术产品，这是一个突破。

开展职务发明科技成果产权的改革试点，在修订科技成果转化制度的时候推动产权。成果转化的要点有很大的突破，但是唯一的产权并没有明确，需要在方案的编制过程中向国外的产权制度借鉴经验。知识产权的混合所有制改革试点的意义在于界定植入成果，明确团队的贡献在哪里、权属怎么剥离。现在不同地区的机构，包括上海交通大学等对此都做了一些探索，把问题、做法都提出来让大家去讨论，这是第二个突破。

第三个突破是建立健全新产品采购、首台套保险政策，开展科技成果向技术标准转化试点工作。"研究科技成果转化奖励收入有关税收政策。完善出口管制制度，加强技术转移安全审查体系建设，切实维护国家安全和核心利益"这句话就是税收政策、奖励部分在个人所得税方面做的突破。例如，重庆正特斯科技有限公司就搞了一个奖励的分配，成效不错。在文件里面表明了，第一个是技术转移的人员，第二个是创业团队，第三个是真正的财税政策。这是推动一件事情向前发展的引导力量，是非常重要的意见，所以个人所得的税收问题，在若干意见里面已经明确写明了，要推动跟技术交易相关的所得税。

第十五条 完善多元化投融资服务

扩大、完善多元化投融资服务范围。科技成果转化引导基金通过设立创业投资子基金、贷款风险补偿等方式，开展知识产权证券化融资试点工作，鼓励商业银行开展知识产权质押贷款业务和银行的投资联动。根据相关政策，投资额在70%，通过探讨可以把成果转化基金作为补偿。2013年，我国银行、保险、科技中介机构等探索知识产权质押工作，召开了相关启动会议，出台了有关政策意见，但是效果不是很理想。问题的关键在于我国还未建成活跃的技术市场,尤其是专利变现的市场。这需要解决一系列问题,这是技术成果资本化过程中很重要的一部分。

第十六条 加强知识产权保护和运营

强化信息共享和精准对接,加强对技术转移过程中商业秘密的法律保护,研究建立当然许可等知识产权运用机制的法律制度。这里包含知识产权和知识产权的司法保护作用,完善行政执法和司法保护两条途径优势互补、有机衔接的知识产权保护模式,推广技术调查官制度,优化专利和商标审查流程,拓展"专利审查高速路"国际合作网络。

第十七条 强化信息共享和精准对接

建立国家科技成果信息服务平台,推动财政科技计划、科技奖励成果信息统一汇交、开放、共享和利用。这是一个信息的甄别和对接,然后加工这些成果,让成果得以利用。用一些科学的、规范的方法把技术的内涵挖掘出来,把技术变成有效的成果然后再去共享。利用大数据、云计算等技术开展科技成果信息深度挖掘,挖掘出来的信息如果被市场认可,并且市场认可价值越高,说明挖得越深。建立重点领域科技成果包发布机制,开展科技成果展示与路演活动,要创新一种机制、一种模式,形成一种精准机制,开通科技成果直通车,把所有的高校衔接在一起,把最好的技术合理有效地使用。促进技术、专家和企业精准对接。

第十八条 营造有利于技术转移的社会氛围

针对技术转移过程中高校、科研院所等单位领导履行成果定价决策职责、科技管理人员履行项目立项与管理职责等问题,需要健全激励机制和容错纠错机制,允许失败、鼓励成功,完善社会诚信体系,发挥社会舆论作用,营造权利公平、机会公平、规则公平的市场环境。这是一个逐步完成的过程。

(5)强化组织实施

第十九条 加强组织领导

国家技术转移体系建设的整层机构就是深改组,所以深改组主要负责审议重大任务。国务院科技行政主管部门要加强组织协调,明确责任分工,细化目标任务,强化督促落实。

第二十条　抓好政策落实

抓好政策落实，需要进行评估检测，落实出台的相关政策。

第二十一条　加大资金投入

发挥财政引导作用，国家设立财政专项，对现有的机构、信息分享平台以及人才培养加大财政投入力度。

第二十二条　开展监督评估

建立监测、督办和评估机制，定期组织督促检查，开展第三方评估，掌握目标任务完成情况，及时发现和解决问题。

（三）总结

对于《国家技术转移体系建设方案》的理解，我们上面已经进行了全面深入的分析，总结一下就是依托高校院所建立一批转化基地，推广技术成熟度。构建互通的全国技术交易网络开展现有的技术交易活动，培育、发展若干功能完善的全国性交易市场，如建立全国技术交易平台。

（1）开展线上线下的技术交易活动。

（2）全国技术交易市场的专业化工作。

（3）制定技术转移规范，完善科技成果的评价机制，明确成果拍卖技术交易市场进行交易、形成技术公式的操作流程，根据已经公布的技术交易成本，结合各个地方的新标准，求同存异地制定技术转移机制。

（4）建立健全技术转移专项制度，统计专项化，由国家统计局联合科技部完成。细化方案由统计局做，后面的由科技部做，完善规则办法工作由科技部和财政部联合开展。

（5）建立高校转移机构。

（6）孵化园整个孵化链条是在会议中心的，专门有孵化器，现在要做创业空间的升级版，孵化链条的再搭建。

（7）技术需求。

（8）开办技术转移中心，注重对人才培养的工作，包括大纲教材标准程序。技术交易行业核心开展的业务，是把技术转移这项工作推向健康良性的发展，2025年的目标是功能完善、结构合理的高校体系的建立。

03 Chapter
权威解读《技术转移服务规范》

3.1 《技术转移服务规范》人才体系建设部分原文

3.1.1 《技术转移服务规范》（部分）

以下内容摘自《技术转移服务规范》国家标准的"4 一般要求"和"5 通用流程"部分。

4 一般要求

4.1 服务机构

    4.1.1 服务机构应依法成立，承担责任和义务。

    4.1.2 服务机构应确定服务模式和服务战略。

    4.1.3 服务机构应具有与服务范围相适应的管理人员和服务人员。

    4.1.4 服务机构应建立符合业务需要的专、兼职专家队伍。

    4.1.5 服务机构应向委托方提供客观、真实、有效的信息，全面履行承诺。

    4.1.6 服务机构对于委托方的技术秘密和经营秘密承担保密义务，维护委托方的知识产权及相应权益。

    4.1.7 服务机构可建立技术成果信息库、技术需求信息库、专家信息库和合作机构信息库等，并合理管理和组织利用。

4.2 管理制度

    4.2.1 服务机构应根据相关法律法规和行业规范建立管理制度。

4.2.2 管理制度应包括岗位责任制度、合同管理制度、人力资源管理制度、服务评价制度、奖惩激励制度、保密工作制度和档案管理制度等具体制度。

4.2.3 管理制度应明确管理职责、工作流程、工作标准等。

4.2.4 管理制度应符合自身管理和发展需求，适宜可行。

4.3 服务人员

4.3.1 服务人员应遵纪守法，遵守职业道德和职业操守，客观公正，诚实守信。

4.3.2 服务人员应熟悉国家和地方相关法律、法规和政策。

4.3.3 服务人员应具备较强的市场分析能力、职业判断能力以及项目管理能力。

4.3.4 服务人员应掌握与本专业领域相关的适用技术信息，包括技术发展水平、国内外现状、转移转化条件等。

4.3.5 服务人员应具备与所从事的技术转移服务相关的专业技能。包括：

　　a）信息获取；

　　b）鉴别与评价；

　　c）调研与预测；

　　d）组织与洽谈；

　　e）计划与实施；

　　f）宣传与传播；

　　g）协调与应变；

　　h）口头和书面沟通；

　　i）学习与研究。

4.3.6 服务人员每年应接受业务培训。业务培训的形式包括面授、研讨和实训等。

4.3.7 服务人员若同时在两个或两个以上服务机构中兼职，不应损害相关机构利益。

4.3.8 服务人员应具有服务意识，注重职业形象。

4.4 专家要求

服务机构可根据委托业务需要聘请相关专家参与技术转移服务，专家应具备以下条件：

a）良好的科学道德和职业道德，认真严谨，秉公办事，客观公正，热心科学技术事业；

b）对服务项目所属专业有较丰富的理论知识和实践经验，熟悉国内外该领域技术发展的状况；

c）具备完成服务的能力。

4.5 服务场所

4.5.1 服务机构应具有固定工作场所，并在工作场所放置明显的标识。

4.5.2 服务机构应具备满足运营要求的办公设备和必要的工作环境。

4.6 服务外包

4.6.1 服务机构可在委托方书面同意的情况下，外包部分服务。

4.6.2 服务机构应和外包商签订合同，明确各自的分工与职责。

4.6.3 服务机构应根据服务项目的特点选择和评定合格外包商，并采取多种措施管理外包商，包括日常监督和重新评定等。

4.7 服务合同

4.7.1 服务机构应做好与委托方签订合同或协议的各项准备。

4.7.2 服务机构应按照相关法律法规，与委托方签订书面或电子合同/协议，约定权利、义务和收益，不做超出自身服务能力和范围的承诺。其中，服务机构与委托方签订技术开发或技术转让合同时，应采用书面形式。

4.7.3 服务机构可与委托方单独签订合同/协议,也可与委托方和其他各方共同签订合同/协议,并在合同/协议中明确各方的责任与权利等。签订技术开发或技术转让合同时,应采用书面形式。

4.7.4 服务机构可参照技术合同示范文本签订技术合同,并依据相关管理办法和认定规则进行技术合同认定登记。

4.7.5 当出现不可抗力或违约时,服务机构应及时与合同各相关方协商,变更合同内容或解除合同。对于变更合同内容的情况,服务机构应及时与合同相关方签订新的合同。

4.7.6 服务机构应与合同各相关方沟通,在服务合同中约定各相关方的保密义务。

4.8 档案管理

4.8.1 服务机构应搜集服务过程中的各种客观证据,包括书面记录、录音、视频、网络资料等,整理形成服务档案并进行保存。

4.8.2 服务档案的内容应真实、详细,能够全面反映技术转移服务过程。

4.8.3 服务档案应分类清晰,易于识别和检索。必要时,服务机构可建立档案数据库。

4.8.4 服务机构应根据法律法规、自身管理的需要和服务项目的特点,设置适宜的档案保存期限。保存期限可分为永久(二十年以上)、长期(五至二十年)、短期(二至五年)等。

4.9 争议解决

4.9.1 服务机构与委托方或其他各方出现争议时,应及时、妥善处理。

4.9.2 具体争议解决流程,按照GB/T 19013的规定执行。

5 通用流程

5.1 流程概念

通用流程包括委托与受理、论证与审核、签订合同/协议、组织实施、服务总结、资料归档、跟踪服务、服务改进等。服务机构可按照技术转移服务通用流程图(见附录A)提供服务。

5.2 委托与受理

委托与受理环节应包括以下内容：

a）委托方提出委托意向；

b）服务机构了解委托事项内容、具体要求，提示委托方出具与委托事项相关的合法、真实、有效的技术资料和证明材料；

c）委托方如实填写技术成果信息登记表或技术需求信息登记表（参见附录B、附录C）；

d）向委托方说明可提供的服务内容、服务时限、收费方式、后续服务、各相关方权利和义务等内容；

e）受理委托，进行相应记录；

f）不能接受委托，应向委托方说明理由，退还其全部材料。

5.3 论证与审核

论证与审核环节应包括以下内容：

a）审核委托方提交的材料，必要时可进行实地考察；

b）进行评价，判断是否接受委托。如果接受委托，做好签订合同/协议的准备工作；如果不能接受 委托向委托方说明情况，退回相关材料，并备案、归档。

5.4 签订合同/协议

与委托方沟通、协商达成共识后，签订合同/协议。合同/协议应包括以下内容：

a）服务项目名称；

b）服务的内容和要求；

c）服务的方式、期限和地点；

d）委托方的协作事项；

e）对委托方提供的技术资料、样品的保管；

f）保密内容、保密期限和泄密责任；

g）风险责任的承担；

h）服务产生技术成果的归属；

i）服务质量要求和验收方法；

j）服务费用、支付方式和支付时间；

k）违约责任；

l）损失赔偿的计算方法；

m）争议的解决方式；

n）名词和术语解释；

o）其他约定事项。

5.5 组织实施

组织实施环节应包括以下内容：

a）按照服务合同/协议制定服务方案，并提供服务；

b）服务过程中应加强沟通，通过反馈阶段成果等形式，向委托方报告服务项目进展情况，遇到问题及时协调与解决；

c）服务活动完成，按照合同/协议进行验收。如果验收通过，进行服务收尾工作；如果验收未通过，与委托方沟通，确定进一步工作方案，继续实施。

5.6 服务总结、资料归档和跟踪服务

服务总结、资料归档和跟踪服务环节应包括以下内容：

a）服务机构组织自评和委托方评价。其中委托方评价应包括以下内容：

—— 服务结果是否满足委托方需求；

—— 委托方是否明确知道自身权益和注意事项；

——服务是否规范；

——保密措施是否满意；

——服务态度是否适宜；

——其他。

b）根据评价结果撰写服务总结；

c）收集和整理与该服务项目相关的各种资料，并做归档处理；

d）与委托方沟通，确定后续跟踪服务事项，开展后续跟踪服务。

5.7 服务改进

制定服务改进措施，应包括以下内容：

a）服务机构中存在的主要问题；

b）改进措施和预期目标；

c）改进服务需要的配套实现条件；

d）改进服务需要的时间周期；

e）其他。

3.1.2 《技术转移服务规范》的附录图表

附录A 技术转移服务通用流程

（规范性附录）

图A给出了技术转移服务通用流程。

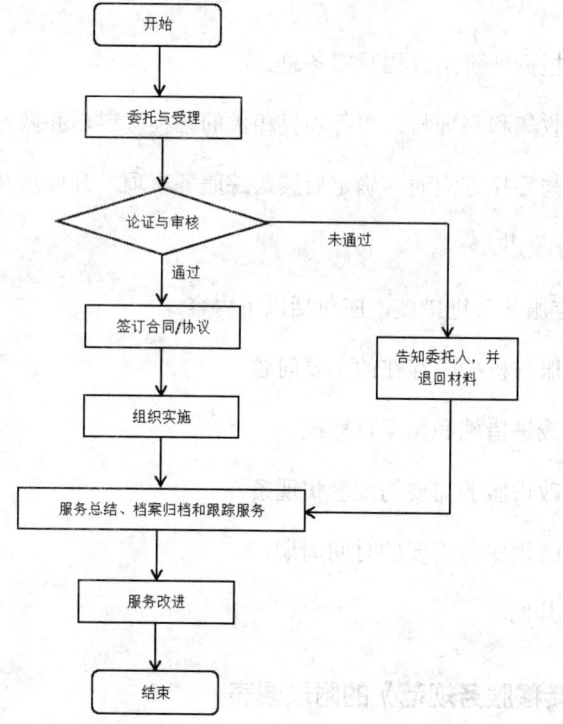

■ 图A 技术转移服务通用流程

附录B　技术成果信息登记

（资料性附录）

技术成果信息登记表见表B。

■ 表B　技术成果信息登记表

年　月　日

<table>
<tr><td rowspan="7">基本信息</td><td colspan="2">单位名称/个人</td><td colspan="2">（如是个人，请补充身份证号）</td></tr>
<tr><td colspan="2">单位性质</td><td colspan="2">□科研院所　□大专院校　□企业　□涉外机构
□其他（　）</td></tr>
<tr><td colspan="2">法人代表</td><td></td><td>邮政编码</td><td></td></tr>
<tr><td colspan="2">联系人</td><td></td><td>E-mail</td><td></td></tr>
<tr><td colspan="2">联系电话</td><td></td><td>传真</td><td></td></tr>
<tr><td colspan="2">通信地址</td><td colspan="3"></td></tr>
<tr><td colspan="2">单位规模</td><td colspan="3">□10人（含）以下　□11~50人　□51~250人
□251~500人　□501人以上</td></tr>
<tr><td rowspan="7">项目情况</td><td colspan="2">项目名称</td><td></td><td>项目负责人</td><td></td></tr>
<tr><td colspan="2">技术领域</td><td colspan="3">□电子信息　□航空航天　□先进制造　□生物、医药和医疗器械　□新材料及其应用　□新能源与高效节能　□环境保护与资源综合利用　□核应用　□农业　□现代交通　□城市建设与社会发展　□其他（　）</td></tr>
<tr><td colspan="2">知识产权状况</td><td colspan="3">□技术秘密　□专利　□计算机软件　□植物新品种　□集成电路布图设计　□生物、医药新品种（新药证书/临床批件/生产批件）　□未涉及知识产权</td></tr>
<tr><td colspan="2">知识产权证书号</td><td colspan="3"></td></tr>
<tr><td colspan="2">成果权属</td><td colspan="3">□独占　□共有（共有权人：　）　□其他（　）</td></tr>
<tr><td colspan="2">项目阶段</td><td colspan="3">□研制　□试生产　□小批量生产　□批量生产
□其他（　）</td></tr>
<tr><td colspan="2">合作方式</td><td colspan="3">□股权投资　□技术转让　□许可使用　□合作开发
□合作兴办新企业　□其他（　）</td></tr>
</table>

（续）

项目情况	需合作方投入资金（万元）	
	资金用途	
项目简介	（含技术特点、主要技术参数、应用范围、市场前景、效益分析等）	
实施条件	（项目技术转化时达到设定生产规模和产量时需要的原材料、设备、厂房、动力、土地、人力资源、环保、周边环境等条件要求）	
单位简介		
发布有效期	□三个月 □六个月 □一年 □其他（　　）	
发布范围		
保密要求		
附件明细	1. 2. 3.	
承诺	我单位/本人保证上述填报内容及所提供的附件材料真实、完整、无误，如有不实，我单位/本人承担由此引起的一切责任。 法定代表人或单位负责人或本人：　　　　　　　　单位公章： （签字）　　　　　　　　　　　　　　　　　　　年　月　日	

附录C 技术需求信息登记

（资料性附录）

技术需求信息登记表见表C。

■ 表C 技术需求信息登记表

年 月 日

基本信息	单位名称/个人	（如是个人，请补充身份证号）		
	单位性质	□科研院所 □大专院校 □企业 □涉外机构 □其他（ ）		
	通讯地址		邮政编码	
	联系人		E-mail	
	联系电话		传真	
	单位规模	□10人（含）以下 □11~50人 □51~250人 □251~500人 □501人以上		
技术领域		□电子信息 □航空航天 □先进制造 □生物、医药和医疗器械 □新材料及其应用 □新能源与高效节能 □环境保护与资源综合利用 □核应用 □农业 □现代交通 □城市建设与社会发展 □其他（ ）		
拟投入资金额度及方式				
资金用途				
合作方式		□股权投资 □技术转让 □许可使用 □合作开发 □合作兴办新企业 □其他（ ）		
需求内容及预期目标				
现有工作基础				
发布有效期		□三个月 □六个月 □一年 □其他（ ）		
发布范围				
保密要求				

(续)

承诺	我单位/本人保证上述填报内容及所提供的附件材料真实、完整、无误，如有不实，我单位/本人承担由此引起的一切责任。 法定代表人或单位负责人或本人：　　　单位公章： （签字）　　　　　　　　　　　　　　　年　月　日

附录D 技术评价服务流程

图D给出了技术评价服务流程。

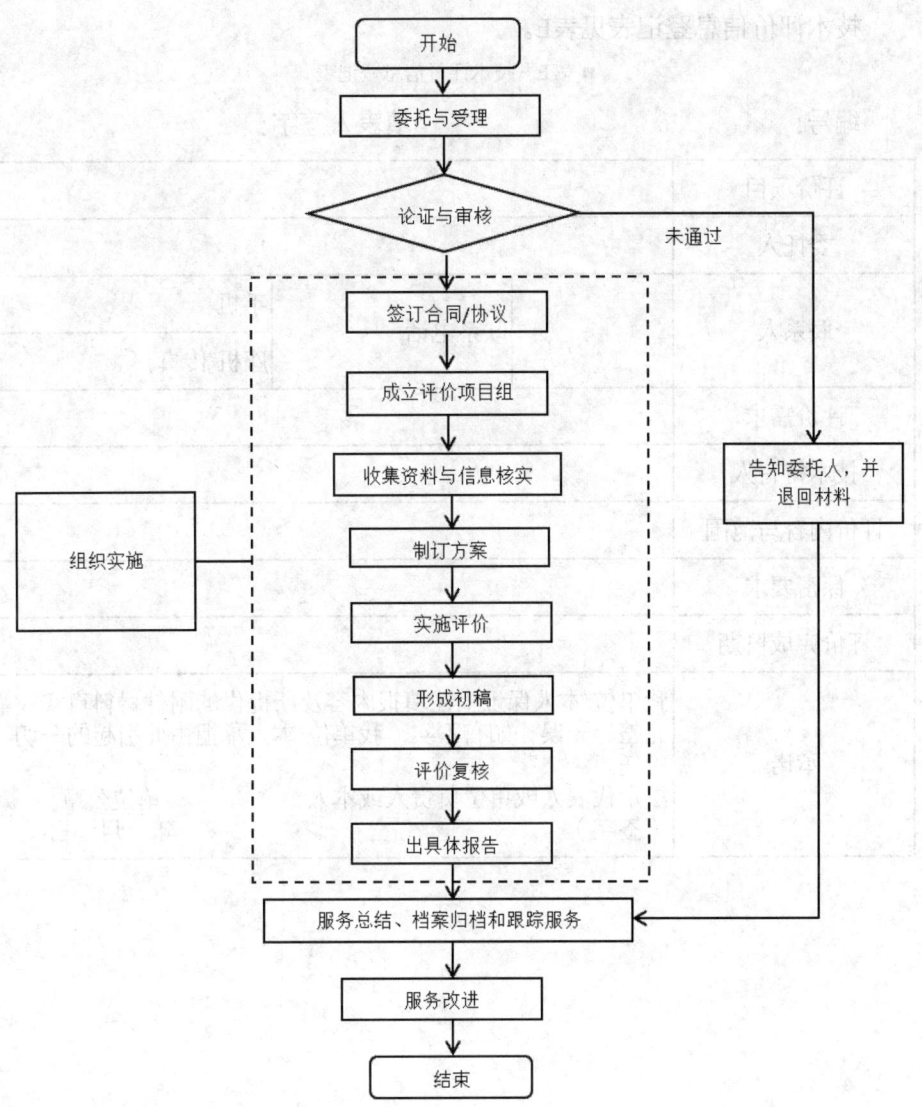

■ 图D 技术评价 服务流程

附录E 技术评价信息登记

（资料性附录）

技术评价信息登记表见表E。

■ 表E 技术评价信息登记表

编号：　　　　　　　　　　　填表人签字：

评价项目	
委托人	
联系人	联系电话　　　　　　手机： 　　　　　　　　　　座机/传真：
评价需求	
技术持有人	
评价内容与范围	
保密要求	
评价完成日期	
承诺	我单位/本人保证上述填报内容及所提供的附件材料真实、完整、无误，如有不实，我单位/本人承担由此引起的一切责任。 法定代表人或单位负责人或本人：　　　　单位公章： （签字）　　　　　　　　　　　　　　　年　月　日

3.2 河南省科技厅专家解读

3.2.1 《技术转移服务规范》国家标准发布的重要意义

（一）基本特征

《技术转移服务规范》（以下简称《规范》）由科技部提出，全国服务标准化技术委员会规划，科技部火炬中心、中国标准化研究院、北京技术市场协会、北京工商大学、北京市情报所等单位参与研究和起草。

《规范》以《合同法》为重要依据，按照《国家标准管理办法》和《标准化工作导则》的要求，规定了包括范围、规范性引用文件、术语和定义、一般要求、通用流程、服务评价与改进、技术转移服务主要类型等共12章，着重突出了两大特点。

一是进一步明晰了技术转移概念，指出技术转移是指制造某种产品、应用某种工艺或提供某种服务的系统知识，通过各种途径从技术供给方向技术需求方转移的过程。技术转移的内容包括科学知识、技术成果、科技信息和科技能力等。

二是规定了七类社会关注度高且已形成较成熟模式的技术转移服务类型，包括技术开发服务、技术转让服务、技术服务与技术咨询服务、技术评价服务、技术投融资服务、信息网络平台服务，提出了差异化的服务内容、服务要求和服务流程。其中，技术评价服务、技术投融资服务、信息网络平台服务力求引导技术转移服务与互联网技术、金融资本深度融合，向专业化、市场化、高端化方向发展。

技术转移服务业是我国科技服务业的重要组成部分，是促进我国科技与经济深度融合的重要纽带。

近年来，国务院高度重视技术转移工作，陆续出台促进科技成果转移转化"三部曲"、《国家技术转移体系建设方案》，我国技术转移服务业呈现机构类型多元化，服务内容丰富化，服务模式多样化，服务需求个性化的良性发展态势。

《规范》的发布和实施对传播技术转移理念，指导技术转移实践，引导技术转移服务规范化发展，带动我国技术转移体系结构优化，提升技术转移体系整体效能，促进技术市场与资本、人才等要素市场加速融合，激发经济社会发展新动能具有重要意义。

（二）重要影响

过去科技成果鉴定基本都由科技主管部门来做，2017年科技部取消了科技成果鉴定工作，改由第三方机构对技术成果进行评价。科技部出台了相关技术成果评价的标准、流程及做法，并规范了评价材料的流程与要求，对专家评估环节做了具体要求。2018年1月1日的国标出台对技术评价的服务内容、服务要求、服务流程、合同要点、组织实施等都做了具体规范，让服务机构开展评价业务有章可循，有规可依。

《规范》标准包括12章，明确"技术转移"用国家服务标准支撑"双创"工作，促进技术转移。其中很重要的一个章节是术语和定义。《规范》指出，技术转移是指制造某种产品、应用某种工艺或提供某种服务的系统知识，通过各种途径从技术供给方向技术需求方转移的过程。技术转移已经成为国家战略，它包括科学知识、技术成果、科技信息和科技能力等。通过国家标准理清技术转移概念，这在我国是第一次，这非常有必要，也很有意义。近年来，国家服务标准作为经济活动和社会发展的技术支撑受到地方政府的高度重视，部分省市结合区域技术转移服务特色和工作需求，在技术转移服务业标准化体系建设方面进行了有益的探索。据不完全统计，已有北京、江苏、内蒙古、山东、武汉、青岛6个省市（自治区）制定了地方技术转移或成果转化服务标准。《规范》是对地方标准的继承和提升。国家标准的适用范围更加广泛，服务内容更加全面，服务要求更加严格，服务流程更加完整。一方面从规范具有区域特色的技术转移服务行为，扩展到兼具区域特色与全国引领作用的技术转移服务行为，引入了技术投融资服务、信息网络平台服务等新型技术转移服务模式；另一方面从规范技术转移服务机构扩展到规范具有技术转移职能的高校、科研机构、企业等不同主体的服务行为。相对于地方标准，《规范》充分体现了国家标准的适用性和权威性。

权威解读《技术转移服务规范》

近年来，国务院高度重视技术转移工作，不断引入新型技术转移服务模式，促进科技成果转移转化"三部曲"、《国家技术转移体系建设方案》陆续出台，我国技术转移服务业呈现机构类型多元化，服务内容丰富化，服务模式多样化，服务需求个性化的良性发展态势。目前，我国已培育覆盖高校、科研机构、企业等各类主体的技术转移机构2000余家，区域性、行业性技术转移联盟40余家，各类技术转移平台30余家，技术转移从业人员20余万人，初步形成国家技术转移体系。

《规范》提出了七类社会关注度高且已较为成熟的服务模式，其中技术开发服务、技术转让服务、技术服务与技术咨询服务主要依据《合同法》中有关条款，因为大多技术转移服务最终还是要以技术合同的形式加以体现。将技术投融资服务、信息网络平台服务标准写进《规范》里是其一大亮点。《规范》主要面向技术创新与技术研发成果化、技术集成与技术成果产品化、技术交易与技术产品商品化。各类服务机构把技术商品与生产要素有效配置与合理使用，将投融资服务写进《规范》，完善了技术转移服务链条，促进技术与资本结合，将缩短技术走向市场的时间，有助于推动形成与国际接轨、信息充分、交易活跃、秩序良好的具有中国特色的技术市场体系，从而降低技术商品产业化的复杂性。增加技术评价服务、技术投融资服务、信息网络平台服务三种技术服务类型，力求引导技术转移服务与互联网技术、金融资本深度融合，向专业化、市场化、高端化方向发展。

《规范》主要是对技术转移服务机构的服务行为进行规范，引导机构形成符合自身发展的服务模式。除规定了七种服务类型外，《规范》还分别提出了差异化的服务内容、服务要求和服务流程。《规范》的实施，解决了一些机构在技术转移业务比较综合没有突出的模式和特色的问题，以及有志于从事这一行业的人员不知道从哪里入手的问题。他们通过《规范》，可以梳理出能够发挥自身优势、贴合企业需求的服务模式，也可以较为准确地找到行业切入点，并按照《规范》提出的要求和方向开展服务。

过去技术转移服务机构缺少规范标准，行业乱象丛生，让社会造成误解，不少人认为服务机构是皮包公司，不利于机构的业务拓展。这对技术转移服务机构的发展产生了不良影响。因此《规范》提出的是对技术转移服务机构的服务进行规范。有了这个标准，将会慢慢对技术转移服务机构的服务进行规范，使整个技术转移服务业进入良性循环。

3.2.2 易出错的节点和问题解决方案

（1）附录A——技术转移服务通用流程

从接受委托开始开展技术服务。委托与受理这个环节，在甲乙双方或者示范机构作为丙方来促成甲方和乙方合同签约的时候，首先要明确技术专业的主体内容，然后是相关技术资料样品的提供。合同签订里最重要的是涉密保密环节，在这里需要注意的是，没有脱密的技术，不能够进行技术合同签订。是否脱密需要咨询技术持有人，一般高校、科研院所或者军队的相关技术，在申报科技成果鉴定的时候或者获取成果登记证书的时候，需要填写相应的申请书，申请书就明确标注有没有解密。没有解密的，是不允许技术转移的。有成果登记的都是脱密的，没有经过登记的，就可能涉密，这个需要和技术持有人沟通好，一定不能触及涉密成果，这类成果是不能转让的。

还要注意的是成果的所有权是否属于甲方的问题，这一般需要通过查验专利证书或者相关的课题成果鉴定书，以确定成果属于甲方。其他涉及服务的环节、服务的方式、服务的时间、服务相关的费用等问题，包括一些争议的解决方式都要明确，然后才可以进行受理，去开展相关的服务。

前文提到的委托方沟通、了解技术的真实情况，实际上也就是考察与评价的一个环节。考察实际上就是对成果形式上的一个审查，作为技术转移机构应该负责考察成果的一些注意事项。评价是参照国内的评价机构，通过相关的评价标准，对技术定位、走向、趋势以及市场的规模大小等进行一个预判。这个评价由第三方机构来做。考察和评价都通过了，那么就可以进行下一步——正式签订相关合同和协议，然后开始组织实施项目的转移转化和项目落地。

关于第三方评价机构方面，现在科技部认定了一批第三方评价机构，从科技部的网站可以查到目录。有些省份下的文件有明确某一家评价机构,但是河南省没有明确,河南省不具体指定哪一家,这样也是为了引导大家共同去做,为了能让大家公平地开展这项工作。但是从事评价的这些公司,要按照科技部的评价规范来进行评价工作。它有一套标准和流程,未通过的原因可能是在考察环节和评价环节出现问题。考察环节比如说涉密了、知识产权归属不清晰、技术已经涉及法院的一些判决、技术没有经过相关的认定、技术不成熟或已经淘汰、技术有纠纷等,这些情况出现以后很多成果就不能通过,要退回给委托人。

(2)附录B 技术成果信息登记

附录B在项目简介里明确要求填写技术特点、主要参数、应用范围、市场鉴定、效益分析等内容。我们按照这五项来逐项说明。技术特点重点讲清技术的创新性和主要技术参数,在不涉密的情况下,尽可能地把参数写得清晰一些。

关于具体主要技术参数这一点是什么的问题,比如说雷达的具体侦测距离、导弹的实际射程等都是主要技术参数,如果涉及敏感数字和国家机密,需要隐藏实际数据,不能造成核心技术的外泄。市场前景要有相应的依据,参照相关的论文文献和相关的市场分析,按照论文文献的思路来描述市场前景和效益,用数据来说话。

实施条件这一块最主要的是要增加可行性。实施条件建议从产生的规模,相关的后续原料、设备、厂房、土地、周边环境和环保等方面进行填写。最好能够明确地写出来这个技术曾经在哪里示范或者它的研发地在哪,这样对不同省份、不同区域的技术成果能够进行相应的比较,如和它所在的区域环境进行比较,具有参照性。如果不明确研发地和样板实施地,引进方对将来引进的成果就没有感性上的对比,很容易会造成一些误判。

(3)附录C 技术需求信息登记

技术需求信息登记主要阐述的实际上是以下内容:技术的需求方需要哪个技术领域,需要多大的资金规模,是一种怎样的合作方式,给予怎样的预期。但是这个表存在一些先天性的问题。一般的技术需求单位以企业为主,高校主要是技术来源地,企业需要从高校或科研院所引进技术,但是填写技术需求表的企业相对来说比较少。所以问题就在于企业在填写技术需求表的时候，首先要有两个层面的考虑。

第一个层面，需要的技术是否能说清楚。要明确技术领域和预期目标。明确具体的预期目标即需要什么技术，这个技术带动企业生产、研发进度等要达到一个怎样的目的，将来出产品的时候，产品要达到怎样的状况。预期目标要尽可能地清晰准确，使技术提供方在看到这个数据表以后，就能很准确地提供所需要的技术。

第二个层面，企业在填技术需求表的时候，往往有一种天然的心理障碍，不愿意把需求表述得非常清楚。因为技术需求表实际上能够展现出企业在某一方面的不足、解决不了的问题，也就是企业的短板。对于这个短板，企业往往是害怕的，他们不想对外公布它的短板在哪里。那么采用怎样的技巧能够既表达出来自己的需求，又不让别人知道自己的短板，其实本身就是一个矛盾的问题。为了准确无误地引导合作方，同时又避免短板的暴露，企业只能在填写的时候，尽可能地把技术领域描述准确，预期目标表达清晰，尽可能规避一些具体的技术名称。一旦将来进行相关的技术匹配，跟技术方或者提供方进行后续的技术方面的谈判的时候，就可以清楚明确地了解其是否能够满足企业需求了。这是填写技术需求表时唯独要注意的一个矛盾问题。

（4）附录D　技术评价服务流程

一般作为评价机构来讲，首先它要有相应的评价成功案例，有相应的专家团队，有相应的市场化数据的专业人员，最关键的是能够熟练规范地根据评价流程进行操作。那么作为评价机构，首先要具有核实技术相关材料完备的资质，然后通过形式审查，来判断这个技术的先进性。如果经过初步核实以后，发现技术并不先进或者过时、技术产权不清晰、存在缺项等，那么将不能继续进行相关技术评价。如果初步审查核实后没有大的异议，接下来就可以通过签订合同进入到下一轮评价流程，也就是专家评价，需要按照科技部的标准流程来走。

（5）附录E　技术评价信息登记

根据评价结果进行相关填写即可。

04 Chapter
政府部门技术转移人才体系建设实务指导

4.1 政府部门在技术转移工作中的职能定位

4.1.1 政府部门在技术转移过程中的核心作用

在社会主义市场经济条件下,中央和地方政府在我国技术转移中的作用,可归纳为指导、规范、服务、保障四个方面。

(1)政府在技术转移中的指导作用,就是通过制定和实施发展规划和政策,引导和调控国家、地方、行业和企业的技术转移活动。

政府在进行经济和技术发展预测的基础上,制定国家和地方的经济和技术发展规划,为地区、行业和企业的经济和技术发展提供指导性意见,从而对技术转移产生宏观指导作用。政府通过制定和实施产业政策,扶持重点发展的产业。地方政府在中央政府产业政策的框架下,制定适合本地区的产业政策,并对所确定的主导产业、重点行业的产业和技术转移加以扶持。各经济区域内的各省区还要注意协调各自的产业政策,达到区域资源配置、产业结构和技术结构的合理化,以优于某一省区的区域整体实力吸引高级产业和技术的转移。政府通过制定和实施技术政策,指导行业和企业对劳动密集型、资源密集型、资本密集型和智力密集型技术进行选择,吸引和发展适于本地区社会经济状况和发展目标的先进适用技术,控制不适宜本地区或不利于本地区社会经济发展和生态环境的技术向区域内转移。政府通过财政信贷政策来体现和实现产业政策和技术政策。对重点发展的产业和优先发展的技术,政府在信贷上给予优先和优惠,在一定时期内减免赋税，并投资改善相应的基础设施，从而加快这类产业和技术的转移速度。对控制发展的产业和技术，政府在信贷上加以控制，对相应的产品和产品的消费加重税收，从而抑制这类产业和技术的转移。对有实力的企业集团向海外投资和进行技术转移，政府在信贷、税收、外汇管理上提供优惠，以鼓励跨国经营。

（2）政府在技术转移中的规范作用是通过建立和完善各种管理体制和法律体系，规范行业和企业的技术转移活动来实现的。

政府通过建立和完善市场经济体制来培育市场，以保证正常的竞争和市场秩序，防止或减少类似价格体系偏差、技术市场薄弱、不合理的行政干预等情况对技术转移造成的不利影响，并为国外投资和技术转移提供能与国际接轨的适合环境。完善法律体系，有效地保护知识产权，使技术转移得到有力的法律保护，这是国内专利技术转移和吸引国外资金、技术，特别是高新技术必不可少的条件。建立和完善社会保障体系，解决科技人员在生活、就业、医疗、养老等问题上存在的后顾之忧，解决由于采用新技术生产效率提高后企业失业人员的安置问题，这些也是保证技术转移顺利进行的重要条件。改革现有的行政管理体制，消除地方保护主义、部门保护主义和政府对企业经济活动的不合理干预。改革现有的人事管理制度和户籍管理制度，加快科技人员的合理流动，有利于技术转移。进一步改革对企业的管理，把企业技术进步与企业的切身利益、企业领导的政绩挂钩，有利于调动企业进行技术转移的积极性。进一步改革教育体系，加大教育投入，克服高校教育中课程设置落后，重知识灌输轻能力培养，重专业教育轻通才教育的弊端，重视技术教育、职业教育和继续教育，为技术转移提供层次、专业和知识结构合理的科技人才。人才是消化吸收引进技术的关键因素，因此需要进一步改革现有的科技管理体制，充分调动科技人员进行开发研究和技术推广的积极性。

（3）政府在技术转移中的服务功能，是市场经济条件下政府转换职能的具体表现。

政府为技术转移服务。① 政府对基础设施建设进行投资，改善交通、通信、能源供应条件，为吸引外资和技术提供适合的硬环境。这方面华南地区各省区做了不少工作，效果明显。② 政府部门通过市场调查和宏观市场预测，为企业引进技术提供技术选择、技术发展趋势和产品市场前景的咨询服务。这是目前的一个薄弱环节。③ 政府对省际间、行业间、企业间的经济技术合作和技术转移进行协调，这一点对经济区域的发展尤为重要。

（4）政府在技术转移中的保障作用，就是为技术转移提供稳定的社会经济环境。

要吸引外资，特别是跨国公司的直接投资，引进国外的产业和技术，没有稳定的社会经济环境是难以成功的。这一点已被中国和东亚其他国家和地区的技术转移实践证明。

4.1.2 政府部门在技术转移过程中的重要职能分析

（1）政府在技术转移中的重要职能

世界主要发达国家以市场机制为基础，通过法律体系建设、组织机构保障、资金引导支持、服务体系构建、激励机制建立等措施鼓励不同主体间的技术转移，加速了技术转移过程，为我国深入推进科技成果转化和技术转移工作提供了有益的参考。

技术转移是指技术通过某种方式从供给方向需求方转移的过程，同时也是技术价值实现和技术商业化的过程。一般认为，政府支持基础研究、社会公益性研究以及科技基础设施建设是其义不容辞的责任，而对政府该不该支持技术转移则有不同的看法。20世纪90年代，我国在政府机构改革和职能调整中曾经取消了科技成果管理部门和科技成果推广计划，这与认为应把科技成果转化和技术转移的责任交给市场的认识有密切关系。但从世界主要发达国家的实践来看，促进技术转移是政府的一项重要职责，没有一个国家不对技术转移给予各种形式的支持，也没有一个国家把技术转移的责任完全交给市场。

政府在促进技术转移中的作用之所以不可缺少主要基于两个方面的考虑。从技术需求方的角度看，技术转移相对于技术研发过程需要投入更多的资金，具有更大的风险，而且技术转移成功与否并不只取决于技术因素，而是取决于资金实力、技术、管理、文化、政策、企业家作用等因素的综合作用，因此，技术转移比技术研发过程更为复杂。技术需求方往往不能或不愿承担这样的风险，政府的支持可以降低或分散技术转移的风险，强化技术需求方接受技术转移的动力。从技术供给方的角度看，作为公益性机构的高校和科研院所往往出于机构使命和评价机制的原因缺乏技术转移的动力，政府的支持有助于建立起加速技术转移的激励机制。

在市场经济比较发达的国家，政府部门支持技术转移主要是通过制度环境建设进行的，如建设法律体系、设立组织机构、构建服务体系、建立激励机制等，同时辅以必要的财政资金支持和政策优惠。政府部门和市场在技术转移的责任上有一个合理的边界，既要保障市场机制在技术转移中的基础作用，强化企业在技术转移中的主体地位，又要发挥政府的引导作用，弥补市场在技术转移中存在的失灵现象。这些国家促进技术转移的基本做法和经验值得我国借鉴。

（2）政府部门在技术转移建设中的职能分析

技术转移是广义的国家科技活动的一个重要部分。随着现代科学对于经济发展的关键作用越来越显著，从发展中国家到发达国家，政府对于各自国家科技活动的干预都在增强。但是干预不等于包办代替，而是组织协调与宏观调控。

在整个技术转移过程中，政府不是执行者，而是组织者与协调者，政府不能代替任何一类机构的工作。对于处在社会主义市场经济转型期的中国，政府首先要积极创造条件、完善市场，同时提供信息保护、权益保护等让市场机制充分发挥作用。其次，在技术转移为市场生产力过程中发生不良的效果时，政府可以进行适当的调节和指导。

① 技术转移中的保障职能

所谓政府的保障职能，主要是指政府对专利技术转移的制度保障和权利保障，保障专利技术转移过程中的各个主体的合法权益，维护技术转移秩序，依法惩处各种侵权行为。

在制度层面，政府给予企业一定的企业所得税减免和财政补贴，还对有自主知识产权的产品给予专项补贴，政府利用专项资金、贴息、担保等方式，引导各类商业金融机构支持自主创新与产业化，改善对中小企业科技创新的金融服务，支持商业银行与科技型中小企业建立稳定的银企关系，鼓励社会资金建立中小企业信用担保机构，建立担保机构资本金补充和多层次风险分担机制。建立推进产学研结合的协调机制，鼓励和支持高等学校同企业、科研机构建立多渠道、多形式的紧密型合作关系，共同培养创新人才，联合开展创新活动。此外，政府应积极发展各类创业投资，支持保险公司投资创业风险投资企业，允许证券公司在符合法律法规和有关监管规定的前提下开展创业风险投资业务，建立创业风险投资风险补偿机制。

在权利保障层面，政府对知识产权的保护包括财政设立专利申请专项补贴资金，对企事业单位和个人获得受理的重大发明专利以及向国外申请专利所需的申请费、实审费给予补贴。建立健全知识产权保护体系，加大执法力度，营造尊重和保护知识产权的法治环境。实施知识产权诉讼法律援助，对涉外诉讼、困难企业诉讼以及个人专利诉讼，由财政给予诉讼或行政处理费用补助。对国家重大科技创新项目以及省科技成果转化资金项目等，建立知识产权审查论证制度，将自主知识产权产出的数量、质量、实施效益和知识产权管理制度建设状况，纳入项目评价指标体系，并进行专项监督、管理和保护。技术转移主管部门应根据该经济法规建立健全技术转移奖惩法律制度。通过严格执行奖惩制度来促进技术转移的良性循环和外向型经济的发展。在技术转移奖惩方面，既可以对技术转移成功的单位进行嘉奖又可以对有功人员进行嘉奖。惩罚应包括追究经济责任、行政责任、刑事责任等三类。既可以对技术转移失败的单位追究责任，又可以对有过失人员追究责任。在法律中明确规定给国家造成损失的额度及相应的量刑标准，以使其具有可操作性。政府通过制定各种规范和细则形成制度体系来促进科技创新，在这个基础上同时也帮助了技术有效地转移。

② 技术转移中的服务职能

政府的服务职能是现代市场经济环境下政府职能转换的具体体现，政府为专利技术转移服务首先表现为政府对基础设施建设进行投资，改善交通、通信、能源供应条件，为吸引外资和技术提供适合的硬件条件。其次表现为政府部门通过市场调查和宏观市场预测，为企业引进技术提供技术选择、技术发展趋势和产品市场前景的咨询服务。政府为专利技术转移服务还表现为政府为省际间、行业间、企业间的经济技术合作和技术转移进行协调，这一点对经济区域的发展尤为重要。政府在专利技术转移过程中始终扮演的就是服务协助的角色，它不可能超越技术转移主体行使主体的职能，而是通过协调技术转移主体间的关系发挥自己宏观调控的作用。还有政府加强社会化知识产权服务，允许社会化知识产权中介服务机构从事知识产权许可证、贸易代收代缴的各类国家规费。因为我国专利技术转移过程中存在着技术成果无法转化、专利技术滞留在研发机构或企业中无法变成现实的生产力、实现其价值的问题，所以需要政府提供服务来推动技术转移主体间的联系，修复技术转移主体间的断裂带，从中帮助研发机构和企业能很好地消化专利技术，使技术不失其应有的价值。

③ 技术转移中的管理职能

政府的管理职能应该包括指导职能和规范职能。专利技术转移中的指导职能是指政府通过制定和实施发展规划和政策，引导和调控国家、地方、研发机构和企业的专利技术转移活动。政府在进行经济和技术发展预测的基础上，制定国家和地方的经济和技术发展规划，为地区、研发机构和企业的经济和技术发展提供指导性意见，从而对技术转移产生宏观指导作用。政府通过制定和实施产业政策，扶持重点发展的专利技术产业。地方政府在中央政府产业政策的框架下，制定适合本地区的产业政策，并对所确定的主导产业、重点行业的产业和技术转移加以扶持。

政府在专利技术转移中的规范职能是通过建立和完善各种管理体制和法律体系、规范专利技术转移主体的技术转移活动来实现的。通过建立和完善市场经济体制来培育市场，保证正常的竞争和市场秩序，减少技术市场薄弱、不合理的行政干预等情况对专利技术转移造成的不利影响，并为国外投资和专利技术转移提供能与国际接轨的合适环境。通过完善法律体系，有效地保护知识产权，使专利技术转移得到有力的法律保护，这是国内专利技术转移和吸引国外资金、技术，特别是高新技术必不可少的条件。

4.1.3 政府部门在技术转移过程中职能的实现途径

（1）我国促进技术转移的立法和措施

早在1985年3月国家发布的《中共中央关于科技体制改革的决定》中就明确提出"开拓技术市场，促进技术成果商品化"，这对我国技术转移的基本制度框架的建立起到了关键的奠基作用。回顾我国近40年的成果转化进程，技术转移的法律制度框架逐步形成，初步建立起相对完整的技术转移体系，在2007年国家科技部、教育部、中国科学院还共同开展实施"国家技术转移促进行动"，一系列政策和措施的落实有力地促进了我国技术转移的发展。推动科技成果转化、促进技术转移是我国科技、经济社会发展中的重大问题，也是科技体制改革的重要内容之一。之后相继发布的《中华人民共和国科技进步法》《中华人民共和国促进科技成果转化法》等法律以及有关部门的规章和地方政府制定的《技术市场条例》等，以及国家五年规划的内容都充实了我国技术转移工作的法律制度和框架。

在科技投入方面，为了贯彻和落实《国家中长期科学和技术发展规划纲要（2006—2020年）》，规范和加强国家高技术研究发展计划专项经费的管理，提高资金使用效益，根据《国务院办公厅转发财政部科技部关于改进和加强中央财政科技经费管理若干意见的通知》中的精神和国家有关财务管理制度，特设立"公益性科研院所基本科研业务费专项资金"；财政部、科技部、总装备部制定了《国家高技术研究发展计划（863计划）专项经费管理办法》；财政部、科技部制定了《国家科技支撑计划专项经费管理办法》。

在税收激励方面，为了贯彻和落实《国家中长期科学和技术发展规划纲要（2006—2020年）》精神，结合《创业投资企业管理暂行办法》，为扶持创业投资企业发展，财务部、国家税务总局发布了《关于促进创业投资企业发展有关税收政策的通知》和《关于企业技术创新有关企业所得税优惠政策的通知》，还有财政部、国家税务总局发布了《关于国家大学科技园有关税收政策问题的通知》《关于科技企业孵化器税收政策的通知》等，通知中明确规定了给予企业、大学科技园、高新技术创业服务中心的优惠财税政策。

在金融支持方面，为贯彻《国务院关于印发实施〈国家中长期科学和技术发展规划纲要（2006—2020年）〉若干配套政策的通知》，支持科技型中小企业自主创新，财务部、科技部制定了《科技型中小企业创业投资引导基金管理暂行办法》。针对小企业信用担保体系建设存在的问题，如担保机构总体规模较小、实力较弱、抵御风险能力不强，行业管理不完善等，需采取有效措施加以解决，发展改革委、财政部、人民银行、税务总局、银监会提出《关于加强中小企业信用担保体系建设的意见》。为落实《中共中央 国务院关于实施科技规划纲要增强自主创新能力的决定》（中发〔2006〕9号）和《国务院关于印发实施〈国家中长期科学和技术发展规划纲要〉的若干配套政策的通知》，加强出口信用保险对自主创新的支持，财政部做出《关于进一步支持出口信用保险为高新技术企业提供服务的通知》；银监会做出《关于商业银行改善和加强对高新技术企业金融服务的指导意见》，并印发《支持国家重大科技项目政策性金融政策实施细则》等，这些都对技术转移、技术创新起到政策的支持和推动作用。

在引进、消化吸收和再创新方面，为深入贯彻全国科学技术大会精神，进一步实施科技兴贸战略，落实《科技兴贸"十一五"规划》，鼓励境内企业引进先进技术，增强消化吸收和再创新能力，提高企业核心竞争力，加快转变外贸增长方式，商务部、发展改革委、科技部、财政部、海关总署、税务总局、知识产权局、外汇局提出了《关于鼓励技术引进和创新，促进转变外贸增长方式的若干意见》。为贯彻落实《国务院关于印发实施〈国家中长期科学和技术发展规划纲要（2006—2020年）〉若干配套政策的通知》，鼓励企业引进国外先进适用技术，商务部和国家税务总局联合制定了《中国鼓励引进技术目录》，以供各部门、各地区参考。

在创造和保护知识产权方面，为了充分发挥知识产权信息对自主创新的支撑作用，提高知识产权的创造、保护、管理和运用能力，根据《国务院关于印发实施〈国家中长期科学和技术发展规划纲要（2006—2020年）〉若干配套政策的通知》，科学技术部就提高知识产权信息利用和服务能力、加快建设知识产权信息服务平台，提出若干意见。为掌握装备制造业和信息产业核心技术的自主知识产权，攻克一批事关国家战略利益的信息产业关键技术，研制一批具有自主知识产权的重大装备和关键产品，实现我国信息产业自主创新与跨越发展，信息产业部、科学技术部、国家发展改革委共同制定了《我国信息产业拥有自主知识产权的关键技术和重要产品目录》。国家科技计划和建设投资将对列入目录的技术和产品的研制及产业化予以重点支持，对开发目录中技术和产品的企业在专利申请、标准制定、国际贸易和合作等方面予以支持。

在科技创新基地与平台方面，为落实《国家中长期科学和技术发展规划纲要（2006—2020年）》，全面推动科技企业孵化器的快速健康发展，进一步加强和规范科技企业孵化器的管理，科技部组织编制了《科技企业孵化器认定和管理办法》。为全面推动国家大学科技园的快速健康发展，进一步加强和规范国家大学科技园的管理，科技部、教育部组织编制了《国家大学科技园认定和管理办法》。

之前的"十二五"发展规划纲要把科技进步和创新作为加快转变经济发展方式的重要支撑。深入实施科教兴国战略和人才强国战略，充分发挥科技第一生产力和人才第一资源作用，提高教育现代化水平，增强自主创新能力，壮大创新人才队伍，推动发展向主要依靠科技进步、劳动者素质提高、管理创新转变，加快建设创新型国家。要求坚持自主创新、重点跨越、支撑发展、引领未来的方针，增强共性、核心技术突破能力，促进科技成果向现实生产力转化。加快推进国家重大科技专项，深入实施知识创新和技术创新工程。把科技进步与产业结构优化升级、改善民生紧密结合起来，增强原始创新、集成创新和引进消化吸收再创新能力。

（2）我国促进技术转移的主要举措

① 政府搭建平台，促进专利技术转化。一直以来中国政府对技术转移中介服务机构缺乏总体发展规划，政策不配套，政策力度不够强；政府职能转换不到位，政府科技服务采购程序不透明，缺乏服务采购法规，采购效率低；政府垄断公共信息资源，公共基础设施不足，中介服务机构获得信息和知识的成本高、途径少等，这些都是政府支持引导技术中介服务机构发展急需改进的一些方面。

现在政府开始重视中介服务机构的服务效果。以上海浦东为例，上海市非常重视生产力促进中心的建设和发展。生产力促进中心的本质是为导入新的科技进步要素，增加科技含量的过程服务，是一种有助于新观念、新知识、新技术转移应用的科技型中介服务机构。1993年上海浦东生产力促进中心成立，由浦东新区政府设立，隶属于浦东新区科学技术委员会，是基于政府立场的非营利性科技中介服务机构。它以知识经济时代生产力的三大要素（资本、技术和人才）有效整合并支撑起来的体系为基础，建立了适合上海和浦东科技与经济发展需要的服务功能体系，构建起专业化服务平台。目前上海浦东生产力促进中心拥有科技合作部、金融服务部、贸易服务部等10个业务部门，已经成为贯彻浦东新区政府科技发展战略、帮助科技型中小企业迅速成长、促进本地区生产力提升的专业化、综合性、主力型的企业型机构。

根据发达国家的经验，结合我国现行的经济状况，可以把技术转移公共服务平台定位为非营利机构，从性质上来说属于事业单位法人。服务平台实行企业化管理、市场化运营。可以用图4.1.1来理解中介服务机构和其他主体的关系。

■ 图4.1.1　我国中介服务机构和其他主体的关系

技术中介机构以一种非营利姿态进入市场，提供服务，降低成果转化的交易成本，因此要求政府对科技服务机构进行持续的支持，否则不能保证其健康发展。我国技术转移服务平台的运行模式如图4.1.2所示。

政府部门技术转移人才体系建设实务指导

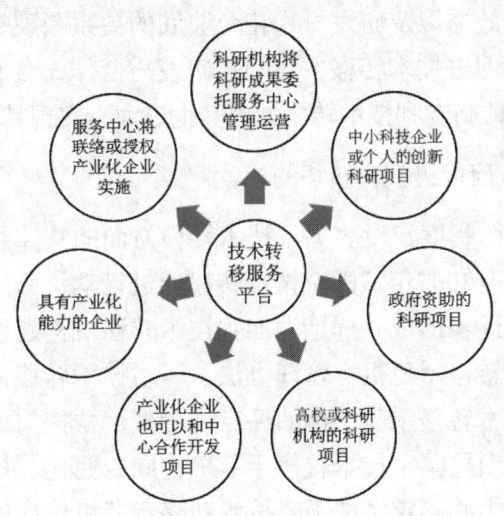

■ 图4.1.2 我国技术转移服务平台的运行模式

技术转移公共服务平台的主要任务是把高校、科研机构、企业的发明和科研成果进行转移，使之成为具有市场价值的商品和服务。平台要同国内外各高校、科研院所、企业集团及众多发明人保持广泛的紧密联合，形成从技术开发到推广转移或销售，再到再开发及投产等一条龙的有机整体，利润共享，真正起到联结技术开发和转移的桥梁和纽带的作用。

② 财政金融上的支持。各地区、各部门要充分发挥财政资金对技术转移成果转化的引导作用，完善投入机制，推进科技金融相结合，加大对技术转移机构、信息共享服务平台建设等重点任务的支持力度，形成财政资金与社会资本相结合的多元化投入格局。

③ 制定政策帮助企业实施知识产权战略。在知识创新日益成为经济增长原动力的今天，知识产权已经成为企业获得竞争优势的主要手段之一。因此企业实施知识产权战略，对于提高企业的核心竞争力，凝聚和形成区域及国家的经济竞争力具有十分重要的意义。因此，企业必须进一步增强知识产权意识，提高运用知识产权的能力，并将知识产权战略与企业发展战略有机结合起来，根据企业发展战略采取相应的知识产权战略，将知识产权作为企业主要的竞争手段。

④ "产学研"结合产业化。针对我国专利技术无法大量转化为生产

力，实现其市场效益以及研发机构和企业间的关系断裂等问题，实施产学研结合的机制，促进技术转移主体间的研发与合作，政府利用优势从中调节，推动转移主体将专利技术转化为现实生产力，实现其经济价值。

（3）我国政府促进技术转移的成就

技术转移法律制度建设。关于技术转移方面的法律制度建设近年来明显加快了速度，自2007年"国家技术转移促进行动"开展以来，技术转移的法律制度框架逐步形成。一是为加强技术转移机构建设，国家科技部制定了《国家技术转移示范机构管理办法》，对技术转移机构的功能和业务范围以及国家技术转移示范机构的评定与管理、扶持与促进等做了明确的规定；同时，为引导国家技术转移示范机构向专业化、规模化方向发展，国家科技部火炬中心制定了《国家技术转移示范机构评价指标体系》，加强对示范机构的评价和考核。二是加大对技术转移的税收优惠力度，2008年1月1日起施行的《中华人民共和国企业所得税法》规定：在一个纳税年度内，居民企业技术转让所得不超过500万元的部分，免征企业所得税；超过500万元的部分，减半征收企业所得税。

技术转移服务机构建设。近20年以来，我国已建成大大小小的技术市场近百个，其中包括中国浙江网上技术市场、北方技术交易市场等多个国家级常设技术市场；国家级大学科技园115个；专业为中小企业提供中介服务的生产力促进中心1532家；各种技术贸易机构、科技咨询服务机构6万多家，从业人员达130万人。国内技术转移服务组织已初具规模，且在继续壮大。一是建立了一批技术转移示范机构。2008年8月7日，国家科技部确定清华大学国家技术转移中心等76家机构为首批国家技术转移示范机构；2009年9月24日，又确定了太原技术转移促进中心、武汉大学技术转移中心等58家机构为第二批国家技术转移示范机构；2015年，又确定了清华大学深圳研究生院技术转移办公室、长春工业大学技术转移中心等84家机构为第六批国家技术转移示范机构。二是区域技术转移服务联盟发展迅速，在已有的长三角、东北、环渤海、北京等技术转移联盟的基础上，济南都市圈、上海、广西、珠三角等技术转移服务联盟相继成立。三是创新驿站建设开始起步，创新驿站网络是欧盟大力支持的跨国技术转移、国际产学研合作和协助中小企业技术创新的计划。创新驿站已成为世界公认的规模最大和效果最好的技术转移网络之一。2007年5月，国内首家创新驿站"青岛创新驿站"在青岛技术产权交易所揭牌成立。上海青浦、浙江德清等创新驿站也相继建立。

科技创业园区建设作为高新技术产业发展孵化器的重要作用突出。在完成初期探索并积累大量经验基础上，中国科技企业孵化器在近20年进入快速发展阶段。随着"科技企业孵化器""众创空间"等关键词出现在国务院文件中，持续优化的政策环境为孵化器的发展不断蓄势。孵化器作为"双创"工作的重要抓手也随之蓬勃发展。科技企业孵化器的发展得益于高新技术产业核心的支撑。中国科技企业孵化器与国外孵化器不尽相同。我国孵化器扎根于高新技术产业，其自身的发展与国家高新区的发展紧密相连。截至2016年年底，全国众创空间数量达到4298家，其中经科技部备案的众创空间达1337家。

（4）我国政府促进技术转移的新尝试

创新驿站建设是我国借鉴欧盟创新驿站经验开展的一项新的尝试。中国创新驿站重点开展国家科技计划项目成果的转移转化，为立足于企业创新需求挖掘的高端、标准化技术转移服务，以实现我国技术研发能力和产业化能力的有效对接，切实解决中小企业的创新需求，有效提升我国企业的自主创新能力和产业核心竞争力。

中国创新驿站站点分为国家、区域、基层三级站点。国家站点设在科技部火炬中心，区域、基层站点之间可以开展广泛的合作，不受地域限制。区域创新驿站的规划、区域站点和基层站点的设置均应以体现地方需求为主，要契合地方实际，结合各行政区域情况，在《中国创新驿站试点工作方案》的总体要求下，形成区域创新驿站建设方案并进行整体申报，科技部火炬中心对方案的可行性组织专家进行论证，将符合条件的省（市、区）的建设方案纳入中国创新驿站体系范畴。

为保障创新驿站的推广实施和健康发展，科技部火炬中心研究出台了包括《中国创新驿站管理办法》在内的管理类、业务类、标准类标准化体系，为中国创新驿站站点的业务指导、能力建设培训和考核评价提供制度保障。此外，科技部还依托中国技术交易信息服务平台建立中国创新驿站网络工作系统，为广大站点用户提供功能强大、标准统一的网络工作环境。科技部在国家政策引导类计划中做好中国创新驿站工程的顶层设计，根据考核结果并结合地方已给予的财政经费状况及其他配套条件的支持力度，对站点的公共服务进行相应的财政补贴。

4.2 国家技术转移服务机构的建设

4.2.1 国外技术转移机构的建设

（一）国外著名"国家技术转移中心"概况

（1）美国国家技术转移中心（NTTC）

美国国家技术转移中心是经美国国会批准成立的国家级非营利性技术服务机构，经费主要来自航空航天局、能源部和联邦小企业。经过多年的运作，美国国家技术转移中心形成了由联邦实验室和大学研究机构、企业、专家网络、6个地区技术转移中心组成的技术转移网络（见图4.2.1）。

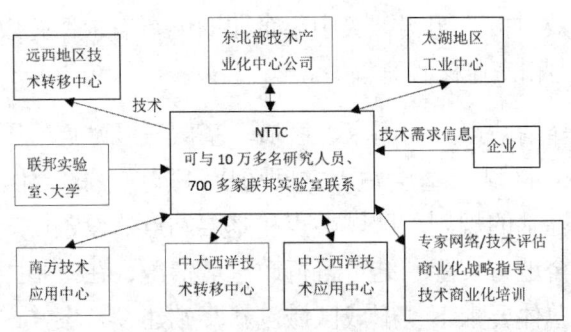

■ 图4.2.1　NTTC组织结构图

美国国家技术转移中心提供技术与市场评估、知识管理服务、技术信息服务、技术转移相关主体领域的培训服务等，其最主要的任务是通过自己的网络和6个地区技术转移中心的信息网将联邦政府资助的大学、联邦实验室的研究成果面向全国企业推广。此外，国家技术转移中心还利用自己的关系，帮助企业寻找所需要的相关技术。

在运作模式上（见图4.2.2），美国国家技术转移中心的主要任务表示为实线，它是从联邦实验室和部分大学的技术机构获取信息，并由中心介绍实验室和企业接触，再通过自身的网络以及与6个地区技术转移中心的信息网在全国范围内寻找企业，促使企业和研究机构达成技术合作意向。在这一过程中，中心会根据专家网络会参与技术评估工作并根据实际情况收取一定费用。而虚线为企业通过美国国家技术转移中心利用自己的关系寻找所需的技术，之后再把所需技术发给中心，并由中心代为寻找合适的研究机构和研究成果。在这个过程中，中心为信息交换场所，并充当了"介绍人"和"担保人"的角色。

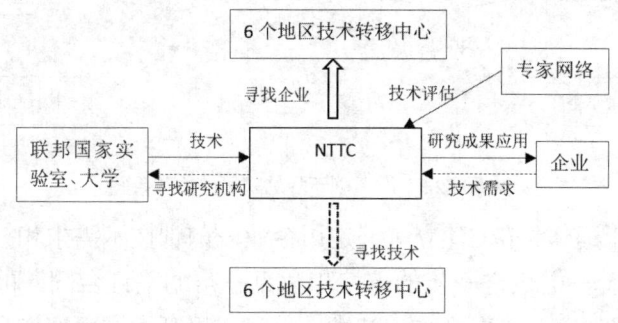

■ 图4.2.2　NTTC运行机制

近三年，美国国家技术转移中心进行了4000种以上的技术和市场领域的全面技术评估。中心为企业进行了1582种以上的技术查询，并且为政府分配了超过40000种的技术支持包。

美国国家技术转移中心作为专业的技术与市场评估组织拥有出色的技术评估能力，它作为连接联邦实验室技术和大学与企业的桥梁，是提供双向甚至多向技术信息服务的平台。主要提供技术扫描、技术预测、技术匹配、投资组合、市场研究、合作伙伴选择的服务，这是其得以成功的重要因素。

（2）欧盟创新驿站（IRC）网络

欧盟创新驿站（Innovation Relay Centre，IRC）网络成立于1995年，由欧盟研发信息服务委员会根据其"创新和中小企业计划"资助而建立。到

2005年，该网络包含了遍布33个国家的71家创新驿站，成为欧洲重要的、也是最成功的技术合作与转移中介网络。

欧盟创新驿站在组织结构方面是统分结合的双层结构，即总部负责拓展成员网络，并指导各网络站点建设，而各个网络站点负责具体技术转移个案的开展。欧盟创新驿站网络主体成员关系如图4.2.3所示。

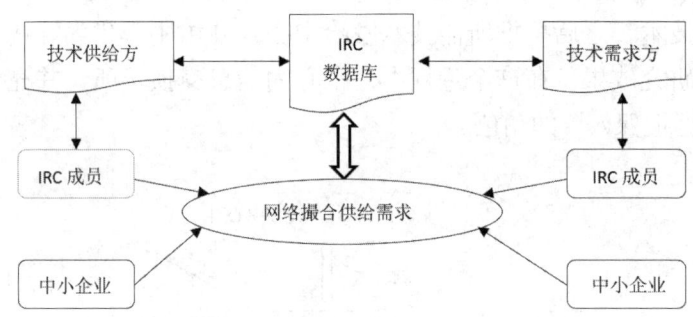

■ 图4.2.3　欧盟创新驿站网络主体关系图

经过多年运作，IRC建立了"走访企业—识别技术需求和技术潜力—寻找欧洲合作者—提供进一步的支持和意见—帮助签订合同"的服务体系。IRC提供的服务有：创新合作、技术转移和成果开发方面咨询；当地科技需求分析；帮助寻找合作伙伴；提供欧盟各国家促进研究成果开发和技术转移的资金支持信息；研究成果开发和技术转移的培训；向企业提供欧盟框架计划的信息、项目申请、知识产权服务等（见图4.2.4）。

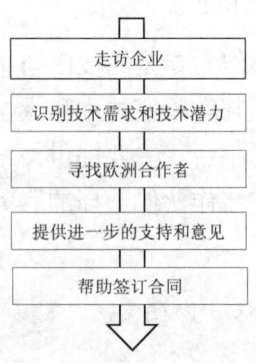

■ 图4.2.4　欧盟创新驿站网络的运作模式与步骤

政府部门技术转移人才体系建设实务指导

跨国性使欧盟创新驿站计划的服务取得了十分有效的实施效果。创新驿站内部网提供了许多对于网络很关键的工具以方便从冰岛到以色列，从葡萄牙到爱沙尼亚的扩展联系。在这个平台上创新驿站可以代表自己的客户进行业务联系，公布技术供给或技术需求信息，在数据库中寻找技术合作方，或者通过邮件将信息有选择地传播给某些成员。由此，可以使技术信息在大规模的传递时极大地增加了快速性、保密性。

在第六个框架计划（2002—2006年）的支持下，欧盟71个创新驿站紧密合作，至少促成了12500个技术转移协议，帮助55000个客户获得了他们所需要的技术或者将其研究成果付诸实践。2008年，欧洲区信息中心和欧盟创新驿站合并成为欧洲企业服务网络（EEN）。

（3）以色列工业研究开发中心（MATIMOP）

以色列产业研究开发中心（MATIMOP）是以色列劳工部首席科学家办公室（OCS）的执行机构，代表首席科学家委员执行，贯彻和监管相关的国际合作项目，负责实施双边和多边合作项目（见图4.2.5）。

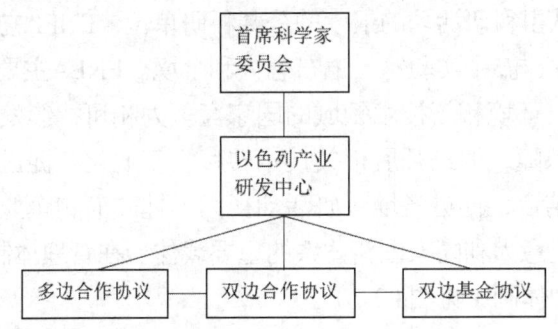

■ 图4.2.5 以色列工业研究开发中心组织结构图

以色列产业研发中心提供的服务包括：通过欧盟帮助本土企业的合作项目寻找资金；协调本土企业在其他区域的工作；帮助本土公司进行国际合作研发；帮助本土公司寻找国外合作伙伴；帮助国外的公司寻找本土企业；帮助本土企业加强在国际市场的技术竞争力。其服务流程如图4.2.6所示。

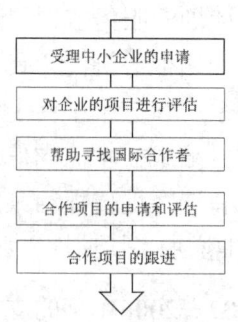

■ 图4.2.6　以色列工业研发中心受理和授权步骤

在服务方面以色列产业研发中心通过数据库实现资源共享及专业化的服务，加强企业研发能力，这两点比较值得借鉴。其中介服务发挥效应的重要基础在于该国企业具有相对完美的"商业道德"，合作双方信用风险比较小，同时，其双边基金很值得借鉴。

（4）意大利国家新技术、能源和可持续经济发展署（ENEA）

意大利国家新技术、能源和可持续经济发展署（ENEA）是意大利在能源和环境方面从事科研活动的最大的公共科研单位，ENEA总部设在罗马，现有9个研究中心与5个实验室，遍布意大利全境。ENEA主要职能是为增强意大利在能源、环境和新技术领域的国家竞争力和可持续发展能力提供技术支撑和科研保障；促进开展相关技术转移及产业化，促进大学、科研机构和企业有机结合；促进各地科研活动，为当地政府和企业决策提供信息和咨询服务，是意大利国家创新体系的重要载体。在管理体制上，ENEA实行董事会管理的体制（见图4.2.7）。

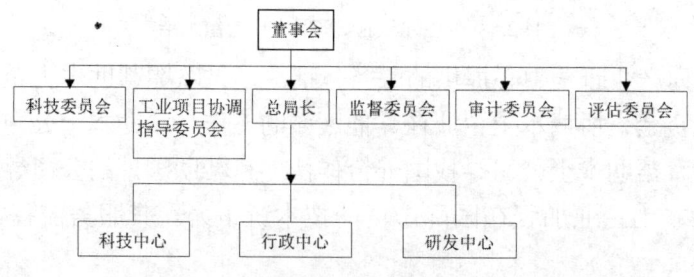

■ 图4.2.7　ENEA组织结构图

ENEA在协调统筹意大利国内创新资源、整合科技开发与创新、促进国内外创新资源转移方面具有巨大执行力,这主要得益于其董事会由各部门外人员组成。同时,科技委员会在ENEA中居于重要地位,保障了ENEA在科技领域的专业性和权威性。实施技术转移的工作中,ENEA主要有以下三种模式。

① 单独研发与推动先进技术产业化。由于ENEA本身具备强大的科研实力与科研基础,尤其是在核聚变、光电技术、加速器领域的研究以及计算技术实际应用等领域科研基础雄厚。同时,ENEA在环境保护科研方面也具备国际先进水准(见图4.2.8)。

② 购买大学或科研机构初级创新科研成果,经过ENEA完善后推向企业与市场(见图4.2.9)。

③ ENEA与大学、科研机构或企业展开联合攻关,共同推动新技术的工业化与市场化(见图4.2.10)

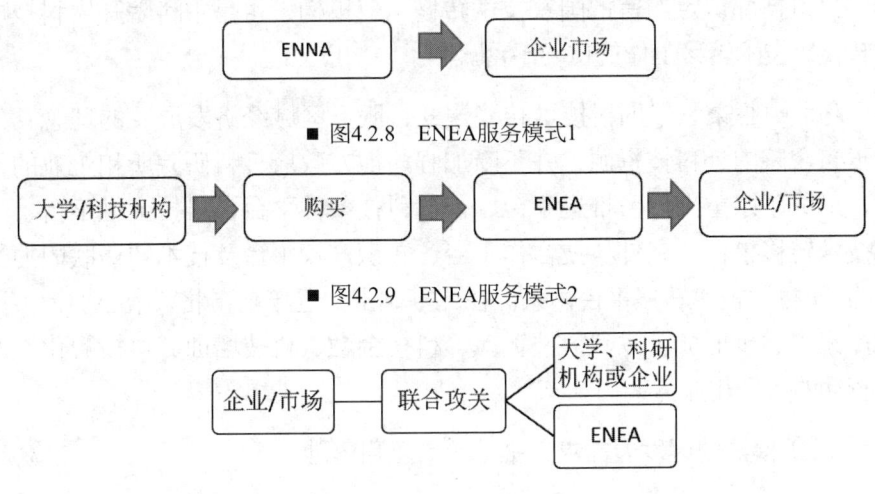

■ 图4.2.8　ENEA服务模式1

■ 图4.2.9　ENEA服务模式2

■ 图4.2.10　ENEA服务模式3

ENEA在某些领域的科研活动成绩斐然,可以认为达到了世界前列。如核聚变、光电技术、加速器领域的研究以及计算技术实际应用等。同时,ENEA在环境保护科研方面的活动进展顺利。自1991年ENEA进行内部科研活动的调整以来,ENEA多年以来在核能研究领域形成的系统科研力量将在

ENEA的其他各个研究领域得到应用。总之，ENEA对于促进该国大学、国家研究委员会（CNR）、国家核物理研究院（INFN）以及国家高等卫生研究院（ISS）等在内的国内科研单位、企业与国外科研单位、企业的合作网络关系方面发挥了重要作用。最充分地利用国内、外的丰富经验，在范围广泛的领域内推动创新资源的工业化与创新技术的转移，形成良性的研发——技术转移——工业化过程是ENEA得以成功的保障。

（二）我国具有代表性的技术转移机构

中国科学院北京国家技术转移中心

——我国技术转移示范机构的先行者与领跑者

中国科学院北京国家技术转移中心（简称"北京中心"）成立于2003年，是经原国家经贸委、教育部和中科院批准成立，由中科院北京分院与北京市人民政府共建，专门从事技术转移、科技成果转化的高科技服务机构，是科技部认定的首批国家技术转移示范机构，也是中科院开展科技成果转化、技术转移工作的重要平台。

北京中心秉承"创新技术转移模式，服务区域经济发展"的理念，致力于整合院内外科技资源，并不断加强与地方政府、科研院所和企业的合作，形成了以重大项目推进平台、首都科技条件平台、科技金融平台、国际技术转移平台、京外科技合作平台、知识产权平台及技术转移联盟为主体的"6+1"技术转移平台体系。在此基础上，近年来，北京中心加大市场化探索，逐步形成了以"科技智库、科技金融、科技培训、科技孵化"四轮驱动的市场化业务架构。

（1）摸清地区发展需求，推动重大项目落地

对资源供给方与转化接受方各自的目标诉求缺乏准确把握，是技术转移服务机构发展的瓶颈之一。自成立之初，北京中心就将挖掘北京地区发展需求与摸清中科院的科技资源作为提高技术转移效率的突破口，围绕中关村重点发展的战略性新兴产业和高新技术产业领域需求，深入中科院京区和京外研究所，加大优秀科技成果挖掘力度，推进中科院重大产业化项目在京落地。

Chapter 04 政府部门技术转移人才体系建设实务指导

2011年，随着院市合作的深入，北京中心成为北京市科委、中关村管委会、海淀区政府和中科院北京分院四方共建单位。自2011年至今，北京中心深入调研京内外科技成果项目，建成重大科技成果库，完成近百份商业计划书，累计促成量子通信、新一代移动通信芯片及协议栈软件、压缩空气储能等数十个项目在京成立公司并开展市场运作。液态金属电子打印、分子影像成像技术及设备、高浓度污水处理等一批引领未来产业发展的前沿颠覆项目正在组织推进中。

在北京中心的推动下，中科院计算所的"龙芯"、化学所的"纳米绿色印刷产业化"、理化所的"纳米纤维锂离子电池隔膜"及自动化所的"虹膜识别"等10余个项目获得北京市政府股权资金支持，物理所的"碳化硅"等10余个项目获得政府科研经费拨款，上述项目累计获得北京市政府股权投资及科研资助近5亿元。

"虹膜识别"项目是基于中科院自动化所十余年的虹膜识别算法研究，并集成指纹、人脸等其他生物识别技术研制成的新一代网络化虹膜识别产品。该项目可发展成新一代多模态生物特征身份识别系统，可为政府、企业、个人提供安全、可靠的身份识别产品和解决问题的条件，能够在维护国家和公共安全中发挥重要作用，带动相关产业发展。同时，该技术和产品能够突破国际封锁，提升中国生物特征识别产业的国际竞争力。

自"虹膜识别"项目启动以来，北京中心一直在积极推进该项目的产业化进程。依托该项目所成立的北京中科虹霸科技有限公司以煤矿行业为市场目标和突破点，承担了科技部中小企业创新基金项目，产品获得2011年度国家重点新产品证书。2012年12月，该项目通过北京市重大项目联席会，确定由中关村发展集团代表北京市政府对其进行股权投资1000万元，有力地推动了该项目在北京的进一步发展。2013年，该项目入选海淀区促进重大科技成果转化和产业化专项资金项目。未来中科虹霸将丰富产品线，建设生物特征识别平台，完善行业解决方案，力争在金融、军事、公共安全、门禁等领域推广其产品应用，同时参与国际市场竞争。

利用激光惯性约束核聚变是国际科学界公认的实现可控核聚变最有前景的技术手段。自20世纪90年代起，中国、美国、俄罗斯、法国、日本、英国以及印度等国家都在不惜代价地发展自己的相关装置。自2007年开始，中科院光电研究院和中科院控股公司北京国科世纪激光技术有限公司（以下简称"国科激光"），在科技部"863"目标导向项目"大型复杂激光放大器及其关键技术"及重点项目"大型全固态激光放大器系统工程化关键技术研究"的大力支持下，对其中六大部分之一的大型复杂激光放大器的关键技术和工程化关键技术联合进行攻关。经过几年的努力，光电院和国科激光联合攻克了大型复杂激光放大器工程化关键技术，同时完成了产业化生产线的建立，2009年开始共同承接国家大科学装置需求的全部48台/套大型复杂激光放大器工程任务，总价值为1.5亿元。

在项目实施过程中，中科院北京分院、北京中心积极协调解决产业化用地等实际问题，并帮助国科激光通过中关村、北京市等渠道争取政策及资金的支持，有力地保障了成果的顺利转化和产业化工作的成功实施。

通过3年的工程项目实施，国科激光建成了专业的具有年产20台/套生产能力的生产线，已经固化了大型复杂激光放大器的生产、装调工艺，完善了从原材料检验到系统装调的一系列工装仪器的开发，建成了较为专业的高性能为一体的检测实验室，获得了大型复杂激光放大器的批量生产能力和持续发展的总体集成能力。目前已经交付全部48套大型复杂激光放大器，运行时间超过半年，系统近场调制度指标国内领先，系统各项关键指标输出一致。

（2）完善新型合作机制，搭建协同创新平台

中关村国家自主创新示范区是我国自主创新的策源地，在我国科技创新发展的历程中，始终承担着领军者的角色。北京中心一直积极参与中关村国家自主创新示范区的建设工作，在中关村管委会和中科院北京分院的指导下，北京中心承办并组织了关于建设中关村国家自主创新示范区工作动员会，"1+6"先行先试政策、中关村科学城、中关村开放实验室、中关村现代服务业项目、股权激励试点等一系列政策宣讲交流活动；积极组织参与怀柔科教产业园规划建设；积极组织中科院系统科技资源与中关村生命科学园、大兴生物医药产业基地等园区开展专业领域对接交流；建立了与中技所、中关村发展集团、中关村协会联席会、中关村核心区战略新兴产业联盟联席会和北京软交所等机构的战略合作关系。

2007年，中关村管委会启动中关村开放实验室工程，北京中心先后多次组织中科院系统开放实验室政策宣讲、交流会，深入实验室与专家交流，引导科研团队参与实验室设备、智力资源对外开放活动。与中关村科技企业家协会、各园区基地联合组织科技合作对接，推进了高能所网络安全实验室与北京启明星辰、中科院计算所集成电路研究与设计开放实验室与思比科微、中科院微生物所分子病毒及生物制药开放实验室与大北农等一批产学研典型合作。

截至2014年，中科院的挂牌开放实验室已有27家，挂牌的开放实验室与示范区2000多家企业联合承担的国家项目达200余项。

2011年，中关村管委会和中科院北京分院联合制定了《关于推动中国科学院科技成果在京转化的奖励办法（试行）》及实施细则（科京发院字〔2011〕34号），在中科院京区系统首次建立了主要面向技术转移工作的奖励、激励政策，设立"科技成果转化奖""技术转移工作组织奖""技术转移工作鼓励奖"，奖励在京推动科技成果转化卓有成效的科研团队和技术转移工作团队。为鼓励和引导更多科研人员参与创新创业，于2014年增设了"科技成果创业奖"。4年来，累计发放奖金1133万元，累计有40个科研团队和33个技术转移团队获奖。曙光服务器、龙芯芯片、氨氮废水资源化处理、视频侦查系统等获奖项目进展良好，经济效益和社会效益得到社会各界的高度认可。

（3）河南省积极推进技术转移示范机构蓬勃发展

在此背景下，河南省委、省政府高度重视河南省技术市场工作，积极推进建立健全河南省技术转移转化体系，形成以国家技术转移郑州中心为枢纽的跨区域、跨领域、跨机构的技术流通新格局，支持技术转移、交易等示范机构的发展。2016年以来，已培育50家省级技术转移示范机构，覆盖18个地市，其中，郑洛新三地分别为15家、14家、4家，服务领域涵盖新一代信息技术、生物、先进装备制造、航空制造、新材料、锂电和电动汽车、节能环保、新能源、绿色食品、文化及创意等多个产业。据统计，全省50家省级技术转移示范机构自2016年1月1日至2018年10月，共登记技术合同3276项，成交额24.47亿元。

河南省科技厅技术市场管理办公室负责人表示，2017年9月，国务院办公厅正式印发《国务院关于印发国家技术转移体系建设方案的通知》，明确提出要大力培育各级技术转移示范机构。目前，培育的50家省技术转移示范机构已经在促进技术转移和成果转化、探索实践不同的技术转移服务模式等方面做出示范。同时，一批示范机构也在各自所属行业领域内被树成"品牌"，省技术转移示范机构建设所形成的带动效应进一步丰富和完善了技术转移服务体系，为加快构建河南省创新体系做出了积极贡献。

根据《中共河南省委 河南省人民政府关于深化科技体制改革推进创新驱动发展的若干实施意见》（豫发〔2015〕13号）、《培育发展河南省技术转移示范机构工作指引》（豫科〔2016〕155号）以及与省财政厅联合印发的《关于组织开展河南省技术转移示范机构考核工作的通知》（豫科〔2017〕211号）要求，对2016年、2017年两批共50家省级技术转移示范机构进行考核。

根据2017年国家技术合同登记网上统计数据，50家省级技术转移示范机构合同登记额达到74097.59万元，其中，登记额1亿元以上机构2家，登记额2000万元至1亿元6家，登记额1000万元至2000万元7家。通过各级科技管理部门初审、核用全国技术合同认定登记系统相关数据等程序，确定了河南理工大学等15家省级技术转移示范机构的考核结果为优秀。

《河南省科学技术厅 河南省财政厅关于公布2016年、2017年度河南省技术转移示范机构考核结果的通知》（豫科〔2018〕91号），对15家考核优秀的技术转移示范机构，依照技术合同登记额比例，分别给予100万元、50万元和30万元奖补，共计710万元。

15家考核优秀的技术转移示范机构形成了各自独特的模式和成效。其中，高校中为典型代表的河南理工大学，坚持"问题导向"：明确"企业"是科技创新需求的主体地位，引导科技人员调整研究方向，带着问题做科研，逐步建立技术转移转化的持续、长效发展机制。坚持"项目驱动"：以科研项目为纽带，将科技成果注入到企业的生产实践中，提高了技术转移转化效率。坚持"创新发展"：一是建设开放共享的公共技术服务平台，使用3D打印、快速成型等工具为技术概念验证、产品化及商业化开发等技术转移活动提供服务支撑；二是进一步提高成果转化中成果完成人的收益分配比例，从之前的70%提高到最高90%，激发高校科研人员开展技术转移转化的积极性；三是优化大学科技园孵化载体功能，构建涵盖技术研发、企业孵化、产业化开发的孵化链条，以孵化促转化。2016年1月1日至2018年10月共完成技术合同认定登记682份，认定合同总额17108.83万元。

研究院所中为典型代表的郑州信大先进技术研究院，由研究院专家委员会对信大及其他科研院所的成果、专利、技术进行成熟度评估。对还需要二次开发的"青苹果（指的是科研院自主研发的单元技术或原型样机）"，将其待孵化成果技术放入研究院的七个创新中心进行孵化。在创新中心捂熟的"红苹果（指的是研究院牵头有关机构共同开发成套技术或完整产品）"，准备投入市场，这里需要大量资金的接入，产业化投资实体包括研究院投资公司、风险投资或第三方企业实体。在转化过程中，成立了独资、合资或第三方独资公司，变成了"金苹果（指的是研究院联合产业中的企业生产系列产品形成产业）"。"金苹果"直接服务于社会经济高质量发展，同时，研究院在发展过程中，会通过设立科研成果孵化基金、基础理论发展基金、专项技术发展基金等基金的形式反哺大学，增强大学的科研实力，激发科研人员的创新动力，成为河南省产业技术升级的"加速器"、我军军事先进技术的"助推器"和大学综合实力提升的"倍增器"。

4.2.2 中国创新驿站的建设

（一）中国创新驿站建设——河南省创新驿站

（1）河南省创新驿站工作体系建设

2013年11月26日，河南省科技厅印发《关于申报中国创新驿站河南省区域站点工作站的通知》（豫科成〔2013〕4号），全省共认定100家工作站，形成了覆盖面广、目标任务明确的创新驿站服务工作体系，全面提升了服务能力。表4.2.1~表4.2.3是三批创新驿站工作站名单。

■ 表4.2.1　首批河南省创新驿站工作站名单

郑州市二七区科技局	郑州高新区大学科技园发展有限公司	安阳市科学技术情报研究所

■ 表4.2.2　第二批河南省创新驿站工作站名单

郑州航空港区科技局	中国船舶重工集团公司第七一三所	焦作市科技情报研究所
管城区科技局	郑州机械研究所	河南理工大学
中原区科技局	中钢集团郑州金属制品研究院有限公司	南阳市科技信息中心
惠济区科技局	中国电子科技集团公司第二十七所	濮阳市生产力促进中心
上街区科技局	郑州磨料磨具磨削研究所	驻马店市生产力促进中心
新郑市科工信委	河南省化工研究所有限责任公司	漯河经济技术开发区科技局
巩义市科工信委	郑州经济技术开发区企业服务中心	三门峡产业集聚区管理委员会经济发展服务局
登封市科工信委	国家知识产权创意产业试点园区管理委员会	商丘市科学技术情报研究所
新密市科工信局	河南省农业科学院植物营养与资源环境研究所	信阳高新技术产业开发区创业服务中心
荥阳市科技局	安阳高新区生产力促进中心	鹤壁经济技术开发区科技创业服务中心
中牟县科工信委	河南元丰科技网络有限公司	周口市农业科学院
郑州大学	开封市对外科学技术交流中心	河南省林业科学研究院
中国人民解放军信息工程大学	洛阳市技术市场管理办公室	河南省食品工业科学研究所有限公司
河南工业大学	洛宁农本畜牧科技开发有限公司	长葛市生产力促进中心
河南中医学院	洛阳百润互联网信息服务有限公司	郑州航空工业管理学院
河南农业大学	新乡市技术市场管理办公室	华北水利水电学院
郑州轻工业学院		

■ 表4.2.3　第三批河南省创新驿站工作站名单

河南省生产力促进中心	焦作生产力促进中心	南乐县生产力促进中心
河南省空调冷冻节能协会	温县产业集聚区管理委员会	清丰县食用菌办公室

（续）

河南省铸锻工业协会	南阳新绿环科技成果专利转化服务中心	濮阳县科技创新促进会
郑州市恒源科技服务中心	南阳市新天地农业高科技开发有限公司	漯河市科源科技咨询服务有限公司
汝阳县科技培训中心	河南名阁影视动漫文化有限公司	漯河市科学技术情报研究所
嵩县中科孵化器有限公司	辉县市新技术开发研究所	宝丰县生产力促进中心
淇县农业局	新乡县生产力促进中心	平顶山市计算中心
孟州市高新技术创业中心	沁阳市沁北产业集聚区	河南中赢橡胶科技有限公司
焦作生产力促进中心	渑池县生产力促进中心	柘城县产业集聚区管理委员会
武陟县科学技术开发交流中心		

（2）河南省创新驿站网络服务体系建设

① 完成了技术转移信息化服务平台建设。技术转移信息化服务平台实现了各类技术转移信息发布，建立起资源共建共享和用户协同服务的合作机制。

② 建立专利技术展示与服务平台。借助微信平台建设了专利技术展示与服务平台。该平台实现了专利技术的领域分类、专利技术信息发布、专利技术标价和专利技术在线交易等功能（见图4.2.11）。

■ 图4.2.11 专利技术展示与服务平台

③ 建立地区技术转移联盟和中介服务体系。依托100家工作站形成技术

转移联盟，建设了100家工作站数据传送共享后台，形成了中介服务体系（见图4.2.12）。

■ 图4.2.12 中介服务体系

④ 开发了河南省创新驿站4G移动终端服务平台（iOS版本和安卓版本），并获得国家版权局颁发的计算机软件著作权1项（见图4.2.13）。

■ 图4.2.13 创新驿站4G移动终端服务平台

（3）建立河南省技术经理人队伍及后续培训

2012年5月，河南省区域站点与河南省科技创新促进会联合举办了河南省创新驿站技术经理人培训班，邀请了科技部、河南财经政法大学的领导教授进行授课，共为40人颁发了技术经理人资格证书。

举办河南省创新驿站工作培训班，利用100家工作站推动创新驿站的发展，两年来共计培训工作站人员、企业技术转移专员等千余人。

（4）形成河南特色的创新驿站运行模式（见图4.2.14）

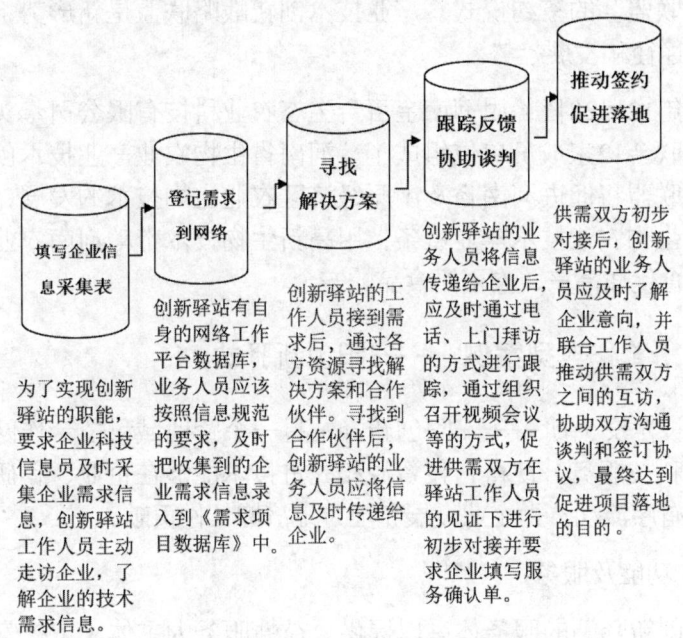

■ 图4.2.14　河南特色的创新驿站运行模式

① 四个技术转移平台与科技部批准的其他26个省市的区域站点共享科技资源，互通企业需求信息，协同开展技术转移工作。

② 在技术转移路径上，变"成果→企业"为"企业需求→解决方案"。它根据企业需求，即市场需求，将大学、科研院所的"科技能力"更有效地转化为现实生产力。

③ 河南省创新驿站4G移动终端服务平台、借助微信平台建设的专利技术展示与服务平台大大提高了科技信息的利用率和互动性。这是全国26家创新驿站中首家开发使用这类平台的。

④ 统一标准、分级管理，实现了全省科技资源的整合集成。100家创新驿站工作站形成了河南特有的创新驿站工作服务体系。河南省还实现了常态化企业需求挖掘与高校科研院所等技术对接、效果跟踪管理机制。

2014年，河南省创新驿站积极整合上下游企业和有关高校、科研院所资源，以万里路桥集团为牵头单位，成功组建"城镇道路低碳建设与养护技术创新战略联盟",并于4月18日举行了"城镇道路低碳建设与养护技术创新战略联盟"的签约仪式。产业技术创新战略联盟是新形势下产学研合作的有效途径和发展趋势。

2014年12月28日,由河南金百合生态农业科技有限公司牵头,河南省创新驿站联合12家成员单位组成了"河南省生物农业产业技术创新战略联盟"。该联盟将促进河南省及中原经济区农业生物技术的发展,提升并壮大河南省生物农业技术产业链条,用高新生物技术带动河南农业大省技术升级、粮食优质高产、肉蛋奶食品的安全。

(二)工作典型案例——安阳创新驿站

上海技术交易所——安阳创新驿站是一个跨地域科技合作网络,通过提供公共科技服务,使得科技资源和先进技术能够在企业、科研机构和社会公众间有序流动,为企业发展和地方经济增长作贡献。

(1)功能及服务

安阳创新驿站的服务体系以提供公益性服务为主体,依托安阳市科技基础条件平台的科技资源和上海的科技研发资源,充分发挥上海高等院校、科研院所和科技研发型企业集聚的优势,通过跨地域联动的科技服务,帮助企业解决技术难题,引进先进技术,提高创新能力,从而提高企业的竞争力。具体功能体现在以下几个方面。

① 技术需求对接和解决技术难题

通过创新驿站平台的技术服务配对系统,可以很便捷地帮助企业寻找到技术资源和科研专家,享受这种科技服务,企业的研发和创新活动就多了一个外部强援,好处显而易见。

② 企业宣传和市场推广

创新驿站建立了功能丰富的国内外网络信息宣传系统,企业可以通过网络系统发布有关技术项目、技术难题、高新技术产品的相关信息,帮助企业扩大知名度。

③ 专利交易和知识产权咨询

专利和知识产权有助于形成产品特色,打造企业的竞争力,对于企业的发展和成长越来越重要。许多企业需要从外部购买专利，许多企业面临自有知识产权保护和管理的问题，创新驿站整合了国内许多研发机构的专利资源，可以提供专利交易和咨询服务，帮助企业完善知识产权体系。随着技术交易的活跃，企业在出售或引进技术时，往往需要对技术的价值进行定量和定性评价。创新驿站依托成熟的第三方服务网络中的资产评估事务所和会计师事务所等机构，可以协助企业开展技术评估业务。

④ 技术项目融资

中小企业的发展往往历经波折，在企业技术研发、生产和扩张的过程中，往往需要外部资金支持。上海的各类风险投资公司和资本企业众多，其投资覆盖全国各地，如果企业的项目足够好，创新驿站就能够在项目融资上给企业提供服务，帮助企业寻找资金合作伙伴，为企业的快速发展和壮大增加资本动力。

⑤ 技术调研和咨询

国内各行业的技术革新频率和幅度日益加快，行业环境始终处于动态变化中，投资新项目的时候，投资者需要及时掌握行业的技术现状和发展动态。创新驿站可以组织技术调研，撰写商业计划书、市场调研报告、行业分析报告，为投资者决策提供参考。

⑥ 科技项目申报/政府科技资金申请

国家和地方政府为了支持企业的技术创新和技术贸易活动，匹配了众多专项支持资金和相应的优惠政策。根据企业的自身情况，创新驿站可以协助企业申请政府的项目和资金支持，如申报高新技术成果转化项目、高新技术企业、科技小巨人、国家创新基金、国际合作专项资金（国际技术转移、国际技术贸易）等。

⑦ 展会和科技活动

每年全国各地举办多类科技型展会，如上海工博会、深圳高交会等，创新驿站也会举办多种形式的技术转移活动，企业可以选择参加这些活动和展会，宣传企业和推广产品。

⑧ 国际技术转移

创新驿站有自身的国际科技合作渠道，如果企业的创新需求涉及国外的科技机构和公司，创新驿站可以根据企业提出的合作需求帮助联系合作伙伴，或收集相关信息。此外，创新驿站还可以根据企业的需要，组织企业参加各类国外科技考察活动。

（2）安阳创新驿站工作程序

① 填写企业信息采集表

为了实现创新驿站的职能，要求企业科技信息员及时采集企业需求信息。创新驿站工作人员主动走访企业，了解企业的技术需求信息、融资需求信息和人才需求信息，并且认真填写《企业信息采集表》。

② 登记需求到网络

安阳创新驿站有自身的网络工作平台数据库，业务人员应该按照信息规范的要求，及时把收集到的企业需求信息录入《需求项目数据库》中。

③ 寻找解决方案

安阳创新驿站的工作人员接到需求后，通过上海技术交易所各方资源寻找解决方案和合作伙伴。寻找到合作伙伴后，安阳创新驿站的业务人员将信息及时传递给企业。

④ 跟踪反馈，协助谈判

安阳创新驿站的业务人员将信息传递给企业后，及时通电话、上门拜访的方式进行跟踪，并联合上海技术交易所的工作人员，通过组织召开视频会议等的方式，促进供需双方在驿站工作人员的见证下，进行初步对接并要求企业填写服务确认单（上海版、本地版）。

⑤ 推动签约，促进落地

供需双方初步对接后，"安阳创新驿站"的业务人员应及时了解企业意向，并联合工作人员推动供需双方之间的互访，协助双方沟通谈判和签订协议，最终达到促进项目落地的目的。

（三）创新驿站运作模式探讨

（1）创新驿站实践中的问题

① 对接项目的选择风险

由于创新驿站是通过站点间的网络协同来进行技术对接的，为了提高技术转移的成功率，必须有能力去辨别一些需求项目的有效性、可实现性及迫切性，对技术需求或对被提供技术做出理性的判断和客观的评价，以避免资源的浪费及站点间信誉度受到影响；在谈判和签订合同的过程中，作为中介方的创新驿站也将承担潜在的风险和责任，应尽量防范和规避这些风险，提高创新驿站的工作效率。

② 驿站人才队伍建设

作为创新驿站的工作人员，不仅要主动走访企业了解企业需求，还需有一定的技术背景，对区域内的企业了解较深，在与企业交流时能发现企业真正的技术需求在哪里，并能甄别高收益、有潜力的项目，这样的工作模式对工作人员的能力提出了更高的要求。因此我们还需加强人才队伍建设，培养既懂技术又懂技术交易的复合型人才，建立一支高素质、结构合理的专业技术转移队伍，确保创新驿站有效运行，提高技术转移工作的整体水平。

③ 技术转移项目资金瓶颈

创新驿站在与全国各站点协同合作为企业寻求技术支持、为技术转移牵线搭桥的过程中遇到了一些困惑，有很多协同项目前期做了大量工作，最后却功亏一篑，绝大部分原因在于资金问题。特别在中小城市，一些企业虽然有创新需求和愿望，但苦于没有充足的资金来实现，即使创新驿站平台为其寻找到合适的技术支持，但也往往因为资金问题而搁浅；同时，企业对跨区域技术转移过程中产生的各种费用（如异地专家现场考察的交通、接待费等）在项目尚未有结果之前也被认为是风险支出。

面对这个问题，我们除了帮助企业申请各级科技计划项目资金支持以外，当地政府也应发挥对技术市场的引导和扶持作用，通过出台相关政策，给予通过创新驿站平台促成的落户本地的市场竞争力强、高附加值的技术转移项目一定的资金补助或风险保障，促成项目的合作，以充分发挥创新驿站的品牌效应，进一步激发企业的创新活力；或吸引第三方如风投基金、创投基金、银行金融部门或民间及私人资金对技术转移项目给予优先贷款支持，或以持有企业部分股权的形式进行投资，以解决企业创新资金困难问题，真正加快企业创新步伐，推动区域经济发展。

（2）解决方案

① 建立第三方平台解决技术转移过程中供需双方信息不对称问题

我国创新体系建设中最薄弱的环节是技术转移，其中最重要的问题是技术转移中的交易双方存在严重的信息不对称现象。企业需要的是能迅速商品化的成熟技术及技术群产品，而科研院所提供的多为市场风险较大的实验室成果或"孤岛"式的单一产品技术成果，这就不可避免地导致双方对技术需求与供给的预期存在相当大的差距，大量的科研成果被束之高阁难以转化为现实生产力，构建一个有效的技术转移支持体系已成为当务之急。

创新驿站网络是一个资源整合的网络体系，通过集成企业、大学、科研院所、中介组织等相关机构，将技术的需求方和供给方有效对接起来。创新驿站平台各站点作为第三方介入，起到了桥梁纽带和推荐作用，缓解了合作双方因沟通困难而产生的不信任感，增加了双方的可信度，提高了技术交易的成功率。

② 创新技术转移模式，建立以企业需求为导向的创新支持系统

传统的技术转移方向是"成果—企业"，以技术的供方向需方推介的模式为主，实践证明这种模式的技术转移的效率和成功率都很低。而创新驿站则是以企业和市场需求为导向的技术转移模式，即"企业需求—解决方案"，用需求来寻找技术，为企业定制个性化的解决方案，这样的转变极大地增加了技术转移过程中的明确性、方向性，更有针对性、效率更高、成本更小，提高了技术转移的成功率。

③ 通过信息化网络实现跨区域资源整合及技术转移

借助创新驿站内部工作系统，实现跨区域的创新资源共享及技术转移协同合作，使得科技专家的技术能力和企业的技术需求能够在整个网络内融通交汇。一方面解决了技术转移过程中资源和信息分布不均匀的问题；另一方面由于站点之间信息沟通方便迅捷，克服了科技中介机构只掌握本地区资源和业务的局限性，可以帮助客户在更大范围内寻求合作者。

④ 促进技术供需双方建立长期战略性合作

通过创新驿站的示范作用，可以以点带面，辐射其他相关产业，并促成企业与技术方将合作形式由单一项目的合作转为以技术和资金为纽带的长期战略性合作，技术方作为一个整体紧密地参与到企业的生产、研发、经营中，根据市场新的需求及企业发展需要不断提供先进、适用的后续性系列产品，实现成果的有效转化，建立长久、稳定、利益共享的合作机制。

4.3 在技术转移工作中政府部门存在的问题及对策

4.3.1 政府部门在促进技术转移工作中存在的问题

（一）我国政府在促进技术转移中存在的问题

第一，关于政府促进科研机构和高校技术转化率的力度不够的问题，具体表现在，我国科研机构和高校专利申请及授权量很大，但交易量却很小，而导致专利技术转化率均低于总体专利技术转换率的具体原因如下。

① 政府的考核范围不包括专利技术是否被成功转移。我国目前的科研机构和高校考核机制，只有专利申请指标的考核，但没有专利转化指标的高低核算，这所带来的影响是科研人员对专利申请的态度很高涨，科研机构和高校专利申请量急剧增长，但专利技术的转化率偏低，所以政府在专利技术方面的考核机制还需要多加补充和完善。

② 现在大多数高校和科研机构的科研成果与市场需求脱离。科研机构

和高校的主要职责是科研和教育，并不会考虑市场的需要，其主要是根据国家的科研发展项目或自身的科研需求制定相应的研究规划，但是研究开始之前并没有进入市场调查阶段考虑市场的需求，所以科研机构的很多科研成果并不符合市场发展的需求。不排除有一些科研成果具有一定的市场价值，但是由于生产成本过高或生产条件难于实现，无法使科研技术实现产业化，导致技术转移难于实现。

③ 国家政策方面。第一，专利技术管理体系的不健全。我国的普遍情况是专利技术管理和转移由不同的人来负责，科研机构和高校专利管理部门与产业化部门分离的这种管理方式存在一定的缺陷，专利的管理人员只负责专利技术管理部分，而不管专利技术转移的成效；负责专利产业化的人只负责技术转移而不在乎专利管理的内容，这样很难全面了解专利技术的详细情况，在一定程度上会影响技术转移的速度。

第二，专利技术转移相关法律体系还不够健全。在二十多年的发展过程中，我国虽然制定了许多与技术转移相关的法律、法规、条例和规章制度，初步形成了技术转移的法律制度框架，但从政策实际的实施角度来看，法律体系不健全依然成为制约我国技术转移发展的重要因素。首先，我国技术转移过程中的各方利益主体具体分工和产权的归属都没有明确规定，现有的关于技术转移的相关法律和规定比较分散没有形成体系，缺乏一个国家层面上的、专门针对技术转移的、系统的法律文件规范，在法律体系的规范层面上制约了我国技术转移的顺利发展；其次，国家颁布的技术转移税收优惠政策针对的主体不全面，有时仅仅针对一方主体给予优惠，这样就导致了其他主体在整个技术转移过程中得不到国家积极政策的支持，而技术转移是一个整体性的过程，各方主体的不平衡发展无法有效调动大家的积极性，不能有效地改变我国现今"巨大的科技资源不能转化为经济竞争力和国家竞争力"的局面。

第三，售后工作不完善，政府在专利技术成功转移后没有配套的跟踪服务。专利技术成果转移后跟踪服务的不完善，是制约专利技术转移的重要因素之一。到目前为止，我国之所以会出现大量的科技成果泡沫，造成巨大的投资浪费和技术滞留，就是因为大多数的科技成果转移完成后，技术供应方（如政府、高校、科研机构）不再跟踪调查受让方的进一步需求，不再向受让方（如企业）提供有保障的"售后服务"，我国科技成果产业化进程和技术转化率受到了严重影响。企业本身的科研和技术水平有限，如科研机构不向企业提供有效的售后服务和技术指导，那么如果企业在使用专利技术过程中出现技术上难以解决的问题时，企业很有可能不再继续向科研机构购买专利或者不再提供科研资金，这将使整个技术转移的研发进程受到阻碍，甚至陷入瘫痪。总体来说，有效的"售后服务"还应该包括政府财政金融的支持，但我国政府在这方面的着力点明显不够。

（二）经济全球化背景下的国际技术转移的新形势

在国家的经济增长中，科学技术是否进步是一个至关重要的因素。如何在新的形势下把握技术转移的新特征，在新一轮技术进步和经济发展中占到上风是我国政府所要面对的严峻挑战。

（1）国际技术转移的影响因素分析

国际技术转移的路径和影响因素分析如图4.3.1所示。

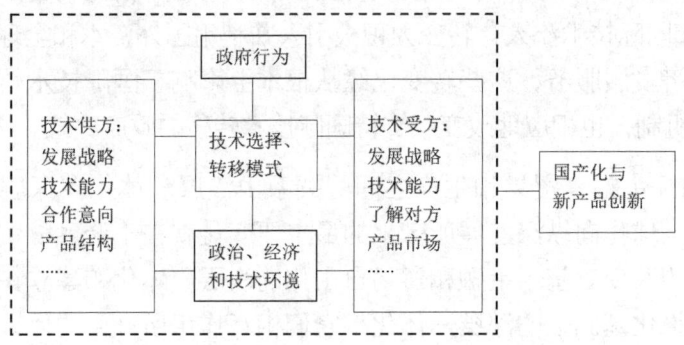

■ 图4.3.1　国际技术转移影响因素类型

如图4.3.1所示，不难看出影响国际技术转移的因素是多层次和多方面的，除了技术供求双方的合作意向，供方的供给能力和受方的接受能力外，还应包括技术接受国的政府行为及技术转移时机的选择，即政治、经济、技术背景等因素的影响。全球化对技术供求双方的合作意愿、技术接受国的政府行为及技术转移时机等提出了新的要求，从而使技术转移政策面临新的机遇和挑战。

(2)经济全球化背景下国际技术转移面临的新挑战

① 政府担任的角色由直接干预经济向服务经济转换。全球化背景下，贸易和投资趋于自由化，世界经济也随之发生巨大的变化。为了充分挖掘以"软件"为基础的国际技术的潜力，自然需要形成由大量的用户和生产者组成的网络，这又反过来需要自由贸易环境。从而进一步地，这些变化必将引起国际技术转移的主要载体—跨国公司与母国政府、东道国政府之间关系的新变化。

经济全球化并非是无国界的新世界，政府仍然会占主导作用，全球化下的国际经济规则有很大一部分是来自于过去国内政策的升华，政府通过贸易投资的自由化，从掌控到放权，这种对经济的调控方式的转变既改变了商业竞争的本质又改变了竞争的结果，但政府还是整个经济秩序和经济稳定的主导。当然政府还决定全球经济化的特征，同时在全球化过程中积极寻找自己需要扮演的新角色，它们的作用是提高本国劳动力的整体素质，建立基于互联网的基础设施，吸引外商投资，并为本国的经济发展注入新鲜的"血液"。正如许多发展中国家从早期的严格控制国际直接投资（FDI）和国际技术流入，转变为积极引入并利用国外资本和全球生产网络为本国经济发展服务，这些转变已经从根本上影响了国际技术转移的本质和转移的机制，也相应地改变了支持国际技术转移的政府决策。

② 国际金融、贸易和生产之间的关系由浅层一体化向深层一体化过渡，经济全球化向纵深发展所带来的最主要变化就在于金融、贸易和生产之间关系的改变。基于金融和贸易自由化的浅层一体化和建立在生产和技术全球网络化基础上的深层一体化，它们相互作用所产生的巨大推力也导致了国际技术转移的相应变化。

国际贸易的模式决定了生产任务的跨国分配，而金融全球化在一定程度上为这一过程提供了便利。金融全球化，通过兼并、收购与对外投资等途径，为生产与外国资本之间建立了联系模式。而深层一体化更是通过包括合资企业的约束、技术转移的控制等，在内部表现为国际间制度框架的自由化，使跨国技术转移更为便利。这一点变化在发展中国家表现得特别明显，相比较全球化早期，现今的发展中国家在一定程度上减弱了旧有的对金融、贸易和生产的严格控制，特别是那种国有甚至国营的企业和银行体系的对外贸易保护，对FDI和技术转移的各项规定也都大大减少了。对企业来说这种变化减弱了它们与国家之间的联系，显然企业的生产过程不再依赖于一国的市场和金融，转而寻求全球利益的最大化，这也使这个国家在创新发展层面得到了较大的提升，这种由于深层一体化带来的变化必然给技术转移政策提出了新难题。

③ 新技术的新特征对技术可获取性提出了新要求。在当今时代，知识经济的迅猛发展、全球化进程的提速，使新技术具有新的特征。新技术慢慢呈现出系统性特征、对用户网络的依赖性特征和知识密集性特征，使得技术的可转移性成为国际技术转移政策需要考虑的重要因素。新技术的系统性特征使得新技术很难拆分，也无法进行适应性的改造，也不能像过去那样通过一次性技术引进就可以完成。单对技术引入方面而言，这意味着需要开通多种技术转移通道，以涵盖各种技术流入需求。现如今国际技术转移变得复杂化，技术供给方只有与技术需求方进行长期、有效的合作，才能实现国际技术的有效转移，当然这种长期合作的平台非常依赖于用户的生产网络。然而，由新技术的知识密集性特征所带来的知识产权对国际技术转移管制的增强无疑造成了技术引进的障碍。

由此，跨国公司体系和作为跨国公司体系基础的国家体系的开放性，是新技术的新特征增加技术可获得性的前提。技术引入方就技术转移的条款进行谈判的周转余地在全球化的背景下已经大大缩小，技术可获得性这一问题的重要性日益突显。对用户网络的依赖性特征、新技术的系统性特征和知识密集性特征以及知识产权、国家体系的开放性对技术可获得性的制约作用，这些都对国际技术转移政策提出了新的要求，政策的重点在于培养当地企业与国外企业之间的长期合作关系，通过生产的整合达到国际技术的转移，而不在于审批外国直接投资或者合资项目，致力于拆分"打包技术"。

④ 回顾早期的技术追赶（catching up）策略和进口替代（import substitution）策略，让我们更加明白在全球化的背景下，技术转移策略的变更、新技术的特征和国际技术转移的可获得性迫使技术引入方的技术转移策略也要做出相应的变更，及进行国际技术转移策略变更的必要性。

技术追赶策略需要全国范围内的技术能力，如国民的教育水平，还需要企业层面的技术能力，如专有技术等。这些能力在技术追赶过程中逐步积累成功的后进经济体，如韩国的经验表明，在技术追赶过程中全国范围内的人力资源和企业层面的专有技术之间的相互作用起着决定性的作用。但在过去30年全球化逐步兴起的情况下，这两个层次都发生了巨大变化。在企业层面，加快建设企业技术能力与企业学习能力的停滞相互交替。在国家层面上，教育投资受到向更为开放的市场经济过渡的体制变化的影响。

进口替代模型在许多发展中国家工业化模式中处于中心地位。进口替代环境一般而言往往会激发企业的技术学习热情，这是两方面因素共同作用的结果：一方面，高度受保护的市场迫使企业学习开放经济中不存在的非市场竞争能力和技术；另一方面，战后较高的经济增长率带来产业结构的多样化，使得企业需要掌握全新的产业和工艺。当进口替代模型向更为开放的市场经济过渡的过程中，企业受成本约束不是很强，而更倾向于吸引投资，往往伴随着工业组织形式和技术积累模式的转变。对这些国家在市场化和结构转型过程中的技术变迁进行分析。从技术角度来看，进口替代模型面临的主要问题是如何刺激有效需求，提高注重技术积累企业的回报率。

20世纪80年代以来，随着全球化进入一个新阶段，发展中国家的技术转移政策也发生了巨大变化，发展中国家不再把跨国公司当作一种麻烦而是一种解决方案。此时，因为经济世界发生了根本性的变化，如贸易自由化、结构转型以及对高新技术的依赖等，技术转移和FDI管制的自由化不再是由于利益集团的变更。其中，贸易和投资自由化对发展中国家的产业和技术积累模式产生了深远的影响。

4.3.2 我国面向国际技术转移新形势的应对策略

（一）技术引进策略变被动为主动——"主动找寻"

面对全球化下国际技术转移的新形势，我国"主动找寻"的技术引进策略分析如下。

WTO框架下世界经济的新特点在于，宏观层面上基于金融和贸易自由化的浅层一体化和微观层面上建立在生产和技术全球网络化基础上的深层一体化，这两者之间相互推动而日益显现的问题就是，如何在"浅层次"一体化和"深层次"一体化之间寻找平衡点。"浅层次"一体化自然过渡到"深层次"一体化，这种过渡不会因为开放经济而自然发生。提上议事日程的是如何建立适应全球化新阶段的技术积累和技术转移模式。跨国公司日益成为全球扩张的生产网络的一部分，并且跨国公司运作着复杂的内部网络，同时也保持着与外部网络的紧密联系，我们要跳出跨国公司视角，从更广阔的公司间的联系来研究我国如何通过生产网络与世界经济联系在一起，并提出我国的技术引进策略。

全球化生产网络使非股权、跨国界企业间的紧密联系得以发展，我们用"主动找寻"（Active Search）来描述企业间关系的变化。当前企业间传统意义上的关系已经发生了改变，企业间的法律关系和相互独立关系或母子公司关系变的不在重要，重要的是它们在"主动找寻"过程中所处的相对位置。这样，在全球化的背景下，技术转移政策的主要目标，在于把本国企业从简单的技术接受者转变为在动态中学习的"主动寻找源泉"者，在持续发展的市场和技术中学习，才能使企业真正地进行技术积累并不断进步。在发展迅速和依赖于用户网络的行业中，在动态中学习的"主动找寻"的效果更是远好于在壁垒保护下通过一次性交易获取技术。

"主动找寻"策略在国际技术转移中以降低成本为目的，寻找全球经济成本最低的区位，也是为了国际技术合作关系的扩展，使合作后整体的创新与生产能力高于各单个企业技术能力的总和。"主动找寻"还可以不追求创造资源、价值和剩余的潜在利益，而仅仅是为了确保跨国公司的优势地位及其进行跨国的复杂的技术性活动的能力。因此，围绕国际技术转移的"主动找寻"策略，在经济全球化的条件下，我国的技术转移政策需要解决以下四个问题。

（1）需要与世界市场共同发展，要在动态学习中获取技术。只有技术转移与持续变化的市场相互联系，动态学习才能成为可能。但我们需要逐步取消初级保护下的进口技术以及学习方式。初级保护下的技术转移通过一次性交易完成,但这种单一获取技术的方式并不能保证技术向高附加值方向发展。因为新技术具有系统性的特点,想要很好地消化吸收新技术需要很多个切入点,需要利用多种转移渠道。现如今,我国技术转移政策的重点也在创造多样化的技术转移渠道,然后通过多个切入点将我国技术创新体系与国际先进技术的引进相联系。

(2)保障企业特定技术转移最大化。技术与企业特征相结合,最终要形成企业特定技术能力。如何让我国企业特定技术能力植根于后进企业,而且这些企业在技术转移过程中到底如何利用自身的技术能力从而消化吸收国外技术资源,这对于我国在"主动找寻"框架下,最大化企业特定技术的转移将起着决定性作用。新技术的系统性特征决定了基础设施仍然起着非常重要的作用,但是现在这些设施只有在满足企业当前和将来需要的情况下,才能有效地发挥作用。如果单单致力于扩张基础设施而忽略创新能力,则是很多后进企业的通病。相同的道理,企业财务和组织制度的缺陷也可能成为最大化企业特定技术能力的主要障碍。综上所言,我们既要抓住全球化的机会,与国外客户紧密联系、不断获得信息反馈;更要在财务和组织制度上保持创新能力,使后进企业动态地从简单的技术接受者转变为"主动找寻"者。

(3)全球化背景下,技术转移面临的主要问题在于,如何在全球生产体系中占据从事高附加值生产活动的位置,利用FDI、跨国公司和多种"主动找寻"方式进行技术引进。虽然这些方法可以提高我国的技术能力,但其效果取决于这一技术引进在全球生产网络中所处的位置,进入全球生产链时的起点有所不同,相对应获取技术的水平必然存在差异。当然凡事都有两面性,参与全球化经济既是机遇,又是挑战,自然也可能被国外竞争者锁定在低附加值生产活动上的风险。东亚经济体的经验表明,无法将产业升级以满足长远发展的需求是一个不可避免的大问题。这就需要重新定义培育本国技术能力与建立国际联系之间的关系,以利用全球化推动本国产业结构升级,也要求我们精确地找准在全球化生产网络中的地位,选好"主动找寻"战略实施的具体切入点,使技术引进有利于我国从事高附加值的生产活动。

（4）政府政策以构建网络、促进深层次一体化为核心。在全球化、自由化的环境中，政府已经不能通过制定严厉的外贸制度等来实现对技术转移目标的直接干预，技术转移目标主要是通过建立、加深与国外合作伙伴的关系来实现。由于产业政策是最大化技术转移利益的主要手段，如何协调我国企业与外资企业之间的技术活动变得非常重要。这需要我国政府跳出过去宏观指导和直接干预的"最低"政策要求，政府政策的核心应在于构建生产和技术网络、合作制度网络以促进我国向深层次一体化发展。而从政策实施角度来说，重要的就是如何发挥国际技术转移的网络效应，分享全球化的利益。

总之，面对全球化的大背景，我们只有弄清国际技术转移的新特点、新形势，并对此明确我国"主动找寻"的技术引进策略，才能真正发挥技术对经济发展的长久促进作用。

（二）顺应时代，综合技术转移合作网络治理

（1）技术转移合作网络概念

技术转移是某种技术或知识在空间上的流动与扩散。从空间上来讲，区域发展不平衡，我国科技资源区域分布差异较大。技术的跨区域流动优化了科技资源配置，弥补了区域科技资源差距，是推动区域协调发展的必然选择。跨区域技术转移，促使科技资源在不同经济区域内的综合集成与高效配置，能够通过搭建以网络、数据库为支撑的信息平台，打破地区间的疆域界线和行政隶属关系，充分发挥各方的优势，加速跨区域的技术进步与经济发展。技术转移过程具有复杂性、集成性和系统性的特点，从技术转移过程来看，迫切需要技术转移机构提供系统而全面的服务方案，组建以技术转移中介服务机构为节点，涵盖创业投资、企业集团、银行等金融机构、研究院所、高校、科技园区、知识产权服务机构和技术经理人等主体，通过各种契约而结成的优势互补、风险共担、要素双向或多向流动的有机体系。

因此，本研究中的技术转移合作网络包含两个层次。一个层次是宏观层次的合作网络，它是由环渤海技术转移联盟、长江三角洲科技中介战略

联盟和东北技术转移联盟等技术转移联盟组建,由地方政府(技术市场管理部门)共同发起的以探索跨地区的企业、科研机构、大学、技术转移机构的互动机制,共享科技资源,加速科技成果转化,以技术经纪推动科技合作为目的的区域性合作组织。宏观层面的技术转移合作网络特征已日益凸显。另一个层次是微观层面的合作网络,指以技术转移中介机构为纽带,企业、研究机构、金融机构等一系列主体共同参与的技术转移活动主体的集合。通过各种契约而结成的优势互补、风险共担、要素双向或多向流动的网络组成的有机体系。如北京协同创新服务联盟,由多家具有一定品牌声誉的各类专业中介服务机构组成,涵盖了创业投资、企业集团、银行等金融机构、研究院所、高校、科技园区、知识产权服务机构和技术经理人等,已成为一支高质量、高效率的社会化服务团队。在技术交易服务的整个生命周期中,鉴别技术成果的先进性、成熟度,判别技术市场前景、财务真实性以及技术或产权所属,办理风险投资、政府科技扶持资金申请等事务。

(2)两个层面合作网络的关系

① 从构成主体讲:政府间区域性技术转移合作网络,是由各地科技厅(局)、技术市场管理办公室、生产力促进中心等政府部门和技术市场等技术转移管理登记部门构成的主要主体。由于受资金、办公条件、利益分配机制、运作模式等诸多限制,尽管区域性技术转移合作网络设法吸纳更多的市场主体加入其中,但仍未实现运作市场化和主体多元化。技术转移机构、企业、金融机构等市场主体,是以技术转移联盟为节点的技术转移合作网络构成的。

② 从运作模式讲:政府部门间通过签订合作协议的方式建立政府间区域性技术转移合作网络,通过召开联合会议及共同出资建立项目组等方式来协调和解决技术转移中出现的问题。以技术转移联盟为节点的技术转移合作网络则以市场机制运作,风险共担,利益共享。

③ 从运作层次讲:合作网络通过构建各类技术专业数据库与建设大型仪器共享平台,并统一各地技术经理人员培训与认证等工作来解决各类技

术转移中基础设施建设的问题。以技术转移联盟为节点的技术转移合作网络则主要集中在微观层次开展技术转移工作。

④ 从目的上讲：地方政府间技术转移合作网络与以技术转移联盟为节点的技术转移合作网络都是为了推动技术转移。采取签订联盟合作协议书，制定联盟章程，定期召开联席会议等形式推动区域性合作项目开展。这些项目包括构筑区域间科技园区服务体系、公共技术服务体系、科技中介服务体系等。依靠市场力量形成的技术转移合作网络，是技术转移合作网络以技术转移联盟为节点的本质。技术转移机构通过联合研究机构、企业、金融服务机构、政府等主体，提供技术类服务、信息类服务、金融类服务和管理类服务，从而加速技术供给方向技术需求方转移。

⑤ 从互动关系讲：政府间区域性技术转移合作网络对以技术转移联盟为节点的技术转移合作网络具有重要的推动和促进作用。政府间区域性技术转移合作网络通过搭建各类技术转移平台来推动与支撑技术转移。以技术转移联盟为节点的技术转移合作网络对政府间区域性技术转移合作网络发展起到导向作用。

⑥ 从网络发展趋势讲：政府间区域性技术转移合作网络虽然和以技术转移联盟为节点的技术转移合作网络属于不同层次，但是二者相互促进，相互推动。二者必然以某种机制互动融合，才可以促进两个网络共同发展。

但是目前存在着双重科技合作联系：一是以各地方政府为利益主体跨区际技术转移联盟，如长三角科技中介联盟、长三角区域创新体系建设联席会议等；二是以企业、技术转移机构为利益主体的市场性技术转移合作网络。在现行的体制背景下，由于各地政府仍是强政府，各级地方政府作为一级利益主体的地位较突出，这种情况下，作为微观基础的企业并没有成为市场性区域科技合作的主力。这客观上使得市场性区际经济联系遭到削弱，难以发挥应有的作用。此外，目前技术转移协调组织的主体是政府，而作为市场主体的企业却没有参与技术转移组织的决策，甚至没有加入技术转移合作联盟，这使得区域合作协调组织对该地区内市场需求的感知不够灵敏，造成了政府科技合作难以取得实际效果。

（3）我国技术转移合作网络的特征

① 政府主导特征

政府目前作为技术转移合作网络协调组织的主体。在《规划纲要》和《国家技术转移促进行动实施方案》的指导下，各省、各部门根据本地区和本行业的区域经济发展和产业特色，积极建立本地区和本行业的技术转移体系。

从宏观技术转移合作网络来看，各区域技术转移联盟发起机构均为各区域科技管理部门。环渤海、东北、长三角、西部、中部和珠三角六个区域的跨区域技术转移联盟均由政府部门成立。其中，环渤海技术转移联盟由北京、天津、河北、山西、内蒙古、辽宁和山东两市五省（区）的科技厅（局）、技术市场管理部门及技术经纪机构共同发起成立。长三角技术转移联盟由浙江、江苏、上海市科技行政管理部门统一协调，由上海科学技术开发交流中心、江苏省生产力促进中心、浙江省科技开发中心共同发起成立。东北技术转移联盟由黑龙江省科学技术厅、辽宁省科学技术厅、吉林省科学技术厅和大连市科学技术局、沈阳市科学技术局、长春市科学技术局和哈尔滨市科学技术局共同发起成立。各区域技术转移联盟运作机制具有典型的政府管理特征。联盟的最高决策机构联盟理事会及理事会成员由各发起单位的科技厅、科技局主管领导，大学、科研院所专家和行业专家主导组成，负责决定、指导及协调联盟的重大事宜，组织制定和修改章程、制度、标准、规范等。理事长由各发起单位的科技厅（局）负责人轮流担任。理事会设立常务理事会，由各地主管科技成果推广的部门领导组成，在理事会休会期间代行理事会职责。常务理事会设理事长一名，由各发起单位的科技厅（局）负责人轮流担任，常务副理事长一名，由牵头单位的领导担任；副理事长若干名，由各成员单位的领导担任。企业、高校、研究机构或团体、个人经联盟成员推荐，得到本会秘书处确认备案后可成为联盟正式会员。会员必须按期交纳相应的会费，积极参加联盟组织的社会公益性活动。

从微观技术转移合作网络来看,技术转移服务机构作为技术转移合作网络的重要构成节点,也具有政府性质或特征。

根据《国家技术转移促进行动实施方案》和《国家技术转移示范机构管理办法》,经各省、自治区、直辖市、计划单列市科技厅(委、局)、国务院有关部门推荐和专家评审,科技部制定的《国家技术转移示范机构评价指标体系(试行)》将国家技术转移示范机构分为两大类,A类是指具有企业法人资格的技术转移机构,B类是指事业法人、社团法人,或依托于大学、研究院所等各类法人的内设机构。在此分类的基础上,我们根据功能将技术转移示范机构分为独立运作的企业法人或其内设机构,依托政府建立的事业法人或社团法人,依托于大学、研究院所等各类法人的内设机构或企业法人,各类技术市场4类。以依托政府建立的事业法人或社团法人和依托于大学、研究院所等各类法人的内设机构为主,占到了69.7%;而独立运作的企业法人或其内设机构所占比例很少,只有10.5%。

由此可见,在宏观层面上我国仍以政府管理为主要手段,未引入市场机制。微观层面上完全依靠市场化运行来实现自我发展的技术转移机构服务能力还较弱,自我发展还比较困难。

② 二元特征

作为政府主导为特征的技术转移合作网络,可以从宏观层面的技术转移联盟和微观层面的技术转移机构两个方面进行分析。而宏观与微观的技术转移合作网络存在二元的科技合作联系:一是以各区域政府为利益主体的行政性跨区际科技合作联系,以环渤海技术转移联盟、长三角科技中介联盟、东北技术转移联盟等政府主导的跨区域技术转移联盟为代表;二是以各类技术转移服务机构为节点,以企业为利益主体的市场性区际经济联系。在现行的体制背景下,由于各跨区域技术转移联盟仅能为各个政府主体提供一个对话的平台,基本停留在各种会议的层面上,采取集体磋商的形式,而不能够有效地从区域角度调配科技资源,整合利益主体,更不能达成具有法律效力的制度框架。签订的各类协议和共同宣言又缺乏具体的实施规划和操作细则,推进缓慢。组建的技术转移联盟不仅缺乏坚实的法律地位,也缺乏维持运作必要的资金,导致职能不全,服务功能有限,人员兼职，办公场地兼用。松散的会议协商机制缺乏强有力的组织机构和制度化的决策机制，造成区域地方政府技术合作的效率低。由于缺乏利益生成与分配机制，所以对各入会企业、研究机构缺乏必要的约束力和激励因素，对未入会的企业和技术转移主体也缺乏吸引力，从而导致不能有效带动微观技术转移合作网络的积极性，造成技术转移联盟与微观技术转移主体（网络）联系脱节。

由于作为市场主体的企业和技术转移服务机构没有参与区域技术转移联盟的决策，甚至没有加入技术转移联盟，这使区域合作协调组织对该地区内市场需求的感知不够灵敏，造成了以政府为主导的技术转移合作难以取得实际效果。这种情况进一步加剧了技术转移合作网络的二元化格局。

③ 跨区域特征

我国区域经济发展不平衡，科技资源区域分布差异较大。弥补区域科技资源差距，优化科技资源配置，成为技术的跨区域流动以及推动区域发展的必然选择。跨区域技术转移能够通过搭建以网络、数据库为支撑的信息平台，打破地区间的疆域界线和行政隶属关系，充分发挥各方的优势，促进科技资源在不同经济区域内的综合集成与高效配置，加速跨区域的技术进步与经济发展。从实践来看，我国跨区域技术输出最活跃的地区为北京和上海，我国跨区域技术吸纳最活跃的地区为浙江、江苏。但中部与西部的跨区域流动仍然存在很多障碍，这些地区技术跨区域流动缓慢，不利于实现经济均衡发展和缩小技术差距。其中，最重要的原因之一是跨区域技术转移合作网络不发达。为便于发挥各个地区的科技资源优势，促进、鼓励和加快跨区域技术转移，环渤海技术转移联盟试图将环渤海地区的北京、天津、山西、辽宁、山东和内蒙古等纳入统一的技术转移体系；长江三角洲科技中介战略联盟为打造长三角技术转移合作网络试图整合上海、浙江和江苏两省一市的科技资源；东北技术转移联盟努力整合黑龙江、吉林和辽宁省的科技资源，这些技术转移联盟的构建正是对跨区域技术转移的互动机制做出的积极探索。

技术转移合作网络的跨区域特征对有效协调、吸纳整合微观技术转移主体提出了更大挑战，对培育技术转移联盟的合作机制提出了更高的要求。

(4) 技术转移网络治理研究

技术转移合作网络是一个特殊的网络组织。它与企业网络（介于市场和企业之间的中间性组织）一样，作为一种基于市场机制和行政机制相互渗透，并建立一定的纽带融合而成的，是相对稳定的组织形态。但技术转移合作网络也同样存在着治理问题。技术转移合作网络治理是对网络组织进行治理，治理的主体是网络合作的诸多节点，治理的客体是技术转移合作网络组织这一新型组织形态，治理过程具备自组织特性的自我治理。

不过，一般的网络组织可以看作是介于市场和企业之间的中间性组织，技术转移合作网络与一般的网络组织相比，有自身的特点。技术转移合作网络除了将政府（甚至是不同区域间政府）协调引导的作用引入其中，又具有介于市场和企业之间的中间性组织特征。还同时拓展了技术转移合作网络的治理的含义：既是介于市场机制和行政干预机制的治理，又是介于市场机制和企业内部机制的治理。因此，技术转移合作网络治理可以分为三个层面：层面一是构建市场技术转移合作网络及其治理机制；层面二是构建区际政府间技术转移合作网络及其治理机制；层面三是如何协调政府间网络和市场际网络之间的关系，并确定相应的治理协调机制。因此，基于这样的认识，我们认为技术转移合作网络治理应充分吸收和借鉴网络组织治理理论的基本观点，还应注重其特殊性。

① 市场层面治理模式

市场网络治理的关键是建立以企业为技术转移主体，技术转移示范机构为节点的技术转移合作网络。因此，对市场域中技术转移合作网络主体关系进行的分析，有助于我们了解各类技术转移主体要素间的流动情况和目前的障碍所在。复杂性、集成性和系统性是技术转移过程的特点，迫切需要各类技术转移主体间快速、及时和准确的耦合。技术转移主体可分为企业、技术转移中介、政府、研究机构（高校、科研院所）和金融机构五类。金融机构可以向企业、研究机构或转移中介提供投融资服务。在技术、资金、信息、政策等诸多要素的循环中，网络中各技术转移主体各取所需，形成网络中物质和能量的循环。技术转移中介在技术转移合作网络中发挥着重要作用。依托于大学、研究院所的技术转移机构向企业提供技术代理与转让、技术集成与创新、委托开发服务项目；企业法人性质的技术转移中介可以向企业提供技术代理与转让、技术集成与创新、科技咨询等服务项目；而各类技术市场向企业提供技术推广、组织和承办交流合作、技术评估与论证等服务项目；政府相关机构可以为企业提供技术推广、信息媒介服务、组织和承办交流合作、科技咨询、投融资服务、招投标管理等服务；研究机构可以直接向企业提供技术转让，也可以委托技术转移中介来提供。

根据前面的研究，通过对上海、浙江和江苏国家首批76家技术转移示范机构服务项目比较后发现，在技术类服务（含技术集成与创新、委托开发、技术代理与转让、技术评估与论证、技术推广等）、信息类服务（含信息媒介服务、科技咨询、组织和承办交流等）、金融类服务和管理类服务（含经营策划、培训、技术司法鉴定、协助项目申报、招投标管理）中，所有的技术转移示范机构的金融服务能力普遍较弱，技术集成服务和信息类服务等综合服务能力也亟待建设。技术转移服务缺乏全面性和系统性，各类技术转移机构服务项目虽然特点各有所长，但技术转移合作网络不发达，各类技术转移机构的合作机制不健全（见图4.3.2）。

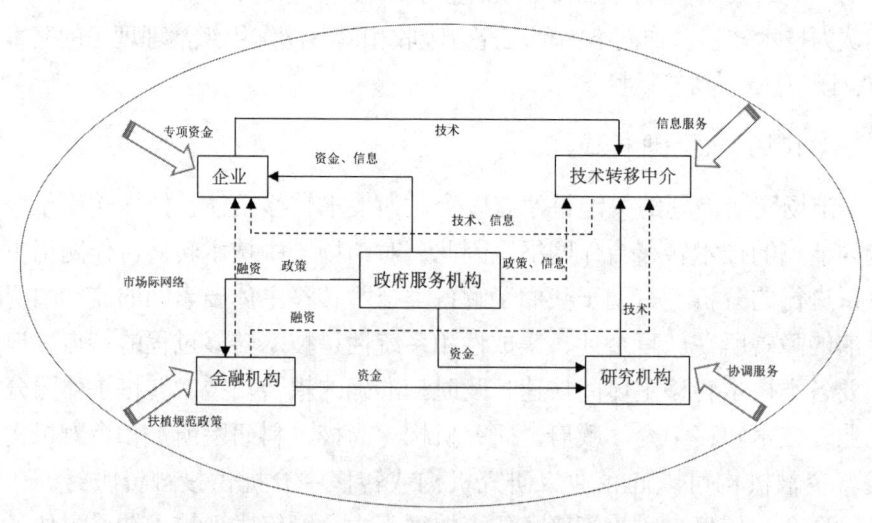

■ 图4.3.2 市场技术转移要素流动关系模型

政府部门技术转移人才体系建设实务指导

下面重点分析以技术转移中介机构为中心的治理模式。

治理模式一：技术中介服务。技术转移服务机构仅是桥梁作用，技术转移服务机构对客户提供的技术不进行集成和研发，对技术价格也不会进行限制，技术供方和需方对技术价格进行谈判，如果技术转移成功，则技术转移服务机构可以收取一定数额的技术转让服务费。并且，技术转移服务机构对技术转让过程中出现的风险也不负任何责任。独家代理，技术转移服务机构不但要对技术供方提供的技术进行必要说明，而且要对自己的行为负全部责任。因此，在技术登记之前技术转移服务机构必须对技术进行评估。在职责范围内，由技术转移服务机构定价并确定技术受方，而技术供方则无须干涉，更不能独自出售。技术转移服务机构盈利就来源于技术供方和技术转移价格的差价。治理关系涉及的主体有技术供方、技术中介和技术受方，如图4.3.3所示。

■ 图4.3.3　代理治理关系示意图

治理模式二：技术需方根据自身条件和市场情况让研究机构委托开发并提出技术需求。技术需方通过技术服务机构提出技术需求方案，也可以直接向研究机构提出技术需求方案。委托开发属于技术开发的一种形式。技术转移服务机构再根据技术特点，将其委托给合适的研究机构，开发出符合客户要求的技术成果，包括新技术、新产品、新工艺或者新材料及其系统。技术转移服务机构接受委托开发是其通常采用的一种经营模式。技术转移服务机构根据掌握的大量资源，不仅保证了开发成果满足客户的需求，又可以找到更好更适宜此项技术开发的科研机构，而委托方也能减少寻找合适研究机构的机会成本。技术中介可能具有研发实力，也可能不具备研发实力。在这种治理模式实践中，技术中介不可能具备全部技术要素，因此技术中介可以直接联系研究机构，或者其他技术服务机构将委托项目"二次发包"。因此，在该治理模式中，技术服务机构具备更高的网络化组织程度和分工，网络关系更为复杂（见图4.3.4）。

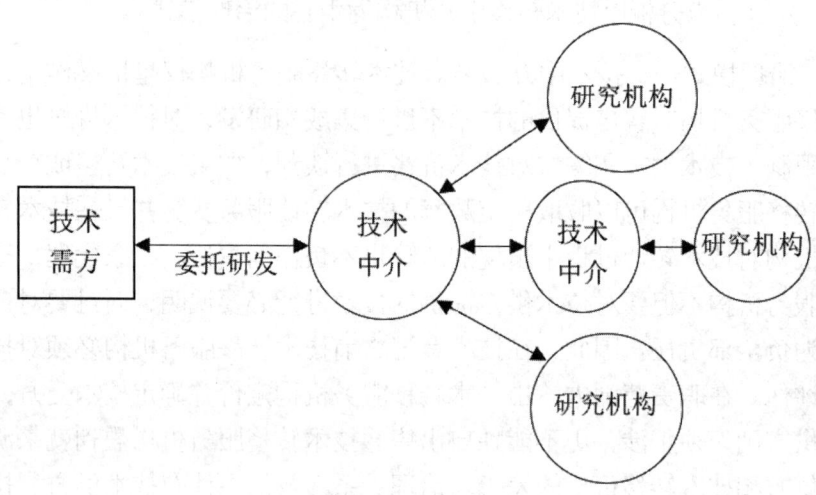

■ 图4.3.4　委托开发治理关系示意图

治理模式三：技术集成。一项成熟技术与单纯的技术区别在于，成熟的技术由若干项子技术构成，而一项单纯的技术很难被充分应用，所以通过技术集成才能发挥作用。技术集成需要各个方面，各个领域的专家合作完成，仅依靠一家科研机构是无法完成的。技术集成，构建集成平台需一家或几家有研发实力的研究机构发起，与政府、技术转移服务机构等众多主体形成网络合作关系，成立研发机构，负责提供相应的集成技术，政府负责提供相应的信息和政策支持，并联系相应的企业，进行技术推广，技术转移机构负责平台的运作和管理。在该治理模式中，通常由研究机构、技术转移服务机构，甚至政府出面建立技术集成平台。技术转移服务机构成为技术集成平台的运作管理者，政府可能成为技术集成平台的出资人，研究机构是技术集成平台的合作者。这一治理模式网络化程度更高，技术转移合作专业化更强，技术转移服务机构中心程度更高，服务也更加专业化（见图4.3.5）。

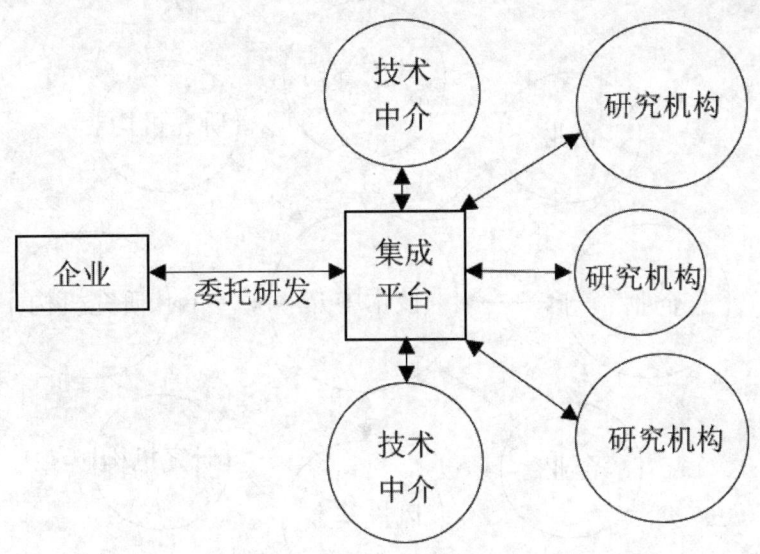

■ 图4.3.5 技术集成治理关系示意图

治理模式四：生产联合体。这种治理模式由一家技术转移服务机构为龙头联合某一行业的生产企业组建联合体，技术转移服务机构负责联络科研院所提供技术，生产企业负责组织生产。这种治理模式，联合体既可以是实体的，也可以是松散的，与其他模式的区别在于该模式中的成员形成更为长期的稳定的合作关系，技术转移服务机构服务水平更加专业，主动性更强。这种治理模式是网络化程度最高的治理模式，也是目前发达国家广泛采用的治理模式，如英国技术集团（BTG）和德国史太白基金会（STW）都与政府建立良好的合作关系，并拥有众多附属机构、风险投资伙伴和项目合作者，从世界各地的大学、研究机构和企业寻找具有市场前景的技术，帮助技术发明人申请专利，进行技术转让评估和实施专利（见图4.3.6）。

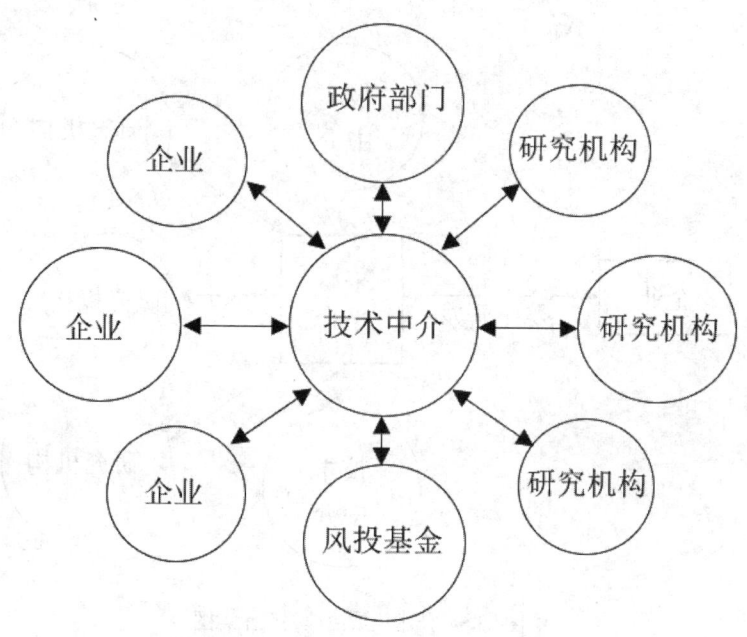

■ 图4.3.6 生产联合体治理关系示意图

② 政府层面治理活动

从技术转移合作网络构成来看，存在着以各地方政府为利益主体的行政性跨区域技术转移合作网络，如长三角科技中介联盟、长三角区域城市创新联盟等；以及以企业为利益主体，技术转移机构为节点的市场性区域经济联系的两个层次的技术转移合作网。在交流活动的开展上，通过网络信息检索，对以各地方政府为利益主体的行政性跨区域技术转移合作网络的研究发现，盟员间开展活动的次数很少。如长三角科技中介联盟每年召开一次年会，活动开展的深度和广度都存在不足。在盟员多元化构成及在盟员数量上，以政府部门为主，缺乏多元化主体参与，技术转移服务项目的范围和深度都受到限制，同时也不具备规模效应。由于技术转移示范机构还比较弱小，技术转移公共服务平台投资大、周期长，具有公共产品特征，通过对技术转移机构为节点的市场性技术转移合作网络研究发现，完全依靠市场机制发展壮大还很困难，因此需要政府扶植和投入。技术转移合作网络的二元性使得市场性区域技术转移合作网络遭到削弱，甚至没有加入技术转移合作联盟，难以发挥应有的作用。技术转移主体无法参与区域技术转移协调组织的决策，这使得行政性跨区域技术转移合作网络对该地区内市场需求的感知不够灵敏，造成了政府技术转移合作努力难以取得实际效果。

从区域技术转移合作网络的现状来看，区域技术转移合作网络建立起来的联席会议制度仅能为各个城市提供一个对话的平台，基本停留在各种会议的层面上，采取集体磋商的形式，而不能够有效地从区域角度调配科技资源，整合利益主体，更不能达成具有法律效力的制度框架；签订的各类协议和共同宣言又缺乏具体的实施规划和操作细则，推进缓慢；组建的技术转移联盟不仅缺乏坚实的法律地位，也缺乏维持运作必要的资金，导致职能不全，服务功能有限，人员兼职，办公场地兼用；松散的会议协商机制缺乏强有力的组织机构和制度化的决策机制，造成区域地方政府技术合作的效率低，因此缺乏一个能够实现政策整合、利益协调的统一高效组织机构。

为整合各省区技术资源，我们将跨区域合作网络治理关系分为四个层次。第一个层次为规制域，具体操作上，该层次可以按照委员会制或以联席会议的形式，由各省区或各市行政首长组成，采取每年召开一次的方式，作为最高权力机构形式决策权，负责技术转移合作网络发展规划，制定各类保障技术转移有效开展的各项制度，建立技术转移合作网络法律环境。第二个层次为管理域，负责监督各项工作有效开展，落实技术转移合作网络发展规划，保障各类制度和法律有力执行。该层次在具体操作上可以由各省区或市科技厅（局）派出一组负责处理日常事务的工作人员作为常驻代表作为执行委员。第三个层次是操作域，依托具体项目，以搭建技术转移公共平台为主要手段，降低企业技术转移成本，减少高校科研机构技术转移风险，鼓励扶植技术转移机构发展，消除各省区技术转移障碍，促进各省区技术自由流动，并由政府生产力促进中心、科技交流中心或技术市场等进行操作。第四个层次是市场域。由企业、高校、相关政府机构、技术转移中介、金融机构等构成，以市场机制为纽带，建立完善的网络机制（见图4.3.7）。

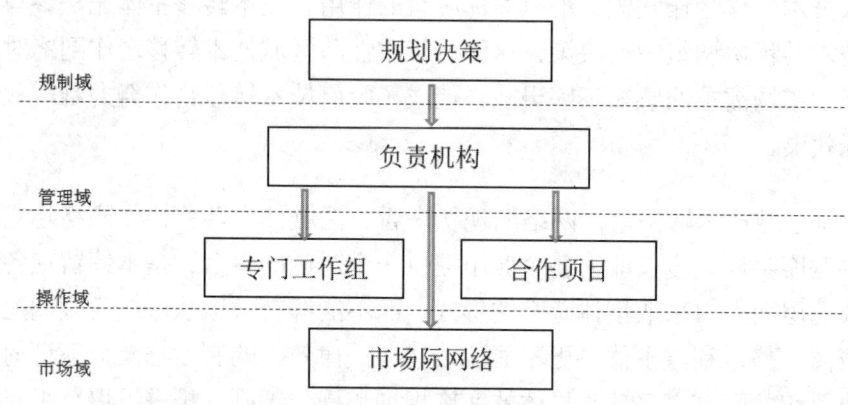

■ 图4.3.7 跨区域技术转移合作网络治理关系模型

③ Ⅰ和Ⅱ两个层面之间的治理互动

以下几种安排为政府层面技术转移治理网络和市场层面技术转移治理网络进行治理互动。

A. 在规制域，Ⅱ网络对Ⅰ网络实施监督，Ⅰ网络吸纳Ⅱ网络决策。

目前成立的区域技术转移联盟基本都是科技局、生产力促进中心、技术市场办公室等为参与主体，并没有代表性的技术转移服务机构参加。技术转移联盟活动方式以论坛、联席会议等为主，并没有形成上述政府层面的技术转移治理结构。因此，无法形成有效和有约束力的决策。政府层面的技术转移合作治理网络中，技术转移主体是重要的组成部分。表现在以下几个方面：首先，决策层面，要充分征求和听取技术转移主体的意见和建议，将紧迫而重要的建议纳入决策成果，优先实行。其次，在执行层面，可以将平台的建设、数据库开发、人才的培训等工作交由（依托于政府）技术转移机构来执行，项目融资可以充分利用市场机制，发挥金融机构和风险投资公司的作用，创新平台建设和运营模式。最后，成立由技术转移主体组成的监督审计机构，负责监管项目开发、经费管理等工作，能最大程度上保证资金的使用效率。

B．在操作域，Ⅰ网络培育区域重点技术转移服务机构，Ⅱ网络运作技术转移服务机构。

目前，尽管科技部出台了《国家技术转移促进行动实施方案》，但是，我国当前的技术转移服务吸纳能力差，机构规模小，服务模式单一，难以形成很强的凝聚力，缺乏像英国的BTG和德国的STW等具有影响力的综合技术转移机构。所以，结合当前体制创新，进行业务创新，应尽快建立区域重点技术转移服务机构，努力探索符合市场经济要求的技术转移服务模式，逐步形成技术转移服务规范，从而推动区域技术转移体系的建立。重点技术转移服务机构的建立模式分为两点：第一，政府出资成立区域技术转移服务中心，待发展成熟后，转让给风险投资公司、大学和其他技术转移服务机构联合组成的董事会管理，促使其实现市场化，并充分发挥技术转移服务的作用，以其为依托成立由企业、高校、科研机构、政府、金融机构等多个单位组成的技术转移联合体，并依托区域重点技术转移机构积极开展跨区域合作。第二，整合区域技术转移服务机构资源，成立技术转移服务机构联盟，提高技术转移服务机构服务能力和服务水平。

C．在市场域，Ⅱ网络提出需求信息，Ⅰ网络提供平台建设和开展各项服务。

Ⅱ网络发育还不完善，需要政府网络提供多资金服务、政策扶植、信息服务和协调性服务等。资金支持指设立技术市场专项资金，用于发展我国技术市场基础建设和公共事业。各级科技行政管理部门必须建立促进本地区技术市场发展的专项资金，形成保障技术市场稳定发展的长效机制，促进我国技术市场快速、持续发展。政策扶植要加快研究制定有关促进技术市场发展、规范技术交易行为、保护技术交易者权益的法律法规和相关配套实施细则。各地区应根据本地区实际情况继续完善地方性技术市场法规、政策，形成健全的技术市场法律法规体系，推动全国技术市场尽快走上法制化轨道。信息服务要求推进技术市场的信息化建设。结合国家科技成果转化基础条件平台建设，建立面向社会、辐射全国的技术交易服务平台，支持区域性技术交易网络的建设。整合与优化技术市场管理机构、技术交易服务机构、科技信息机构等的技术交易信息资源，实现资源共享、功能互动、标准统一、规则明确,支撑全国技术市场体系的多层次公共信息服务网络,鼓励开展网上交流、交易,完善全国技术市场电子政务管理,提供快捷的公共服务,降低交易成本。协调性指协调不同地区技术市场的建设与发展,在技术交易平台建设、技术转移、专业人才培养等各方面加强对不同地区技术市场的培育与支持,如鼓励东部地区技术市场和交易机构与中西部地区技术市场建立紧密的合作关系,形成跨区域的技术转移协作网络,有效地发挥技术市场在西部大开发中的重要作用。

(三)关注环境,发展低碳技术转移模式

为应对气候变化,稳定大气中温室气体浓度的目标,必须大量减少二氧化碳的排放,这需要发达国家大幅度降低当前的排放水平,同时也需要发展中国家减缓温室气体排放的增长速度。由于发展中国家缺少资金和技术,发达国家应帮助其实现节能减排,并鼓励先进低碳技术转让到发展中国家,从而减缓全球温室气体排放。

节能技术、无碳和低碳能源技术(二氧化碳捕捉与埋存技术)等都属于低碳技术。目前市场上的节能减排技术,第一类是工业部门中使用的节能技术,比如在钢铁、水泥、机械制造等产业,以实现高耗能产业的节能,这种技术量大而广;第二类是用以实现建筑节能,比如在空调、供暖、照明、家用电器等方面改善能效指标;第三类是交通,包括铁路、汽车等采用的节能和低碳燃料技术,这三个主要领域所涉及的低碳技术实用且适于广泛推广。

目前许多无碳、低碳能源技术都拥有各自的应用范围和优势,发展前景都很广阔,在将来谁能在竞争中率先突破,并且能被普遍应用,谁就能成为主流技术。就拿核能来说,从应对气候变化、解决资源和环境问题的角度来看,它是一种非常理想的低碳能源,但目前的应用限于核裂变方面,对核聚变的攻关还在进行。中国、美国、欧盟和日本等合作进行的"国际热核聚变实验反应堆计划"(ITER),仅实验装置就花费100亿美元;与风能、太阳能相比较,核电比较容易形成规模效益,一个核电站的装机容量就可达百万千瓦。太阳能被认为是取之不尽、用之不竭的清洁能源,但太阳能技术近期

没有很大的突破，发电成本仍然很高，发电上网也存在稳定性问题。风能也是如此，虽然风能比较容易获取，但要在海上建风场还有一系列技术问题有待解决。

低碳能源技术的创新和产业化周期比较长，捷径是不存在的，我们能做和必须要做的就是要进行大量的研发和示范。对于已经知道技术原理的前瞻性技术要加强技术基础研发；对于现在还不可预见的技术要开展原创性的探索；对于已有基础技术但尚未应用的，需努力突破技术关键，进行技术集成创新，努力降低成本，实现产业化。发展中国家需要吸收和引进发达国家先进的低碳技术，进行吸收、消化和再创新，最终要通过自主创新掌握核心技术，并同步展开一些领域的关键技术研发。

在遵守知识产权等国际规则基础上的、企业之间的商业性技术转让，都是双赢的，因此，各国政府应该进一步发挥积极作用，引导和促成这些合作来实现自己的利益。

从全球利益出发，发展中国家缺少资金和技术，它们要发展，排放就会增加，如果没有先进减缓温室气体排放的技术和充足的资金支持，继续使用落后的传统技术，这种技术的锁定效应会使得发展中国家能源利用的高排放特征长期存在。所以说，需要大规模地、快速地转让一些先进技术到发展中国家，同时这也能为发达国家企业提供新的商机，也体现了全球利益所在。另一方面，当前全球应对气候变化，最基本的框架是1992年通过的、世界上大多数国家都签署的《联合国气候变化框架公约》（以下简称《公约》）。根据"共同但有区别的责任"原则，《公约》对发达国家和发展中国家规定的义务以及履行义务的程序有所区别，要求发达国家作为温室气体的排放大户，采取具体措施限制温室气体的排放，并向发展中国家提供资金以支付他们履行公约义务所需的费用。而发展中国家只承担提供温室气体源与温室气体汇的国家清单的义务，制订并执行含有关于温室气体源与汇方面措施的方案，不承担有法律约束力的限控义务。该《公约》建立了一个向发展中国家提供资金和技术，使其能够履行《公约》义务的机制。发展中国家能够在多大程度上履行《公约》的义务，取决于发达国家转让技术、提供资金等承诺兑现的程度。所以在当前应对气候变化领域当中，要发挥政府特别是发达国家政府的主导作用，推进技术的转让，使有一些在商业条件下未能达成的转让项目，在政府的推动之下得以实现。

在技术转让过程中，存在两个问题：第一，在技术转让过程中，发达国家封锁了一些先进技术，政府不准企业向发展中国家转让。也有企业为保持其垄断竞争优势，关键核心技术不对外转让。第二，过高的技术使用费，使很多实力较弱的发展中国家望而却步。企业保护知识产权，追逐和实现商业利益，这是经济规律，无可厚非，关键是政府必须发挥政策的引导作用，使得这种在商业基础上出现的障碍能够得到克服。比如各国可以降低进出口关税，对出口低碳技术提供信贷，对发展中国家引进的这些技术，在财政税收上给予支持，这样就使两国企业在技术转让过程当中，各自得到应该得到的利益。同时政府应克服当前对高技术出口限制的障碍，推动技术转让的进程和方向，发挥其主导作用，使原来没有成功的一些项目得以成功。

低碳技术转移到发展中国家进行本土化以后，得到推广，会减排大量的温室气体，可以把这种减排的量作为一种减排的信用，其中一部分信用给技术的提供方，技术提供方可以用这种信用去碳交易市场上换取资金，用碳的信用补偿转让技术费用，这也是一个很重要的方面。这样使得发达国家的企业能够在技术转移中得到应有的回报，又降低了发展中国家购买技术资金的压力。清洁发展机制（CDM）是发达国家提供一定资金，支持发展中国家执行减排项目，所产生的减排量发达国家可以用以抵消国内的减排指标的一种机制。当前应探讨把基于项目的CDM机制扩展到基于技术的T-CDM机制，有一些技术转让之后，这种技术产生的减排信用部分可归技术提供方，把技术转让和碳交易市场结合起来，这样可以促进全球减排技术转移，进而促进全球温室气体的减排。

Chapter 05
高校技术转移人才体系建设实务指导

5.1 高校技术转移人才体系建设工作的开展

科学技术是第一生产力,必须通过科技成果转化这一环节才能实现。高校具有人才培养(传授知识)、科学研究(创造知识)、社会服务(应用知识)三种功能,这三种功能都是通过对知识的不同运作方式来实现的。大学与技术创新、知识产权紧密联系在一起,大学知识产权管理和技术创新,必将继续推动人类科技进步与经济发展。本章我们就来探讨高校技术转移人才体系建设。

5.1.1 高校技术转移工作的基本模式

(一)高校与技术转移的关系

(1)高校在技术转移体系中的优势和特点

高等学校是国家基础研究的主力军,是高新技术(开发)研究的生力军。高校技术转移是一项复杂的社会系统工程,涉及方方面面,是国家技术创新体系的重要组成部分。近些年来,高校在多种形式的联合共建和"211工程"建设的支持下,形成了一支稳定的、结构合理的、有较高学术水平的高校技术创新队伍。另外,高校科技工作还有以下独特的优势和特点。

①学术氛围轻松。学术氛围浓厚,文化氛围自由,原始创新性的基础研究实力雄厚,非常适合从事技术开发研究。

②学科综合齐全。高校各科学科兼而有之,多学科结合,互相交叉渗

透，容易产生新的研究方向，孕育更加完善的创新成果。

③年轻人才不断。不仅有一支相对稳定的高水平科技队伍，还有延续不断的大批研究生和高年级本科生参与科技创新，科学思想活跃。

④教学科研结合。高校既是人才培养的摇篮，又是科技创新的源头。高校可以在科技创新的过程中产生优秀人才，在培养人才的过程中创新成果。

⑤信息通畅灵便。高校作为学术单位不仅与国内外交流频繁，而且有大量校友遍布国内外社会各界，有着得天独厚的获取信息及国际合作交流的便利条件。

提高科学技术转移能力已成为我国科技实力较强的高校，尤其是研究型高校的重点发展目标。全国高校要承担起推动我国科学技术创新的重任，逐步完善社会服务、人才培养、科学研究的研究型大学三大功能。

（2）技术转移对高校自身的作用和功能

高校在承担了传统的教学与科研功能以外，还承担着利用其知识、技术、成果为社会服务的第三功能。从高校自身的角度来说，高校作为技术提供者，在技术转移过程中，它与企业之间的组织互动程度和方式，它的第三功能的强弱直接影响技术转移过程的进展。这里从高校技术选题能力、技术研发能力、校企合作能力等几个方面来判别第三功能的强弱，见表5.1.1。

■ 表5.1.1　高校与技术转移过程的进展情况

	技术选题能力	技术研发能力	技术应用能力	校企合作能力
强第三功能	较强	较强	较强	较强
弱第三功能	较强或较弱	较强或较弱	较弱	较弱

当第三功能较弱的时候，延长高校技术转移的过程、增强高校的第三功能是提高技术转移效率的有效途径。因为学校只提供技术成果，后续的技术应用和推向市场全部由企业负责，这样高校研发的技术很有可能不符合市场需求，造成技术转移的失败。

通过上述论述我们知道，社会服务功能是高校三大功能之一，而社会服务功能的实现很大程度上依赖于高校的技术转移。高校参与技术转移的过程越长，高校的第三功能就越强，在技术转移中可选择的技术转移方式就越多，相应也就越灵活，能更有效地促进技术转移的顺利实现。高校技术转移的顺利实现是其发展的新增长点和新的机遇，是研究型大学的重要属性，也是高校获得国家、公众和企业对其认可的关键因素，对高校的发展具有重要的作用。

第一，学校理论研究和重大课题研究中的阶段性成果，通过高校技术转移的中转，可以使其部分应用性得到实现，并且获得一部分经济效益。通过获取利益的共享，可以对支持研究人员对阶段性课题的深入研究和后续研究开发产生激励作用。而且应用性技术和应用性研究成果对从事重大理论项目的研究也提供了有力的支持。在应用性研究中发现现实中的理论所存在的问题，对其研究并解决问题，进而推动现实研究的深化。

第二，无论在国内还是国外，具有自主开发能力并且建立研究机构的公司，往往是一些资金雄厚、规模较大的大型公司，而其他公司的技术来源，基本上依赖于技术转移。高新技术的层出不穷及其转化为现实生产力的速度不断加快，使企业竞争集中到技术和市场两大竞争领域，而最具有竞争力的技术，即企业拥有自己的核心技术是一切竞争力的前提和基础。社会和市场需求的无限延伸，实际上为高校技术转移提供了一个广阔的潜在市场，高校技术转移有助于增加科研工作的效益，扩大学校影响力。积极、主动地介入这一市场，能借此扩大学校在社会、在公众以及国内外的影响力，为学校及其科研人员带来经济效益和良好声誉。

第三，高校通过技术转移加强科研实力，促进教学的全面发展。明确学科发展方向，把握技术实时动态，了解市场现实需求。为优秀的本科生、硕士生和博士生提供参与科研开发的实践机会，通过创业实践，提高学生的科研能力和创新能力，为其顺利地迈入社会打下坚实的基础，而这些都将会为教学的全面发展提供有力的支撑。

第四，高校科研技术成果的转移，不仅可以实现技术的价值，同时也会促进学校科研及各方面相关的工作开展，调动广大科研人员和教师的创新积极性和研发动力，生产出更多更好的适应市场的先进技术，提高学校的综合实力。

要发挥高校技术转移的作用与功能，高校必须建立起科学、合理的技术转移机制，制定合理、规范的技术转移管理制度，组建精简、高效的工作团队，切实加强高校研发人员、科研单位技术人员和企业、市场等的沟通机制，建立科学、合理、规范、高效、适时和适势的高校技术转移平台。

（二）高校技术转移的过程与演变

（1）高校技术转移的过程（见图5.1.1）

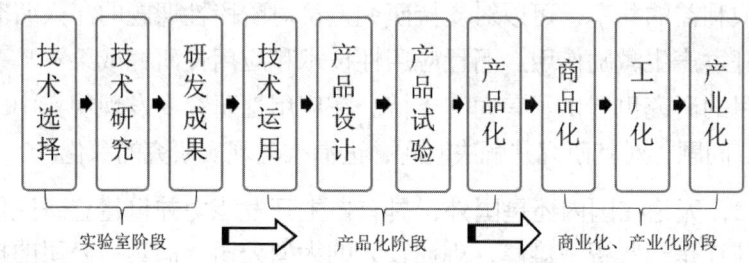

■ 图5.1.1 高校技术转移过程

对高校技术转移过程进行分解，可以划分为以下三个阶段：实验室阶段、产品化阶段（常被称为"中试"阶段）、商业化阶段。

① 实验室阶段，由技术选择、技术研究、研发成果三个环节组成。科学研究可根据不同标准和需要进行分类，最常用的是按照过程可分为基础研究、应用研究和开发研究。研发成果包括产品技术、生产技术、管理技术三种形式，这三种形式又体现为专利设计、图纸、论证报告、专有技术、试产品、管理方案、营销策划等。各高校通过基础研究和应用研究之后形成可供转化的开发研究成果。研发成果区别于基础研究以及应用研究的一个重要特征就是它的可转化性。

② 产品化阶段，由技术运用、产品设计、产品试验和产品化四个环节构成。

产品化阶段是从科研成果转化到商品生产的中间研究阶段，常被称为"中试"，它是实验室的开发研究与批量生产之间的重要连接环节，也是整个转化机制的核心环节。从我国目前的情形看，技术转移过程中最薄弱

高校技术转移人才体系建设实务指导

的环节就是"中试"环节，这直接导致了实施技术转移的低效率。在产品化阶段，研发成果的技术条件和商品化条件是检验的重点，这两大条件的检验是同时进行的。在这一过程中，研发成果在技术上的先进程度和可行程度得到衡量，其商业价值得到估量，更重要的是，科技和经济在这一阶段达到统一。

③ 商业化阶段，由商品化、工厂化、产业化三个环节构成。本阶段是技术转移过程的终点。所谓商业化，是指一项科学技术真正地被运用于生产过程或经营管理过程，达到正常生产规模，并真正在市场上进行销售；而产业化，则指的是该产品的生产形成了一个有较大规模的"厂商群"，甚至形成新兴产业或行业。

整个高校技术转移过程中，实验室、产品化、商业化三个阶段相互连接、相辅相成、缺一不可。实验室阶段，是整个转移过程的基础，它提供可供转化的备选对象；产品化阶段是实验室阶段和商品化阶段的中介，这个环节是整个过程的关键，没有"中试"环节的链接，技术转移不可能得以顺畅进行，它衔接了技术与经济这"两张皮"；商业化阶段是整个转移过程的终点，它使科技成果真正转化为现实生产力，从而实现了转化科研成果的目的。

（2）高校技术转移过程的演变（见图5.1.2）

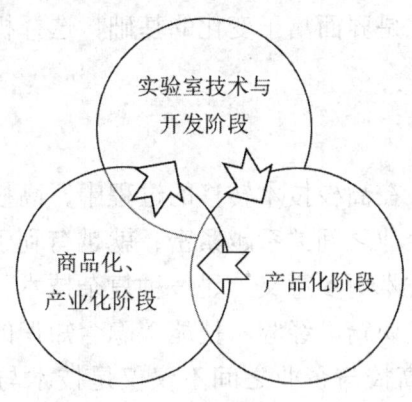

■ 图5.1.2 高效技术转移过程的演变

图5.1.2是对图5.1.1的一个演变和发展，它的变化体现出的技术转移过

程中呈现出以下几方面的特质。

① 界限模糊性

在图5.1.1中，技术转移过程中的三个阶段都是截然分开的，并且有明显的界限，而在图5.1.2中，三个阶段没有被划分开的明显界面，并且存在相互重叠的部分。如图5.1.2所示，高校与技术转移客体之间相互作用的界面可能是平面形，也可能是非平面形，是凸形或凹形。技术转移界面的非平面形可能使得大学与企业互相嵌套，形成你中有我、我中有你的复杂结构，这种结构表现为复杂多样的大学技术转移模式，包括：利用专利制度，通过技术转让办公室、技术转移中心等机构促进大学技术转移；设立高新技术咨询中心，为企业发展提供咨询服务；鼓励师生以技术专利入股，创办高技术企业；创办大学科技园、建立企业孵化器，培育和扶持新建的高新技术企业；在大学与企业之间实现联盟，建立产业合作中心等机构，协调和推动大学与企业的合作，实现产学研的结合等。

② 变化动态性

如图5.1.2所示，在大学技术转移中，高校与企业交互作用产生的界面并非一成不变的静态界面，而是一个不断演化、促进大学与企业不断磨合的动态界面，直到大学与企业资源要素达到最优配置。其创新机制与选择机制是推动界面演化的动力，创新机制通过系统相互作用使界面多样化，界面多样化是界面富于变化的基础，选择机制则在这些多样化中进行筛选。

③ 开放渗透性

如图5.1.2所示，在高校技术转移的过程中，高校与企业之间要素渗透得越多、高校与企业之间关系越紧密，就越有利于高校的技术实现转移。可以说，大学技术更多意义上是一种复杂技术，而复杂技术的转移更加依靠技术中技术诀窍、经验、技能等隐含知识的转移，这就要求在技术转移过程中，高校与企业之间不仅仅是技术与资金两种要素的转化，而是包括了人才、技术、研究能力与需求、资金、市场能力等要素之间的传递与交流。

5.1.2 高校技术转移工作的开展

(一)高校技术转移的主要模式

(1)高校技术转移基本模式

高校技术转移模式是高校技术转移采取的方式和途径,它有不同的表现形式。根据前面的高校技术转移过程的阐述,以此为基础来探讨高校技术转移模式。在高校的技术转移过程中,按照高校与企业在技术转移过程中的参与程度不同,将技术转移模式粗略地分为三种:外向型、内向型、合作型(见图5.1.3)。

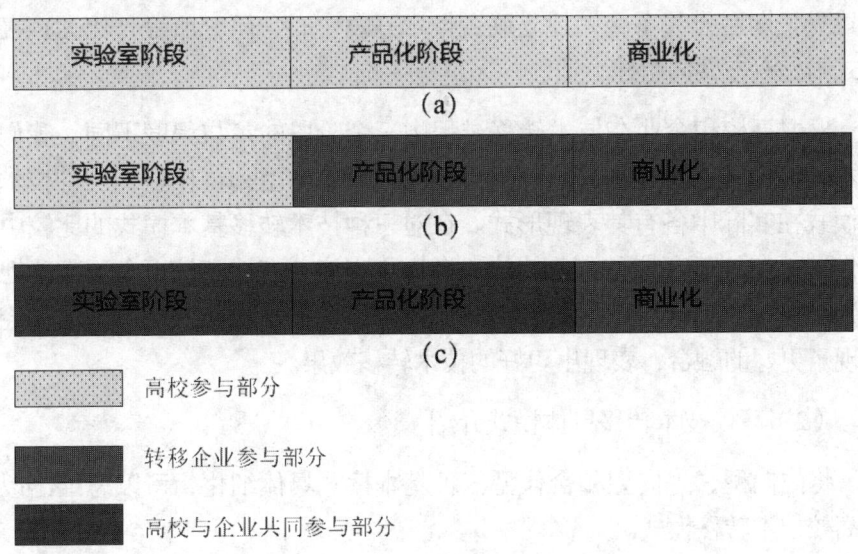

■ 图5.1.3 高校技术转移模式基本类型

① 内向型(如图(a)所示)。在这种技术转移模式下,技术转移的三个阶段均由高校完成,表现为高校衍生企业应用技术直接创造效益。按照比较宽泛含义的界定,是指由高校投资兴办或持股比例为第一大股东的企业,包括以高校的科技成果投入的生产制造型企业和以高校的智力投入的中介或服务性的企业。高校衍生企业的典型代表有依托清华大学的清华紫光集团、清华同方股份有限公司以及依托北京大学的北大方正集团。

② 外向型（如图（b）所示）。在这种技术转移模式下，技术转移的第一个阶段，即实验室阶段由高校独立完成，而产品化和商业化阶段则由企业来实现。具体表现为高校将自己的研发成果通过技术市场直接转移给企业，技术的供需方是一种交易关系。就国际上这种形式实践来看，多表现为专利转让。从我国目前的情况看，通过这种方式转移和扩散的技术逐年增多，但其转移效果并不是特别显著。

③ 合作型（如图（c）所示）。在这种技术转移模式下，技术转移的前两个阶段由高校和企业合作完成，最后一个商品化阶段由企业独立完成。这种合作方式受到企业和高校的欢迎。在这种合作模式下，双方从技术开发阶段交流切磋、合作研究，共同完成技术开发和生产过程，有时双方甚至建立长期合作关系，如建立联合技术开发中心、研究所等，更为直接的方式则是双方共同组建企业。

根据高校和企业在技术转移过程中三个阶段的参与程度不同，我们把技术转移模式简要地划分为三类：内向型、外向型和合作型，三种技术转移模式在实际中各有其表现形式。在对三种技术转移基本模式的比较中，合作型更有利于高校和企业的信息沟通和交流，它让高校更多更准确地了解到市场信息，让企业更好地理解和吸收研发技术成果，使得技术和经济实现了更好的融合，表现出更好的技术转移效果。

（2）高校技术转移具体模式介绍

将内向型、外向型和合作型三种基本模式具体细化，可以总结出以下的高校技术转移模式。

① 专利许可型

这种模式的特征是：技术专利以许可的形式转让给企业，企业投入资金、设备、场地等，与高校中的科研人员合作，在此科研成果的基础上开发出实用产品，并成为企业的主营业务，实现科研成果的转化。北大方正集团在其创业伊始，就是采用这种模式。在20世纪70年代北京大学计算机科学技术研究所王选教授主持开发成功了具有世界领先水平的中文激光照排系统。为了把它推向市场，该研究所开始以技术转让的方式与山东潍坊计算机厂协作生产"华光"电子出版系统，但是这种松散的合作方式很快走到了尽头。不久，北京大学决定向北京大学新技术公司（即北大方正集团的前身）转让研究所的技术，北京大学新技术公司和计算机科学技术研究所紧密合作，由公司负责技术服务、销售和培训，研究所负责新技术的开发，这样北京大学"有市场头脑的科学家"和"有科学头脑的企业家"两支队伍走到了一起，新诞生的北大方正开始走上了发展的快车道。

以这种模式建立企业的优点在于，社会上已有企业往往已经积累了较为丰富的经营管理经验，而高校的技术成果又使新的产品具有独特的技术优势，若这两者相结合，往往能使新生企业顺利地生存下去并得到较好的成长。

这种模式存在的主要问题：第一，技术专利许可的形式决定了高校和企业的合作方式是短期合作，研究人员没有进入企业，或只是浅层介入到后续技术开发中，致使企业难以对产品进一步创新，从而限制了企业的持续发展。

第二，技术专利的作价由于没有一定的标准，是校企合作中争议的焦点，这往往会造成合作双方的分歧，进而影响校企合作的进一步深入和持续的发展。

② 知识产权入股型

这种模式的特征是：组建新的科技型企业，以高校单项科技成果及相关的知识产权为基础，以参与研究开发的关键人员为骨干，与社会上已有的企业合作，实现成果的转化。近年来，高校很大一部分企业是以技术入股的形式参与创办起来的。清华阳光公司是这一类型的典型代表，全玻璃真空太阳能集热管是以清华电子系一位教授及其研究小组发明的太阳能选择性吸收涂层专利技术转化形成的产品，产品的年生产量及集热效率等技术指标都达到国际先进水平，成为名牌产品，荣获国家发明三等奖。学校以这一成果入股与北京玻璃仪器厂联合组建清华阳光公司，公司注册资本为100万元，经过5年的发展，已形成年产集热管800万支的生产能力，总资产已超过一亿元。目前该公司除了生产集热管外，还具备年产30万平方米太阳能热水器、100万台太阳能开水器的生产能力。企业为了不断开发新的产品系列，加强产品的推广应用，以专利发明人为首，电子系相关人员参加组建了校企联合研究所，使企业不断得到后续技术的支持，增强企业发展的后劲。

相比专利许可型，这种模式有利于校企双方相互沟通，发挥合作双方的技术和经营管理优势，使学校和企业的合作关系更加紧密。

这种模式存在的主要问题如下。

第一，技术成果仅仅作为股权作价入股到新办企业中，但相关的技术骨干人员并未进入企业，或没有较深地介入企业的后续技术开发中，新办企业往往在技术和产品的后续运作活动中出现问题。从我们所了解的情况看，高校的技术骨干介入企业的技术开发和经营运作越深，该类问题就越少，因此，创办该类企业，相关的技术骨干应尽可能介入新办企业的开发和运作过程中。

第二，合作企业对入股技术成果的相关知识了解较少。由于技术成果的垄断性和对未来市场的不同判断，技术股权的作价评估往往成为合作双方发生争议的焦点。解决的方法是，合作企业应是该技术领域或相关技术领域的经营者，他们应具备相关的技术知识，这样有利于双方达成共识。

③ "带土移植"型

这种模式的特征是：以高校具有实力的主骨干公司作为平台，将学校的专利或专有技术、参与研发的骨干技术人员以及组成的研究开发群体，连同相关设备仪器等，整体移植到公司内，与公司分离出的相关资产一起组建新的经济实体。

"带土移植"模式是高校龙头企业清华同方集团对孵化新兴企业运营模式所做的大量前瞻性探索。清华同方将自己定位为一个孵化器，它不仅能够将学校的一些创新成果尤其是高技术成果迅速地转化为现实的生产力，而且能够充当高校科技成果向社会企业转移的接口。清华同方有一支专门的队伍，从高校已有的科技成果中发现、筛选能和市场结合得较好、有良好市场前景的项目，将通过募股所获得的和在资本市场上通过配股所筹集的部分资金注入创新小组来启动孵化项目，进行拟风险投资的运作，二次开发并孵化成新的产品或者新的企业，而这些新的产品、新的企业既可以充实到清华同方的产业领域，也可以通过各种有效的方式如技术转让、企业购并等转移到社会上去。

大型集装箱检查系统是清华"八五"攻关的高技术项目，涉及加速器、核探测、电子、自动控制、计算机网络等学科，主要用于加强海关的监控，打击走私犯罪活动。这项技术在国内还属空白，国际上也只有极少数发达国家能够掌握。政府和学校投入上千万元的研究经费，经过清华专家三年多的攻关，取得了初步的技术成果，但产业化还需要几千万元的资金和大批技术人员的再投入。就在该项目的产业化遇到困难的关键时刻，清华同方公司董事会决定由公司投资实施该项技术的产业化，为此专门成立了清华同方核技术公司，首期投资3000万元。为保证产业化的顺利进行，聘任年轻专家，参与攻关的主要技术骨干担任核技术公司的总经理，产业化过程由校企联合施行，并约定以产品销售收入的5%作为技术使用费用回报学校。经过两年的努力，该项技术成功地实现了产业化，第一台同方威视固定式大型集装箱检查系统于1999年11月在天津港建成并正式投入使用。清华的汉字识别系统（OCR）技术、国家重点产学研项目功能结构陶瓷技术等，通过清华紫光公司创办新的企业进行产业化，也属此类模式。

"带土移植"模式是一种较好的模式，它既能使原有项目组的技术优势和潜能得以充分发挥，又能充分利用高校骨干企业较强的市场和资本运作能力，这样产生出来的新企业一般都能很快解决生存问题，并能较快地成长。

这一模式的局限性在于，由于高校的研究领域非常广泛，而高校的骨干企业只是在某些领域的运作能力较强，并且取得研究成果的教授们和研究开发小组并不是都想进入企业之中，因此，该种模式的适用范围相当有限。

④ 改制型

利用股份制改造工程研究中心（ERC），进行企业化运作，进而衍生出新的科技型企业。工程研究中心是一种新型的科技开发实体，其宗旨是将有市场价值的重要应用科技成果进行后续的工程化研究和技术组装，从而开发出有较大经济规模的共性技术和主导产品。从现实情况看，ERC在运行中有以下一些问题，如过分依赖大学、与企业的接触仅仅停留在点接触、资金来源渠道单一、运行机制不健全等。为了解决以上的问题，各所大学先后对校内工程研究中心进行了股份制改造，其目的是建成以研究开发、中试生产、人才培养三位一体的新型科技开发和经济运作实体。

华中科技大学激光国家工程研究中心是经国家计委批准设立的研发机构，专门从事激光技术及其设备的研究和开发，拥有多项国内领先的技术。为促进工程研究中心研究成果的产业化，华中科技大学在1997年对激光国家工程研究中心进行改制，成立了武汉华工激光工程有限责任公司（华工激光）。华工激光以激光技术国家重点实验室为技术源头，主要从事大型激光成套设备、中小型激光加工应用设备及医疗激光设备的研发、生产与销售。此种创建企业的模式可在更大范围内把研究开发、生产经营结合起来，使创新成果和市场紧密结合。组建这类企业，一般可成为股份有限责任公司，其中将高校有形投入和无形资产均化为股份，成果完成人可持有无形资产中的一部分股权，企业内职工也可参股，以保证企业领导和职工拧成一股绳。科研机构不必撤销，继续研究开发，对该企业的后援是它的任务之一，企业对科研机构做适当支持，学校对科研机构也保留一部分事业性支持。这样，把学校利益、企业利益和职工利益捆在一起，课题更接近市场，科技人员的积极性更高，研究、开发、生产的周期更短。这种有较大生产能力并有科技支撑的企业，容易做大，其中少数有显著成效的股份合作企业，可争取上市。

⑤ 嫁接型

这种模式的特点是选择合适的国有中小型企业，在进行吸收兼并、资产重组、技术改造的同时，找到技术的切合点，在国有企业的生产管理能力、职工队伍、厂房设备的基础上，注入高校人才、技术及融资能力，既盘活了国有企业的生产性资源，又形成新的高新技术企业。这是实施科教兴国，为发展国民经济做出更大贡献的有效途径。

1）兼并江西无线电厂（713厂）

713厂为国有军工企业，职工2000余人，总资产15亿元，负债14亿元，银行欠款9800万元，多年经营亏损。清华同方公司对其实施整体兼并，投入资金2000余万元，把该厂改造为生产PC机、光盘设备等的生产基地。1999年实现总产值12亿元，为兼并前的4倍；利润400万元，实现了扭亏为盈；职工收入增加了一倍；税金大幅增长。目前，713厂已被认定为高新技术企业。

2）组建江西诚志股份有限公司

由清华同方公司作为主发起人，与江西合成洗涤剂厂和江西草珊瑚集团联合组建诚志股份有限公司，用同方公司所拥有的精细化工和医药专业技术对原有的产品进行结构调整，促进技术优势与产业能力的结合，带动行业的发展。与此同时，同方公司也实现了非主营业务的剥离，进一步突出主业。1999年，经江西省政府推荐，已正式上报国家证监委申请诚志公司发行股票，并在国内A股股票市场上市。

3）吸收合并山东鲁颖电子公司

鲁颖公司为一家生产中高压瓷介电容器的国有企业。同方公司基于要进入新型电子元器件领域的发展战略需求，以增资扩股方式对该企业实施吸收合并。合并后，同方公司利用研究型大学开发的电子陶瓷材料技术，为鲁颖公司开发新型片式电感器，并注入5000万元资金扩建中试和批量生产基地。

对于该种模式，需要注意的一个重要问题是，选取嫁接对象必须慎重，必须弄清楚嫁接对象的优劣势、自身的优势和劣势、双方的互补性如何等方面。

⑥学生创业型

此种模式的特点是以学生创业大赛为契机，对具有迫切创业的冲动又具有某种创业特长的学生，采取休学创业等方式组建学生公司，将有良好市场前景的科技成果自行转化。学生公司可以入驻科技企业孵化器进行孵化，孵化器为其提供基本商务服务、中介增值服务和融资咨询服务等。这种类型的科技成果的知识产权大多归属于学生个人（发明人）。

这种类型是随着近两年的学生创业计划大赛应运而生的，创业大赛在大学校园里引发了一股创业的热浪，学生们不再满足于做单纯的技术人员，把自己的科技成果直接转让给企业，而是更渴望自己主宰自己的命运——融资、办公司、自主经营开发。通过创业大赛，一些在校学生通过停学创业或在读兼职，自愿合伙注册高新技术企业，将自己的科研成果转化为实际的生产力。

北京视美乐科技发展有限公司是其中最具代表性的一个。1999年4月在清华第二届创业大赛中，清华材料系三年级学生邱虹云发明的多媒体超大屏幕投影电视技术，是一种集光学、电子学、机械等多个领域专利技术合成的结果，该技术具有清晰度高、性能齐全、材料价格低廉的特点，是影音界具有革命意义的科研成果，具有极其可观的市场应用前景。清华学生王科说服了邱虹云，并找来了在清华经济管理学院的在校MBA徐中，三人一起创业。开创了我国大学生在校创业的先河，成立了首家学生公司。由清华兴业投资顾问公司作为中介，视美乐从上海第一百货股份有限公司成功争取到250万元的首期研发投资。双方协议规定，上海第一百货股份公司在首期投入250万元风险投资后占项目收益20%股份，二期投入5000万元中试费用后，其所占股份升至60%，之后，专为与清华有关的中小高科技企业提供孵化服务的科技企业孵化器——"清华创业园"开园，"时越网络""易得方舟"等清华学生创业公司成为入驻创业园的首批企业。学生创业的优势一方面在于大学生们拥有创业的激情，愿意为自己的理想奉献青春与热血，另一方面在于大学生们有机会接触并掌握世界前沿领域的技术，在第一时间把握千载难逢的机遇。但是学生创业也有其劣势，那就是大学生们的管理经验和社会资源都比较欠缺；面对复杂多变的社会，在碰到各种意想不到的困难时，大学生们往往缺乏应变能力，这使得目前许多学生创业企业由于管理问题，都在不同程度上陷入了经营困境。

⑦ 创办企业模式

北大方正是高校自办科技产业的成功典范，并成为其他高校推崇的楷模。北大方正集团依托北京大学计算机研究所雄厚的技术实力，开发、生产、经营方正电子出版系统，引发整个印刷出版行业的革命，其经济效益和社会效益非常显著。

通过创办企业来转化科技成果，这一模式的优点是比较明显的，可以从以下几个方面得到证明：第一，科技成果转化迅速，所耗时间短。高校本身就是科技成果的创造者，是第一知情人，对科技成果的了解要比企业更清楚得多，因此，在科技成果鉴定的转化过程中，行动也会比较快。第二，能为科技成果转化提供足够的技术支持。有些技术含量非常高的科技成果，它和社会、企业现有技术水平之间的落差比较大，社会一时难以承受。相对而言，高校拥有尖端的科技设备和雄厚的科研实力，有能力解决生产过程中的技术问题。并且，如果由高校转化科技成果，就会有很多参与科技成果创造的人也加入到技术转移过程中，因而可以为科技成果的转化提供更多的背景资料和可衔接的知识，加大科技成果转化成功的可能性。第三，有利于科研成果的后续开发。由于高校本身的科研力量比较强大，如果科技成果的转化在高校人力资源系统内进行，有可能进行再次开发，开发成功的可能性也较大。而且，如果科研产品的开发、转化和再开发都在同一组织系统内进行，科研人员和生产人员之间的交流相对密切，人员之间的利益相互协同，各方面的人员就更有可能相互合作，从而有利于产品的再开发。第四，高校自己创办科技产业，拉近了高校科研活动与市场的距离，对高校的科研活动能起到一定的示范和激励作用。

高校自办企业模式造就了一批成功的校办企业，但这一模式在推广过程中却并没有取得预想中的普遍成功，因此我们就不得不探寻这一模式所存在的缺陷和不足：第一是资金问题。高科技产业发展的瓶颈始终是资金短缺，一项技术能否转化为产品关键在中试阶段，中试阶段需要很多资金，且风险很大，这时候银行和风险投资一般不愿介入。高校本身办学经费就比较有限，仅凭高校有限的资金，难以支撑起高科技产业的迅速发展。第二是管理问题。校办企业所存在的管理问题很多，有人认为，正是管理上的缺陷造成了高校科技产业的先天不足，北大方正集团也不例外，不过这一不足被它创办初期所拥有的绝对技术优势所掩盖了，而后来许多校办企业却被绊倒在这个问题上。管理上的问题可以从一个简单的类比中看出，这就是：高校与校办企业的关系就类似国家与国有企业的关系，大家熟悉的在国有企业里存在的问题在校办企业里都有所反映。第三是高校角色定位问题。高校办企业的初衷是增加学校收入以利于优化教学、科研环境，但这一目标达成的前提是所创办的企业能够成功。但市场总存在着风险，高科技产业的风险更大。如果企业运作不成功，投资收不回来，则会拖垮学校。此外，如果大学直接为利润过分操心，将会对教学与科研产生某些误导作用，这种短期行为将可能影响原始科研成果的产生。

⑧ 建立科技园

当创办企业这一模式难以胜任转化科技成果的使命时，人们试图寻找其他方式，从国外引进来创办科技园就被作为利用市场力量转化科技成果的成功模式，并且在中国的土地上普遍开花。我国现共有已经建成或正在建的大学科技园100多个。从形式上看，目前已建立起来的科技园大致可分为三类：一是高校依托自己力量独立创办，二是几所高校联合创办，三是高校与政府联办。尽管各种类型之间存在着一定的差异，但与创办企业模式相比，它们都具有以下共同特点。

第一，功能定位上，其核心功能是孵化而非直接运作高科技企业。大学科技园是孵化器，大学科技园的重点是把注意力集中于技术研究与成果转化，并不是完全追求产业化、商业化。大学科技园联结着高校、社会和政府，通过为高科技企业的成长和发展提供多功能平台来促进科技成果转化。简单地说：大学科技园的价值就在于通过提供科技园的管理服务，使高校的科技成果和高素质人才、社会和市场上的资金力量以及政府的政策支持这三方面因素得以优化组合起来。具体来说，主要表现在以下三个方面：①为科技成果转化寻找资金，在技术和资金之间发挥桥梁与纽带作用。当前，影响技术方和资金方合作的主要因素，首先是高科技产业本身存在的风险问题，其次就是双方之间的信用问题。科技园可以通过对入园科技成果的科学性和可行性进行审核，以减少高科技产业本身的风险，并增强技术方的可信度。同时，科技园还可以对入园的科技成果汇总进行大规模的招商引资，扩大引资范围，创建风险投资资金，协助申请国家、省、市支持科技发展的有关资金，争取引入其他风险投资资金。科技园并不排斥学校用自有资金投资建厂办公司，而只是换一种更合理的方式进行，以更有利于吸取社会多方面资金的形式进行。②为入园企业提供政策优惠。大学科技园一般都能获得国家的政策支持，入园企业也有许多诸如税收减免等方面的优惠。③为企业提供各种咨询、代理等服务。协助做好高新技术企业认定、技术产品评审、专利申请，办理高新技术产品、科技发展计划等项目，为企业提供法律服务，进行无形资产评估，以及提供人事、财务等代理服务。

第二，按市场方式而非行政方式运作科技园和企业。在创办企业模式下，高校与校办企业之间是隶属关系，高校对校办企业具有基于隶属关系之上的管理权，并为校办企业承担连带责任。而在科技园模式下，不管是高校独办、联办，还是高校与企业合办，科技园与高校之间存在的是基于股权之上的管理和收益权，园区企业是按照现代企业模式运作的独立的法人实体。企业与高校之间的联系，或是通过科技园以股权关系间接构架起来，或是直接以股权关系构架起来。学校不再包办企业，而是按照资金、人才、技术、厂房等入股获取收益。

第三，创办科技园模式还继承了创办企业模式的一些优点，如大学科技园一般都离学校较近，与学校保持着密切联系，因而在产品的开发和再开发过程中能够获得大量的人力和技术支持，大学科技园还可以把各种市场信息、科技信息反馈回大学，使大学的教育和科研能够适时地朝着适应市场经济发展、满足社会需求的方向调整和改革，以加快大学自身的良性发展等。

在大学科技园里，类似北大方正这样依靠高校全资投入的企业依然能够诞生，而且还将发展得更好，但是更多在传统的自办企业模式下，由于高校无力投资而难以诞生的企业也能在大学科技园里得以建成并获得健康发展。因而，从创办企业模式到创办大学科技园模式，科技成果转化模式的演变并不意味着两种模式之间的生死竞争，而是从一种狭隘模式向另一种更具兼容性、更合理模式的发展过程。

（二）我国高校技术转移的模式

根据技术转移辐射范围不同，可将中国高校技术转移的模式划分为五类，分别是点对点的传统模式、点对线的技术孵化器模式、点对面的技术转移平台模式、点对体的高科技企业创业模式以及面对面的合作联盟模式。

第一，最传统的技术转移模式是高校与企业点对点的直接合作模式，是一种典型的技术推动型的技术转移。高校是技术提供方，企业是技术使用方。高校为自身特定的科研成果寻找合适的企业进行技术转移，或是企业在高校的相关成果中寻找符合自身要求的成果，将其在企业实现产业化并形成企业利润。该模式的特点是：科研成果直接由高校传递给企业，不需任何中介机构，多是通过人际传播而获得的合作机会，因此合作规模和技术交易额一般较小。适用于针对已有较好基础或具有较好市场前景的技术进行研发和技术转移。技术孵化器模式技术孵化是指将科技资源高效、迅速地转变为社会生产力，促进中小科技企业成功创业和迅速成长。

第二，技术孵化器模式是一种点对线的过程推进式技术转移，以高校为点，以技术孵化的整个过程为线，通过不同的技术转移机构来实现科研成果的转移。孵化器模式的技术转移可以通过多种技术转移机构实现，包括大学科技园、国家政府部门资助建立的工程（技术）研究中心、省（市）校合作研究院和校企联合科技研发机构等。

第三，高校比较常见的技术转移平台模式主要有三种类型：大学与企业合作委员会、产学研合作办公室、技术转移中心等。

① 以大学与企业合作委员会为平台的技术转移模式。大学与企业合作委员会以会员制的形式吸纳企业加入其中，通过开展各种不同形式的技术转移和技术服务活动与企业进行全方位多角度的技术合作。

② 以高校产学研合作办公室为平台的技术转移模式。高校产学研合作办公室是由高校和地方政府科技管理部门合作成立的专项负责高校技术转移工作的管理和协调机构，也是双方开展科技合作和技术转移的平台。

③ 以技术转移中心为平台的技术转移模式。技术转移中心是具有独立法人地位的公司作为开展技术转移活动的专门机构。该模式中，除了高校和企业作为技术的供需双方外，技术转移中心本身作为一个独立机构参与到技术转移过程中，并发挥着重要的中介作用。

第四，高科技企业创业模式以高校的技术资源为点，对应因该技术成果转移需要而设立产生一个特定的企业实体。该模式是高校以技术入股的方式参与创建高科技企业，并参与公司的重大决策；创办的高科技企业往往以具有自主知识产权的专利等技术成果为支撑；主要针对行业顶尖技术的研发和转移，可能存在研发人员商业概念较差、经营能力有限等风险。合作联盟模式是指在政府的主导下，高校、企业自愿参与，旨在推动高校与辖区内单位开展全方位、多领域的合作，推进区域协同创新的专门性组织。

第五，合作联盟模式是一种面对面的模式，以政府辖区内所有高校为面，对应区域内所有企业构成的另一个面，形成多学科、多领域、多专业、全方位的系统工程服务平台。该模式通过政府来搭建校企交流、沟通、合作的平台，能够促进地方与高校优势互补、全面合作；能够集聚、整合地方及企业、高校发展需求与资源，促成各类项目合作和科研成果落地转化，推进区域创新体系建设。

（三）国外高校技术转移的先进经验

现代高等教育产生于欧洲中世纪，当时大学只传授人文社会科学，与社会生产是完全脱离的。18世纪，随着工业革命的到来，科学教育被摆到十分重要的地位。1810年，德国的洪堡在柏林大学实施改革，确立了教学和科研相结合的原则，而大学科研实力的增强，又使其获得了推动社会经济发展的能力。国外高校的技术转移工作起步早于我国，高校的技术转移为国家经济的发展做出了突出贡献，国外高校技术转移经验的分析和总结，对我国高校的技术转移是有帮助的。

就国外高校的技术转移模式而言，可以从国外高校技术转移的外部环境建设和具体的技术转移模式两个方面来分析。

（1）外部环境建设

① 对法规建设、政策支持的重视

a）法规建设方面

为了保障技术转移的顺利进行，发达国家和新兴工业化国家都纷纷通过立法来界定技术的隶属、技术价值的评价原则、技术买卖应遵守的规范等，并通过提供优惠政策和实施一系列计划来加速高校技术转移。美国、英国和德国在20世纪80年代就相继通过立法来进一步推动大学技术转移工作，法国、日本和中国相关立法则在20世纪90年代中后期。

联邦德国联邦研究和技术部在1975年12月正式颁布的《关于研究和发展条例》中，详细规定了双方当事人在研究和发展活动中的各种程序，计划，当事人的权利、义务、责任以及法律保护等条款。1862年，美国颁布了《莫雷尔赠地学院法案》，有力地促进了高等院校与工农业生产的联系。1980年美国联邦政府通过了"贝赫—多尔法案"，其目的是通过将联邦政府资助项目所产生的科技成果的所有权由政府转移到大学，刺激经济的增长。作为国家法案，它既赋予了大学权利，又明确了大学的责任和义务，同时又不失去政府的约束控制力，有效促进了大学科技成果的转化。正是由于"贝赫—多尔"法案的颁布实施，美国大学的技术转移从机构设置、队伍配备、观念转变、规章制度到教师参与意识方面都发生了重大改变，直接导致专利申请、授权、专利许可、依托大学技术的创业公司的高新技术产品、学校回报等高速增长。美国30个顶级高新技术产业集聚区，有29个分布在著名大学周围，这绝非巧合，国家的战略举措取得了应有的回报。目前，有许多国家，如奥地利、法国、德国都效仿美国的做法，颁布法规，将国家拥有的一部分财产出售给私人，以其收入资助大学与企业之间的合作。日本政府颁布的《产业教育振兴法》，对高校与企业间的合作形式、税收、拨款、管理等都有明确规定，同时还对产学合作的优惠措施予以法律保障。

b）国家政策方面

国家政策对高校技术转移的作用同样重要。英国在1993年"科技白皮书"中提出旨在促进大学、研究所和企业合作的"联系计划"。加拿大联邦政府1996年发表《面向新世纪的科学技术：一种联邦战略》以来，采取一系列措施促进大学与工业界的合作；1997年，加拿大联邦政府还制定了《通过创新和合作来创造就业和增长》的产业文件，来支持大学与工业界的合作。他们提出"为青年人提供机会计划"（Opportunities for Youth），每年资助大约1000名大学生和研究生到中小企业进行为期6个月的技术服务，还资助他们开展新产品、工艺流程和服务的开发。加拿大联邦政府和省政府还设立创新基金，制定企业研究与发展投资税收返还政策，以支持大学与企业的合作。在日本，文部省的"未来研究计划"在不同的大学建立了20多个风险企业实验室，以促进大学同企业之间的联系与合作。俄罗斯也在1998年通过了《关于高等教育界与科技界协作的机制与形式》的决定。

为促进高校科学园的成长与发展，各国政府都通过直接投资或是以补贴、奖励等间接资助的形式来为科学园提供财政支持，另外还在房地产租售、税收、贷款、外资引进等方面实行优惠政策。

② 机制建设的配套

a）权益分配机制

合理的权益分配机制是促进高校技术转移的有力保证。以美国高校为例，较为普遍的做法是转化收益按"三个1/3"分配，个人1/3，所在学院、系、实验室1/3，学校1/3。

b）荣誉激励机制

美国1000所大学中，研究型大学有50余所。过去联邦政府研究经费投入比较集中，研究型大学中70%的研究项目可以得到再投入，现在经费投入相对分散，拿到项目的大学越来越多，而再投入的比例降到45%。激烈的竞争使大学及教师更加重视科研及成果转化工作，更加注重社会影响。社会影响、同行收入比较、内部评议等都标志着个人的荣誉和地位，在客观上影响着教师从事科研以及技术转移的积极性。

c）行为约束机制

激励机制只有伴随着有效的约束机制，才会有其生命力。美国高校的技术转移管理有着较为完善的政策、制度、流程体系。除有关技术转化的经费、收益分配、校名使用、知识产权等共性规定外，各高校还有自己的一些特殊规定。如哈佛大学明确规定，教师参与创办公司，不能在公司担任管理职务，但可以做技术顾问，不能在所在实验室开展公司资助的研究项目开发，但可以持有公司股权，每周可以在公司工作一天，但所带的学生包括在校工作的博士后不能参加公司的工作以从公司获得利益等。哥伦比亚大学明确规定持技术成果参与创业公司的教师只能做首席专家，不能担任高管人员，不能作为股东持有股份。宾夕法尼亚大学规定个人专用仪器设备由教授科研经费自己解决维护保养，由学校投入经费购置的设备，如教授工作调动，由所接收单位给学校一定补偿后设备可带到新的单位；对于非学校出资购置的设备，教授可以带走；无形资产主要指专利，归学校所有，个人可按比例长期受益。

③ 科研投入总量大、占GDP的比重大

充足的研究经费是高校技术转移得以发展的根本前提，投放充足的研究经费的直接结果是帮助高校产出科研成果，其间接结果是提高高校技术转移的社会影响，让高校技术转移得以在较为宽松开放的环境下运行。

④ 对技术转移机构设置的重视

a）国家技术转移机构的设置

法国政府为加强高校与工业界的合作，将政府的"研究与技术服务部"改为"研究与高等教育部"，并且建立了国家科技成果推广署，设立了不同层次的咨询服务中心，通过吸收银行、大学研究机构参加，向企业交流能够推广的项目，加快高校的技术转移；加拿大组建新的工业科技部，为产学双方牵线搭桥；美国则设立由政府部门参加的联合公司，下设高技术委员会，通过研究、指导、提倡、示范等方式和途径，加强企业与科研机构的联系与合作，美国科学基金会也担当大学与企业合作的桥梁和赞助人；日本1997年将科技厅与文部省合并，成立了教育科学技术省，还将通产省的部分职能划入该省，旨在加强教育、科技和产业的密切合作。

该省，旨在加强教育、科技和产业的密切合作。

b）高校技术转移机构的设立

随着大学的成果转化工作的不断深入，高校专门的技术转移机构和知识产权管理机构得以设立。大学设立专门的技术转移和知识产权管理机构，是实施技术转移的体制保障。

大学技术转化办公室不是简单的办事机构，一般教师在技术交易及知识产权保护中缺乏经验，办公室要承担起运作层面的许多技术问题。由专门的机构采取多种方式与外界开展多模式的合作，可以进一步延伸推广链，更好地实施成果转化。

德国的柏林工业大学设有技术转让处，主要职能有：合作项目的管理，给新机构提供技术，宣传大学的重要技术成果或人才，国际合作与交流等。另外还建立了比较完善的数据库，工业界若对大学的某项技术感兴趣，可以直接找教授联系，进行合作。

瑞典则在其国立大学中建立了由政府、学校和产业部门三方代表组成的"工业联系办公室"，促进校企合作。

在加拿大，大学里普遍成立了科研与工业界调节办公室，负责与工业界联系，把大学的科研成果推广到企业，把企业的需求信息带到学校来。

新加坡南洋理工大学于2000年3月18日成立了"创新与技术转移办公室"，日本大学成立了国际产业技术——商务育成中心，早稻田大学于1997年6月成立了外联推进室。

英国也建立了许多类似的联络机构，如剑桥大学的工业联络办公室。这些机构一方面为高校教师和研究人员的科研成果寻找市场，另一方面将企业的课题和经营动态介绍给学校的教师和科研人员，起到"牵线搭桥"的作用。

经过实践探索，美国大学技术转移机构创造了三种运行模式：第一，威斯康星校友研究基金会（WARF）模式，该基金会虽然是威斯康星大学的附属机构，但WARF与大学分开，享有独立的法律地位；第二，麻省理工学院首创的第三方模式，加州大学伯克利分校教授Cottrell建立的研究公司（RC）独立于所有大学，1937年，麻省理工学院与RC签署协议，将学院的发明提交给RC，由RC掌管专利申请和许可事宜，收入麻省理工学院得六成，RC得四成；第三，斯坦福大学首创的OTL模式，学校亲自管理专利事务，即出面申请这些发明的专利，再把专利许可给企业界，给学校带来可观的收入。美国研究型大学设立的技术转让机构见表5.1.2。

■ 表5.1.2　美国研究型大学设立的技术转让机构

技术转移机构名称	依托大学	成立时间
技术授权办公室	威斯康星大学（麦迪逊分校）	1925年
	衣阿华州立大学	1935年
	麻省理工学院	1940年
技术转让办公室	斯坦福大学	20世纪70年代末
技术发展办公室	哥伦比亚大学	1982年
技术许可办公室	麻省理工学院	1986年
技术与商标许可办公室和技术许可办公室	哈佛大学	20世纪80年代初
技术转让项目机构	东北大学	1991年
技术转让办公室	卡内基·梅隆大学	1993年
科学技术商业化中心	康涅狄格大学	1997年
康奈尔科研基金会	康奈尔大学	成立于1932年，20世纪80年代初被赋予技术转让责任
技术转让中心	宾夕法尼亚大学	
研究与项目管理办公室	普林斯顿大学	20世纪80年代初

⑤ 技术转移专门人才的培养

发达国家长期的技术转移实践培养了大量的技术转移专门人才，日本和欧盟还制定了专门的技术转移人才培养计划。2003年4月29日，欧盟研究理事会理事长启动实施了一个新的行动计划，旨在提高欧盟研究资助水平，该计划提议每个大学生（包括理科、工科和商科）必须修完知识产权和技术转移原理这两门课程。比较而言，我国目前显然缺乏复合型的技术转移人才。

⑥ 注重科技信息网络建设

学校与企业界之间的信息能否通畅，势必关系到高校技术创新活动的成败，如果双方缺乏信息交流渠道，一方面高校对企业不了解，无法推出适应企业需要的科研成果，另一方面企业也很难寻觅到自己需要的技术成果。为此，各国都倾向于建立科技情报网，设立全国科技专用数据库，为合作双方提供灵便、高效、准确的信息。

以德国为例，德国建立了科技成果和人才数据库等科技情报网络，将企业界所需的信息以及高校的科技成果输入计算机，供双方查寻，使两者互相了解。如现在应用的加强高校与企业互通信息的新型数据库"KIRT"（即"知识、信息、研究、传输"的英文缩写），它非常适宜为大学和企业之间的交流信息服务，企业可以把要研究的课题向数据库登记，诸如企业技术改进问题，企业成本计算问题等，同时还可把希望研究时间的长短也一起注明。高校教师、科研人员和学生通过计算机可以了解登记的项目，从中挑选有实用价值的题目进行研究。另外，高校教师、科研人员和学生也可把自己的研究成果按照相应的标准提供给数据库，还可以把希望与企业合作解决的课题登记上，企业通过计算机上的数据库可以直接与高校开展合作。

（2）高校技术转移模式

① 咨询、技术服务和培训

德国史太白经济促进基金会（Steinbeis）和法国技术推广网都为企业提供有偿或无偿的咨询、培训和技术服务，将大学的技术向企业扩散。而美国几乎所有的大学都设立技术咨询中心，如麻省理工学院商学院的"经济发展中心"和斯坦福大学的"国际咨询研究所"，学校大力提倡教师为企业提供咨询服务。美国大学还鼓励教师在不耽误正常授课的情况下进行咨询活动。据调查，美国大学中有三分之一的教师从事各种类型的咨询工作，其中，工程系教师超过60%，商学系教师超过50%。

② 专利许可或科技成果转让

美国、日本、英国、加拿大等国家的大学建立了大量的技术转让机构，专门开展对大学技术成果的专利保护和许可工作。在专利许可和技术成果转让的过程中，斯坦福大学首创的OTL（Office of Technology Licensing）模式是运行最为成功的一种，已经成为当代美国大学技术转移的标准模式。OTL模式的成果是显著的：截至2000年，OTL累计受理4359项发明，申请1050件美国专利，创造专利许可收入454亿美元。

对大学来说，专利许可转让是一种风险相对较低的技术转移形式。美国大学技术转移机构开展技术转移业务的流程为：和发明人一起审查发明，以了解它的应用潜力，制定授权战略，研究技术和市场风险，决定是否要取得该项发明的专利权，积极征集可能会对该项发明感兴趣的公司，进行授权协议谈判之前筛选出一个最具优势的公司,并采用多种许可组合(如非独占许可费+捐赠、行业专利捐赠等)和多种许可协议形式(如签约式合同、选择权协议和事务转移协议)对大学的技术进行转移。

在英国剑桥大学,成立了沃夫森产业联络办公室,为转让的各方提供咨询和技术服务。1999年,通过该办公室进行的知识产权转让的总收入超过100万英镑。不通过该办公室自行进行转让的专利尚有许多。剑桥大学鼓励本校知识产权转让,转让所得收入按以下比例进行分配:

1万英镑以下:发明者90%,系5%,大学5%;

1万~3万英镑:发明者70%,系15%,大学15%;

3万~5万英镑:发明者50%,系25%,大学25%;

超过5万英镑部分:发明者33.3%,系33.3%,大学33.3%。

③ 合作开发

在合作开发中,大学和企业建立长期的合作关系,着重于对某一工业具有广泛应用价值的技术和工艺规程研究,研究的内容要有利于加强工业界的竞争力,具有综合性,同时把基础科学、交流知识作为重点,重视对人才的培养工作,吸收大学生、硕士生、博士生参加研究工作。

在美国,合作研究的方式有:

单一的工业企业对大学研究计划提供资金,进行合作,工业企业则有权在大学研究的基础上进行研制工作。

公司联合对大学研究计划提供资金,进行合作,联合研制,共同取得成果。

大学——工业合作研究。美国国家科学基金会(NSF)从20世纪70年代起就在许多大学设立大学——工业合作研究中心,简称IUCRC,为了加强跨学科与高技术领域的研究与开发,80年代又在大学建立工程研究中心,简称ERC。

工业——大学联合建立实验室,实验室共用。

在日本，合作研究被称为共同研究制度，大学的研究人员和民间企业的研究人员利用企业提供的经费，对共同的研究课题在对等的基础上开展联合研究。如日立、日本电气、富士通公司和东京大学合作，进行集成电路和中央演算装置的开发。接受企业的委托研究在日本被称作委托研究制度，国立大学在不妨碍各自教学科研的情况下，接受民间企业委托的研究课题，大学的研究人员利用企业提供的资金进行研究。

④ 创办大学研究园区，建立高科技企业群

科学园的功能就是转化大学的高科技成果，孵化高科技企业。这种高技术密集区在英美等国被称为科学园，德国人称为技术工厂，日本人称为研究开发产业复合体，也有的国家称为科学城。

目前全世界90多个国家和地区共创办科技园区900多个，这些科技园区大都建立在研究型大学或大学群周围，成为大学师生创新创业的场所。研究园区是以高校为依托，与科研机构和生产企业合作创办高技术密集区，它既培养高科技人才，又开发新技术、新产业和新产品。

世界上的第一家科学园，是美国1951年在加州斯坦福出现的研究园，主要从事计算机的研究与开发，后来发展为"硅谷"。斯坦福大学的声望，吸引了数百家企业在这里兴办了一大批世界一流的计算机公司，如惠普等。众多大公司为了增强其产品的国际竞争力，不仅向斯坦福大学提供远远超过联邦政府的大量研究经费，而且派人到斯坦福大学一起进行研究和开发。后来美国出现的沿波士顿128公路以麻省理工学院为核心发展起来，自80年代开始，麻省理工学院的一些教师和毕业生纷纷走出校园，以自身的技术优势在波士顿地区创办了一批生物技术企业，使波士顿成为全国著名的生物技术企业基地之一。

西欧各国把建立科学园看作是加速技术由实验室走向市场的一项重要措施。英国和法国是西欧建立科学园最早的国家。1972年，英国在赫利奥·瓦特大学建立了第一个科学园，1975年又建立了著名的剑桥科学园；1969年，法国开始建设索菲亚·安蒂波利斯科学城，1984年以来，又在波尔多、马赛、里昂等地建立科技工业园；德国、比利时、意大利、瑞典、以及北美的加拿大等国也建立了不同形式的科技工业园区。可见,发展科技工业园区已经成为势不可挡的国际趋势。

⑤大学鼓励师生个人创办公司

在美国,就有很多"高校派生企业公司"(Academic spin of firms),所谓"高校派生企业公司",是指高校的科研人员离开学校自己建立公司,开发自己的科研成果,依赖现有公司的各种有利条件来实现科技成果的产业化。因此,在美国高校的企业活动往往是个人的创业行为,校办科技企业并不多。

在德国,大学支持和帮助师生创办公司,柏林工业大学技术转让处经常举办培训班,给学生传授自己当老板的经验及必要的知识,帮助其了解法律程序等。大学支持愿意创业的毕业生开办自己的公司,在初创两年内可以给学生提供很优惠的条件,如用房、电话等,教授在他们的公司开业初期可以给予咨询,还可以很优惠地使用大学的仪器设备。巴伐利亚州促进新公司成立的法规规定,大学的师生创立新公司,可以有1/2的时间做公司的事情,工资可以由大学提供,在半年以内该公司可以免费使用大学的设备等。在德国还有专门的"创业竞赛计划",是由国家和各州的政府支持的,但竞赛的评委均有大公司和投资公司的专家参与,这使优秀的竞赛计划能得到资金的支持,并尽快按市场机制来实施。

(四)我国高校技术转移模式存在的问题

(1)促进高校技术转移的政策法律不够有力

一是相关法律条文语焉不详和过于笼统,难以落地操作。高校技术转移涉及专利申请、产权归属、利益分配等深层次问题,是一个政策性很强的系统,要充分激发高校技术转移的创新活力,根本还是要靠完善的政策法律体系。目前从地方到中央仍没有一部专门针对技术转移的法律法规,更没形成一套系统的技术转移立法体系,加上很多政策规定过于笼统,操作上存在一定障碍。比如,关于利益分配,跟其他许多地方一样,上海高校技术转移工作经历了一个从对高校和科技人员的行政性奖励措施,到技术转移组织制度建设和知识产权制度建设的过程,给高校的知识产权特别是专利的技术转移提供了法律依据和政策导向。但是，相关法律规范的操作性亟待加强。以2006年修定的《专利法》为例，明确提出承担国家投资的科研项目完成的发明创造、申请专利的权利属于科研项目的承担单位，看似明确了成果的权属，但按照我国高校科研项目运作方式，科技创新成果和知识产权的所有权归属较为复杂，尚不能完全将高校教师的技术创新成果所有权归为所在学校所有。上海市出台的补充规定，曾力求在这方面有所突破，但至今仍未从根本上解决问题。表面上看，推进高校技术转移难、利益分配难，但事实上，在许多高校的一些学科领域，游离于体制之外的教授个人创办公司的现象却较为普遍，这一方面说明高校教师有着服务社会的内在动力，另一方面也反映了我们当前技术转移的相关政策、利益分配机制还没有完全落地，亟待制定更加科学、合理的知识产权认定和管理办法或法规实施细则，进一步明确承担政府资助的研究开发项目的高校和研究人员，对研究成果拥有全部或部分知识产权的操作规程，解决促进高校技术转移的重要法律保障。

二是现行法律法规没能很好地回应有关技术转移的一些关键问题。知识产权包括所有权、使用权等内涵，在技术转移过程中，知识产权的归属与保护是一个敏感而又复杂的问题。目前，我国高校很大一部分原始创新都是在政府基金的支持下实现的，教师作为高校的工作人员，发明创造属于职务发明，导致科研人员或高校若想以技术入股的形式与企业合作，面临着诸多制约因素，"国有资产流失"就是其中一个瓶颈。知识产权的归属和运行怎样更加有利于技术转移，怎样更加有利于激发发明者的创造热情，是必须通过法律规范来尽快予以解决的一个问题。

三是部分政策法规的立法意图与促进技术转移的目标相冲突。2009年出台的《中央级事业单位国有资产使用管理暂行办法》规定，"中央级事业单位利用国有资产对外投资，单项或批量价值在800万元人民币以上的，经主管部门审核后报财政部审批"。这一政策规定，本意是规范资产运作，但在实际操作中却使技术转移审批环节增多，时间拉长，这既不利于高校及科研院所技术转移，又使知识产权的归属产生歧义，实际制约了技术转移的发展。为了规避这一政策，一些地方只好另作规定或解释，人为造成了操作上的不规范，并有可能人为出现违法行为。不能否认，近年出现的一些违规违法案件，与这种"另作规定或解释"是存在一定关联的。

（2）促进高校技术转移的投入机制不够健全

成熟的技术是实施技术转移的前提，但不是唯一要素，成功的技术转移还必须要有充足的资本来保障，甚至可以说，革命性的技术突破往往需要巨大的财力来支撑，这是资本之于技术转移的关键所在。从投入机制上说也还存在不少薄弱环节。

一是传统投入对高校技术转移的激励导向作用不明显。有关高校技术转移的投资主体大致包括政府、高校、企业等，从各自属性定位来看，高校的优势不在资本方面，目前各高校的技术转移中心虽然是独立法人，但注册资本金普遍较少，甚至有的高校承诺的资金也很难真正到位。现在的问题在于，一方面，政府对科技工作的投入方式相对单一，用于支持科技成果产业化的相关配套投入比例过低；另一方面，受我国产业发展的阶段性所决定，包括上海在内，大部分企业还没有真正成为创新的主体，技术研发能力相对较弱，研发动力和资金投入不足。而两方面的混合，使高校的技术转移资金既得不到国家的资金，也得不到企业的支持，始终处于捉襟见肘的状态。

二是缺乏风险投资、种子基金等经费的投入。高校的研究成果更多的是一种理念或方法，处在技术研发的前端，离实际运用往往还有很长距离，这就形成了实际存在的技术转移鸿沟。有研究发现，新发明中约有48%的创意还处在概念验证阶段，有29%的可以在实验室规模下开发出原型，仅仅只有8%的可以确认大量制造的可行性，所以高校的研究成果往往技术含量很高，但市场成熟度却较为有限。高校技术的成功转移需要研发者与应用者的深度耦合，需要风险投资的介入。风险投资是兴起于美国的一种投资方式，它主要的投资领域是具有市场潜力的高新技术。在国外，这种投资方式已经非常成熟，帮助了非常多的技术顺利进入市场，成功实现转移。但是在中国这种投资方式还不成熟，受到许多政策和环境的限制。很多科研成果因得不到中试投入，而使技术转移夭折在"最后一公里"。在高校中研发出来的技术，要么是国家立项，最终成果上缴国家，要么是省立项，还有就是学校立项，独立研发的专属知识产权的项目很少，即便有了成果，要获得风险投资也需要一个漫长的过程，个人的实力是很难维系从中试到成熟技术转移全过程的。一些技术转移中途夭折，与资金链断裂是直接相关的。

三是资本投入的退出机制还不健全。目前，在企业和市场总体投入不足的情况下，政府和高校的投入占据着技术成果转化较高的比例，但怎么解决政府、高校投入的国有资本属性与技术转移投资"天生"的风险性之间的矛盾，还缺少相对成熟的化解机制。比如，各高校技术转移中心代表上海市大学生创业基金会和高校产业投资集团或多或少都参股若干高校创业公司，但创业基金到期后国有股权如何顺利退出，无论是技术转移成功还是转移失败，国有资本管理机构都还没有制定出科学有效的政策。这既造成了投资时的缩手缩脚，又可能留下日后权属不清的后遗症。

（3）促进高校技术转移的动力机制有待完善

高校科研单位的晋升、激励制度滞后，无法充分调动员工研发技术的积极性。当前相当数量的高校衡量科研人员学术水平、工作业绩的主要标准还是论文发表期刊的级别和论文的数量，对科技成果的应用重视不够，特别在晋职晋级上主要倾向对论文著作的权重考量，这种绩效评价标准导致一些科研人员不愿选择应用型研究课题，不愿意从事技术转移工作。特别是实施科教兴国战略以后，国家加大了对科技纵向研究的投入，教授们可以既得名，又得利，以横向为主的技术研究和成果转移自然也就更加容易受到冷落。

企业缺乏技术转移的原动力。大型垄断企业缺乏科技创新的驱动力是人们所共知的秘密，同样，一些中小企业也没有经营危机意识，缺乏进行技术转移的动力。还有些属于基础研究领域的研究成果和行业共性技术，产出的实用技术型成果较少，需要投入大量的中试费用才能使研发成果迅速转移，但由于转化双方风险分担没有依据，企业出于自身利益考虑对转移缺少动力。即或是企业迫于压力引进技术，由于长期以来对技术和创新的忽视，导致企业本身没有转化能力，转移也往往以失败告终。

技术转移的成败常常建立在发明专利的保护上，而在我国目前情境下，技术转移常常伴随技术泄密。一方面，往往技术接受者刚生产出产品，市场模仿者就加以仿制，使新产品一出来就受到冲击，失去了采用新技术所应获得的利润空间，在很大程度上抑制了技术转移活动；另一方面，高等学校的部分教师法律观念淡薄，不注意企业委托开发项目的保密性，甚至出现科技成果"一女二嫁"的现象，以获取更多收益，直接影响技术接受方的利益。

概括起来说，一方面，激励机制失效和知识产权保护机制没有缜密并存，使得技术创新成果得不到法律的有效保护，技术转移中技术成果持有者和接受者的权益得不到有效保证，直接影响技术转移双方的积极性；另一方面，技术转移中的风险不能合理分担，貌合神离，断送了诸多转移合作的机遇。

（4）促进高校技术转移的中介组织体系没有系统建立

科技中介作为高校和企业之间的桥梁，在实现技术由高校向企业的转移方面应发挥积极的推动作用。上海市在科技中介服务机构建设上在全国领先，但仍存在体制不顺、门类不全、机制不活、人才不足等缺陷，其"桥梁""纽带"作用的发挥显得还不充分。主要表现为：从事科技评估、法律咨询、审计、仲裁、风险投资等业务的机构太少；缺少既懂技术、又懂法律，且善经营的复合型人才；没有形成全国性、全市性的迅捷方便的技术转移信息网络，政府主导的体制机制设置还不能适应当前市场经济形势发展的需要，这些问题严重影响了技术转移速度和质量。

同样在高校内部，相应的中介组织体系还不健全，由于缺乏由专业人员组成的技术转移机构提供的专业服务，以致部分欲进行技术转移的教师和科技人员不得不耗费大量时间进入自己不熟悉的商业化应用领域，或者技术成果转让、许可的漫长商务谈判过程。因此，出于风险和转化成本等因素的考虑，一些人只能无奈地选择将成果搁置。而在美国、英国等发达国家，不但社会中介十分发达，各高校的体系也非常完善。以斯坦福大学技术许可办公室为例，常年有近40名工作人员，分工从事技术转移的各项工作。这些人员不仅具有技术背景，还要擅于谈判沟通，因此被称作"技术经理"。同样，剑桥大学的沃尔森产业联络办公室，作为大学的内设机构，提供从技术咨询、市场分析、牵线搭桥到代拟合同条款的全方位服务，形成了剑桥技术转移的独特风景。

（5）高校—企业—政府间的协同机制没有很好地形成

高校技术转移是一项系统工作，涉及高校、政府、产业、科研人员、社会组织等多个主体，受学校政策、技术情况、产业需求、转移模式、外部环境以及文化传统等多方面因素影响。技术转移不只是要在高校与产业间搭起一座桥梁，更重要的是要整合各方力量，打造一个协同创新的平台。协同机制要基于高校技术转移的"跨界性"，实现高校与产业的协同创新，形成一条无缝衔接的创新链。过去，我国经济和科技体制的分割状态决定了企业和科研院校各自需求和追求目标存在差异，企业追求利润最大化，而学校和科研院所更注重论文著作等学术方面的成果。双方的差异导致了供需不匹配、有效供给不足的现象。

政府对于区域技术创新肯定是积极的，企业对这方面的需求也越来越强烈，高校的办学理念正在迅速转变，关键是怎样让转移供方和转移需求方的信息真正畅通勾连起来。因此在技术转移的整个过程中，要充分激发高校技术转移相关主体的积极性，让每一个主体做各自最擅长的事。政府的主要任务应是搭建平台、创造合适的政策环境；高校科研团队的主要任务应是瞄准需求，研发出具有推广应用价值的技术；产业界的主要任务是提出需求，实现技术创新的生根落地开花；技术市场则应当发挥好衔接支撑作用并提供更好的服务。具体来讲，首先应加大统筹包括高校技术转移中心、大学科技园、科技企业孵化基地、生产力促进中心、技术交易市场等已有科技中介服务机构的作用，形成现实合力。同时，还应积极适应我国整体经济环境不断演变的新特点，不断探索共建或共享实验室及中试孵化平台、合作开发、技术许可、技术入股、人员交流、企业并购、建立科技成果转化基地和技术转移联盟等合作新机制。

现代沟通理论发现，组织与个人之间的有效沟通不但需要正式渠道还需要非正式渠道。世界知名的斯坦福科学园的创新网络的运行离不开其流畅的信息沟通机制。硅谷内存在着多种沟通方式使创新主体得以相互依存，总结起来有：各专业公司之间的横向联系；沿着产业链价值链的不同部分的公司之间的纵向联系；各类公开的信息交流会；个体之间的网络联系；研究型大学和高技术创业型公司之间的互动合作等。而我国政、产、学、研的信息沟通渠道单一且不透明，这种不对称的信息机制无助于技术转移活动的顺利进行，无助于技术转移体系的顺畅运行。

高校技术转移的现状并不尽如人意，其中既有外部环境的问题，也有高校自身的问题。相对于高校雄厚的科研实力以及区域经济社会发展的迫切要求，高校服务社会的创新活力还有待进一步激发。这些问题需要我们通过认真解析，再逐一解决。

5.2 高校技术转移创新人才团队建设

5.2.1 高校科技创新团队的建设

科技创新团队是获取和整合资源的有效组织形式，是科技创新和科研攻关的重要载体，是优秀人才的创业平台。加强科技创新团队建设，实施集团作战是"大科技"时代加快科技创新，提高科技创新效率的必然要求和根本保障。

（一）高校科技创新人才团队管理机制

高校科技创新团队能否有机组合、有序运行，关键是其运行机制能否适应科技创新团队这种新的科研组织模式，能否为科技创新团队提供条件和政策保障。因此，高校科技创新团队的管理不同于课题（项目）组的管理，其管理机制要发挥政府各层面、社会各种资源和学校内部各种积极因素等的多重作用。

（1）管理机制

根据对高校科技创新团队建设的不同作用，其管理机制可以分为外部管理机制和内部管理机制。

高校科技创新团队外部管理机制是指国家、部委、省市等政府部门、企事业单位对高校科技创新团队培养、支持、管理的办法和措施等。近年来，高校科技创新团队外部管理机制的建设得到了广泛的重视，一方面出台了一系列的政策引导、支持高校科技创新团队的建设，另一方面通过平台建设、人才培养、科技项目等多种方式加大了对高校科技创新团队建设的投入。在良好的政策、大力的投入和宽松的环境条件下各高校积极响应，纷纷结合各自科技工作实际情况，制定科技创新团队管理办法、团队绩效考核管理办法等相关政策，自上而下筹备、组织、培养科技创新团队取得了一定的成效。这标志着我国高校科技创新团队外部管理机制已基本形成。

高校科技创新团队内部管理机制是对团队内部项目、人员、经费、效益等各方面进行管理的办法。一直以来，各高校大都沿用原课题（项目）组的管理方式，团队带头人负责内部的一切事务。一个优秀团队的成功，对带头人要求过高，团队带头人对外既要是一名科技能力突出的大家，又要是社交广泛的活动家，对内既要胸怀宽广事事不计得失，又要心细如丝对成员的工作、利益分配均匀，事事管理井井有条等。致使团队带头人或事务过多而心力交瘁，或压力过大而不堪重负，或能力不够全面而捉襟见肘。以人为本，人尽其才，才能发挥团队的最大效益，因此高校应制定一套科技创新团队内部项目组织、事务管理、利益分配等全方面的管理细则，对团队内部各项事务详加指导。

高校创新团队是一个开放的系统，其发展必定会受到来自系统内部和系统外部多种因素的影响。应该说，在创新团队建设问题上，国家和高校不乏热情和主动精神，在实践过程中也积累了一定的宝贵经验，但高校创新团队建设是一个科学、理性的过程，也是一项复杂的系统工程。由于对创新团队建设的规律性、目的性和科学性还没有给予充分的考虑和足够的认识，我国高校创新团队建设还处于雏形期，在团队自身建设以及外部支持环境方面，均存在诸多问题。

（2）存在的问题

• 自身建设方面存在的问题。

① 团队组建动机不纯。自国家自然科学基金委员会和教育部推行创新

团队（群体）资助计划以来，国家和地方开始大力支持创新团队建设。但一些团队并非以学术问题为导向组建，而是以获取资源为主要目的，"团队建设"成了部分高校争夺资源的工具。这些团队往往是不经系统论证而临时拼凑和包装的，看似阵容强大，但团队成员平时很少进行学术交流，只是在申报项目或应付检查时，才将各自的成果打包在一起，临时组成一个团队。这种随意搭建并非真正有机结合的创新团队，不仅造成了资源的极大浪费，而且不能形成集群效应，更难以取得重大创新成果。

② 拼凑现象严重。在高校，许多创新团队的形成是由于项目负责人承担的项目需要不同专业的研究人员而临时"拉郎配"建立的，这些团队功利性强，价值取向融合度不够，缺乏信任合作精神，短期合作较多，稳定性差，很难取得标志性成果，且随着项目的结束，还会造成一定程度上的资源浪费。还有一种情况是，由于引进了优秀人才，高校将一些没有长期合作经历的研究人员强拉在一起，为其组建创新团队，而这种团队同样存在着磨合时间不长，协调性差，稳定性不强等缺点。高校真正需要的是相对稳定，由不同学科人才自主结合形成的团队，这种团队目前在高校相当缺乏。

③ 近亲繁殖现象普遍。现在高校中不少创新团队都是由研究生导师和其毕业留校的学生组成，而其他导师的学生则很少。这种"师徒合伙"式的团队规模往往比较小，研究方法"千篇一律"，研究方向不易改变，创新活力不足。科研项目的成果往往仅用作晋升职称的资本，没有后续研究，因而很难产生原创性的重大成果。

④ 缺乏真正的学科交叉。目前，在高校创新团队的建设中，还缺乏真正的学科交叉、强强联合。主要表现在以下几方面：第一，我国高校创新团队多是在原先的课题组或教研室基础上发展形成的，研究任务相对独立，且研究内容较单一，只关注科研任务的完成，不关注学科的交叉综合与发展。第二，大学组织内部传统的按学科分类的院系建制以及长期存在的学科壁垒，客观上增加了不同学科之间整合的难度，阻碍了跨学科、跨部门团队的建设。第三，高校创新团队的开放程度还较小，在已形成的跨学科的团队中，理工科内的小交叉多，而人文社科和理工科的大交叉少。并且，跨校和跨地域界限的创新团队还相当缺乏。第四，部分学校为了加

强所谓的"学科交叉"而组建团队或成立跨学科基地，这种简单拼凑的"团队"通常目标不明确，合作不协调，承担任务时往往"饥不择食"，系统性研究不够。

⑤ 团队文化建设薄弱。团队文化是团队有效运行和团队工作能力培养的关键因素之一。高校创新团队的团队文化主要受团队负责人的影响，而现今团队领导机制的简单化导致团队负责人重"外"轻"内"，团队负责人往往将更多的精力放在争取科研项目、赢取外部资源和支持上，而对内部的文化建设重视不足。

• 外部支持环境存在的问题。

① 缺乏顶层设计和行政引导。国家自然科学基金委员会和教育部以及各级政府等主管部门在资助创新团队时，没有充分考虑现有学科分布及未来学科发展趋势，没有充分考虑团队之间的协同关系和战略布局，缺乏总体的结构设计。另外，虽然由于科技创新具有自由度高、不确定性大等特点，提倡"由下而上"靠自主结合组建创新团队，但是在大科学时代，我国的经济发展水平决定了团队建设还离不开行政手段的有效引导，还应该通过"自上而下"的方式，针对经济和社会发展亟须解决的重大科技问题，从优化配置相关学科优质资源的角度出发，组建创新团队，进行集中攻关。目前，这方面的政策规定、行政措施还相当缺乏。

② 缺乏科学的团队管理制度。对于创新团队建设，各高校所做的主要工作大多雷同，就是先对创新团队进行认定，然后对经认定的团队提供资助，而当创新团队成立后，却没有建立相应的团队支持体系，缺乏科学的团队管理制度，团队管理中存在着管理责任不明确，负责人被琐碎事务缠身等问题，从而使科研工作不能顺利开展。另外，一些高校对创新团队的管理有明显的行政化倾向，行政权力在学术管理中的作用过大，致使代表学术的广大教授和学者的发言权和参与管理权不够，从而导致行政负责人、学科带头人的主从关系错位，形成了"行政权力泛化，学术权力弱化"的现象。

③ 评价考核体系不科学。科研工作中的评价体系对科研活动具有很强的导向作用，公正合理的评价体系是健全激励机制的基础，直接关系到科

技资源的合理配置和高效使用。目前，在高校创新团队评价考核体系中主要存在以下几个问题：第一，对不同性质的创新团队采用同一套评价考核指标，评价标准单一，无法体现不同性质创新团队的研究价值。第二，对创新团队的考核主要侧重于如论文数、专利数、获奖数等数量上的考核，而对科研成果质量的考核相对较弱，势必导致团队研究水平的下降。第三，在职称评聘、岗位津贴发放的考核中过分强调主持人和学科带头人的作用，对团队其他成员所作的贡献重视不够，即使在项目研究中起关键作用的骨干成员，其功效在考核时也往往大打折扣，甚至忽略不计。这不仅使大多数参与成员的经济利益蒙受损失，而且严重打击了他们的积极性，在很大程度上迟滞了团队建设的步伐。第四，考核年限过短（一般以一两年为限），团队的系统性研究不够，不愿承担周期长、但意义重大的基础性研究，同样不利于创新团队建设。

（二）科技创新人才团队建设的意义

（1）加强科技创新团队建设是科技发展形势的需要

伴随着科学技术的快速发展和试验方法、手段的不断更新，科学研究趋于专门化、深层次，从事科学研究的人员数量、活动规模、范围不断扩大，人员分工更细。同时，科学研究对象的复杂性越来越高，来自经济和社会发展中的实践问题也常常需要多学科的知识才能够有效地解决，单学科孤立发展已经变得越来越困难。为完成一项综合性的科研任务，面对专业化带来的个人知识和技能的有限性，科研人员必须应用集体智慧，采取团队合作的方式。许多重大科技成果的产生，都是多学科专家形成团队联合攻关的结果。

（2）加强科技创新团队建设是加强人才队伍建设的需要

加强科技创新团队建设，应以提高科技创新能力为目标，以创新人才工作机制和环境为手段，打造一批在重点学科领域具有明确主攻方向，团结协作、优势互补、竞争有力的科技创新团队，使其发挥群体效能，争取重大科技项目，解决重大科技问题，产生重大科技成果。伴随着科技创新团队的建设与发展，造就科技领军人才、战略科学家、优秀学科带头人和青年科技创新人才,形成一支具有世界前沿水平的科技创新人才队伍,实现科技创新的持续发展。

(3)加强科技创新团队建设是学科建设与发展的需要

学科建设是科研院所科技发展的重要基础,科研院所学术水平的高低,与其拥有的学科门类、学术水平及其数量有着直接的联系。学科建设包括队伍建设、实验室建设和其他条件建设等,其核心是人才队伍建设。一个具有明确的学科方向和研究目标,拥有学科领军人才和结构合理的学术梯队,具有创新活力的团队,对学科的建设与发展将起到强有力的支撑和带动作用。

(4)加强科技创新团队建设是提高科研整体实力的需要

现代科学技术的快速发展,要求不断壮大科技人才队伍,优化人才结构,提高科研实力,增强创新能力。科技创新团队作为协作创新的一种组织形式,对于提高创新效率,提升人才队伍的整体科研实力无疑具有重要意义。

5.2.2 高校创新人才团队建设的改进策略

由于部分自身建设问题正是某些外部支持环境问题的衍生物,如缺乏顶层设计和行政引导可导致资源争夺、拼凑现象严重等,因此,伴随着外部支持环境问题的解决,相应的自身建设问题也可得到解决。

(一)国外高校技术转移人才激励方式分析

在美国和欧盟等科技发达国家或地区,高校技术转移人才激励方式通常可分为两类:按照高校科研人员参与技术转移的方式可以划分为企业资助研究、企业顾问或董事和创立新公司;按照科研人员可能获得的经济补偿可以划分为薪水、专利权收益和股份。

调查结果显示,前一类激励方式中,科研人员最喜欢参与那些与其在实验室中所作研究有关的商业应用研究,从而他们可以继续自己在实验室的研究活动。尽管企业资助研究产生的激励作用比较弱,但其成本较低,并且此种方式在研究的早期阶段比较适用。而当研究所用的知识属于众所周知的基础性知识，则此种方式不会对科研人员产生足够的激励以进行技术转移，因为它将分散他们用以追求学术成果的精力。在这种情况下，需要考虑辅之以企业顾问或其他激励方式。企业顾问是指用部分时间为企业工作或担任公司董事会的一个职位，企业通常会给以慷慨的经济补偿。作为一种激励方式，企业顾问方式具有较长的历史并受到企业管理者的支持甚至鼓励，在美国尽管制定了许多措施来规范这方面的活动，但实施起来也有一些困难。对于创立新公司的激励方式，案例研究表明，科研人员通常在新公司担任顾问或董事职务，而研究生和博士后在公司担任更活跃的角色。但与企业顾问激励方式的明显区别是，作为公司创立者的科研人员拥有公司大部分股份。

后一类激励方式中，由于薪水与技术转移成果没有直接联系而产生的激励作用最弱，而另外两种方式则比较有效。Jensen和Thursby的研究表明，尽管专利权收益和股份两种激励方式都可以解决道德风险问题，但由于股份激励不会增加边际成本，因此，不影响科研人员的成果产出决策。

企业顾问方式由于与产出成果无直接联系，所产生的激励作用弱于专利权收益和股份两种激励方式。当研究所用知识为基础性技术知识，如在原创性技术研究中，为进行技术转移需要付出极大的研究精力。与之相比，花费同样的时间和精力进行新的开发研究则可以获得更多的研究成果。在这种情况下，企业顾问方式则不足以产生足够的激励，而应该采取具有高度激励作用的与成果产出直接相关的经济补偿方式。因为通常情况下，实现知识由高校向产业部门的转移需要科研人员的积极参与，即所谓"带土移植"。需要指出的是，当需要科研人员参与时，股份和专利权收益激励方式常常与企业顾问和薪水联合使用，以加强激励作用。只有当转化成果中包含知识产权时，专利权激励才会起作用。Shane的研究表明，当专利权收益激励方式行不通时，股份激励更为有效。当然，在需要一系列重要的后续工作时，通过一家初创公司进行成果转化的有效性则比较有限。

按照需要理论和公平理论，薪水和企业资助的激励方式，在很大程度上满足了科研人员的衣、食、住、行等生理需要和经济安全需要，属于较低层次的激励方式；企业顾问方式在一定程度上满足了科研人员的成就需要，同时由于他们在为企业提供咨询和指导的同时，仍然保留其在高校的相应职位，因此也满足了归属需要；专利权收益激励在某种程度上满足了科研人员的成就需要，特别地，在美国的多数高校中，专利权收益是在发明者、其所在实验室、其所在系、其所在学院和高校之间进行分配的。发明者往往可以获得平均为45%最高达65%的专利权收益，这在很大程度上遵循了公平理论的观点；创立新公司以及获得股份属于较高层次的两种激励方式，该方式在满足科研人员成就需要的同时，由于使其获得了对公司事务充分的话语权，也在极大程度上满足了科研人员的权力需要。

（二）国外高校技术转移人才激励方式对我国高校的启示

近年来，随着我国加大对于教育事业的投入，工资和津贴的提高使高校科研人员生理需要和安全需要等较低层次的需要基本得到满足。因此，激励方式应注重在公平分配技术转移收益的基础上，满足科研人员的成就需要、归属需要和权力需要等较高层次的需要。从上述对于国外高校技术转移人才激励机制的分析，可以得到以下几点启示。

（1）以公平原则作为激励方式的基础和基本原则可以借鉴国外有关高校的做法，确定技术转移的收益在学校、院系、课题组之间的合理分配比例，在课题组内部应按照工作量和贡献大小进行收益的二次分配，并在学校的有关科研政策中做出明文规定，从制度上保障技术转移人才的权益并激发他们的工作积极性。

（2）物质激励与精神激励并重，满足成就需要。由于相应激励方式的缺陷，我国高校科研人员参与技术转移与进行学术研究相比，前者相对于后者明显缺乏成就感。为此，应将物质激励与精神激励相结合，满足他们的成就需要。物质激励方面，借鉴国外高校的做法，提高科研人员在技术转移收益（如专利权收益、无形资产入股收益等）中所占份额，当技术转移成果不含有专利权等知识产权时，应考虑采取股权激励。精神激励方面，采取授予荣誉称号和通报表彰，在博导、硕导和学科带头人评选、职称评定中，对他们实行政策倾斜，从而满足其成就需要。

（3）兼顾待遇、事业与感情，满足归属需要。其中应以提高参与技术转移的科研人员的报酬及福利为基础，没有这个基础作保证，另外两个方面也就很难发挥作用。此外，在事业留人方面，可以通过组织安排和自愿组合相结合组建科研团队和项目组，使技术转移工作成为有组织的活动。在有条件的情况下，在资金、实验条件与设备、申请专利等方面加大资助力度。同时，学校应成立技术转移办公室，专门为科研人员进行技术转移提供中介服务，包括寻找合作企业、参与合同谈判、评估成果价值、申请专利等。在感情留人方面，通过及时解决科研人员在工作和生活中遇到的困难，定期组织多种形式的旅游、文娱比赛等集体活动，增进科研人员对学校的感情。

（4）不拘一格降人才，满足权力需要。一方面应勇于提拔科研和管理综合能力强的科研人员担当项目组的负责人和带头人，并尽可能给予他们在项目经费、人员配备等方面的自主权；另一方面，成立由科研带头人和各院系领导以及校领导组成的院系、校重大事项决策委员会，并充分赋予前者话语权。权力与责任感往往成正比，通过让他们在项目组内担当一定的领导职务和在学校中充分享有参与决策的权力，满足其权力需求，使科研人员更加积极主动地投身于技术转移活动和为学校发展出谋划策之中。

5.3 政府与高校"产学研"结合促进高校技术转移

5.3.1 "产学研"合作的基本知识

（一）"产学研"合作的发展与演变

（1）"产学研"——"政产学研用"——"政用产学研"

产学研合作，又称"产学研结合"，我们可以从字面意义上进行分析。

"产"，可理解为依托技术创新的企业总称；"学"，在某种程度上可以理解为能够形成产业知识、技术、人才及科研成果的高等院校；

"研",可理解为拥有科技成果和科技人员的应用型科研院所;而"合作",顾名思义,指的是相互联合、相互协作、系统整合之意。可以说"产学研"合作指的是企业、高校、科研院所中的三方或双方为了市场需求和共同利益联合起来,按照市场经济机制,进行科研开发、咨询服务、科技成果转化等合作活动的总称。"产学研"合作的基础是"产""学""研"三方各取所需,充分发挥各方的优势进行优势互补,实现三方的协同发展和科学技术向生产力的转化,推动社会进步,这也是"产学研"合作的内涵所在。

"产学研"指的是产业、学校、科研机构等相互配合,发挥各自优势,形成强大的研究、开发、生产一体化的先进系统并在运行过程中体现出综合优势。从学校方面讲,产学研合作教育就是充分利用学校与企业、科研单位等多种不同教学环境和教学资源以及在人才培养方面的各自优势,把以课堂传授知识为主的学校教育与直接获取实际经验、实践能力为主的生产、科研实践有机结合的教育形式。

随着信息技术的发展和知识社会的到来,面向知识社会的创新2.0形态凸显了政府在开放创新平台搭建和政策引导中的作用以及用户在创新进程中的主体地位,"政"和"用"的地位更得到重视,推动科技创新从"产学研"向"政产学研用",再向"政用产学研"协同发展的转变。

"政用产学研"是一种创新合作系统工程,是生产、学习、科学研究、实践运用的系统合作,是技术创新上、中、下游及创新环境与最终用户的对接与耦合,是对产学研结合在认识上、实践上的又一次深化。

从"产学研"合作到"政产学研""政产学研用""政用产学研",虽然只有一两字之差,但后者进一步强调了应用和用户,突出了产学研结合必须以企业为主体,以用户为中心,以市场为导向,进一步突出了知识社会环境下以用户创新、开放创新、协同创新为特点的创新2.0新趋势。"用",主要指"应用"和"用户"。"用"是技术创新的出发点和落脚点。用户直接参与产学研合作,不仅能够减少技术创新的盲目性,缩短新产品从研究开发到进入市场的周期,而且能够有效降低技术创新的风险和成本。中国产学研结合走过的道路表明,要使产学研结合真正取得成效,使科技成果更好地转化为现实生产力，必须进一步加强"产学研用"紧密结合，或者更进一步强化用户创新、用户参与为"用产学研"。知识社会环境下的创新2.0形态正推动科技创新从"产学研"向"政产学研用"，再向"政用产学研"协同发展的转变。产学研结合的本质，是促进科技、教育与经济的结合。

（2）"政产学研用"合作主体

• 产（企业的市场经济）

在市场经济的前提下企业寻找更加适合企业发展的合作方式，以科研机构、高校的人才、研究成果输出作为企业发展的原动力。同时也为高校、研究机构提供研究和人才开发的利用资源。

• 学（高校人才的培养计划）

高校的人才培养能更加适应社会企业的需求，以高素质的专业人才来完成对行业内的转型需求。同时在人才产出的同时引进社会专业人才对高校的人才库进行充实。

• 研（科研机构的科学技术研究）

借助社会企业的良好平台及资源，科研机构在技术上开发的同时完成对研究方向的规划，从单纯的技术型研究机构转型成技术、方向兼顾的研究结构，同时研究成果将推动企业以及行业的整体发展。

• 社（社会整体人文道德素质）

以专业高素质人才提升行业建设水平，借助高水平的质量完成对社会文化的推动，来提升社会整体的人文素质和道德水平。同时以社会消费者的良好消费价值取向来推动产业链的进一步完善及整体发展。

• 政（国家政府管理）

由政府出台相关政策来推动一体化的发展，在强有力的政策保证下使产学研合作得到快速发展。

• 用（用户）

知识社会以及创新民主化的进程使得生活、工作在社会中的用户、大众成为创新的主体，传统意义的实验室的边界以及创新活动的边界也随之"融化"。知识社会的创新2.0重新定义了创新中用户的角色、应用的价值、协同的内涵和大众的力量。以生产者为中心的创新模式正在向以用户为中心的创新模式转变，以用户为中心、社会为舞台的面向知识社会、以人为本的创新2.0模式正逐步显现，用户创新成为科技创新活动的重要战场。

（二）高校产学研结合的不同模式

产学研合作在我国提出来后，国家在产学研合作模式上有着不少探索。首先从高校开始采取措施，通过与研究机构和企业的相互兼职互动、合作研究、委托培养研究生、共建企业技术开发中心、建立科研生产联合体等方式强化与高校之外的"产""研"组织合作，推进企业成为技术创新主体的探索，逐步使高校转变成为国家知识创新基地、技术创新和技术产业化的生力军，之后探索产学研合作的新模式与思路，推进高校与企业的纵深发展。高校作为创新要素和生产要素的实质进一步被展现，各种长期合作机制被建立起来，产学研合作的活力更加充足，这些措施包括：建立技术入股、联合公关、成果共享及风险共担的技术联盟，建立大学科技园、高新技术产业园、企业孵化器等。如今技术市场逐渐成为产学研合作过程中的重要组成部分，成为连接高校、研究机构和企业的重要纽带，并成为技术创新及技术转移的重要载体。

产学研合作模式是指在一定的制度环境下，产学研合作主体为了实现各自的组织目标，对科学技术、专项资金、科研设备和科技人才等社会资源的优化配置及对产出收益的合理分配的方法论。产学研合作的模式涉及的内容比较丰富，不仅有产学主体的参与方式、技术、资金、设备及人才等社会资源的配置方式，还包括合作层面及产学研成果的分配等，产学研合作的创新合作机制是产学研合作成功的关键。

（1）就不同的角度，产学研合作模式可以有不同的理解

① 产学研合作主体角度

产学研合作主体从狭义上讲，指企业、高校和科研机构。从广义上

讲，由于产学研合作涉及一定的制度环境，这就决定了参与主体不仅包括企业、高校和科研机构，而且包括政府和外部环境等其他主体。在合作主体角度下，受合作动力的驱动，可分为"政府推动型""大学主导型""科研机构推动型""企业引导型""产学研联盟模式"及其他产学研合作模式。

②合作模式的层次角度——紧密程度

产学研合作模式也指产学研合作主体的具体对接方式在组合层次和紧密程度上的概念。在合作的组合层次角度下，分析合作主体间的紧密程度，可分为"技术转让模式""合作开发模式""实体共建模式"等。

③合作模式的核心互动——具体形式

任何一种模式都是合作主体间相互博弈的产物，其衡量标准则是看主体之间对合作中各自的责、权、利关系的处理，不同的"责权利"组合可以产生不同的具体模式。在当前的制度下，合作的具体形式也比较复杂，结合当前产学研合作发展情况，目前我国的产学研合作具体形式有：大学科技园、工程研究中心（科技中心）、学研办企、产学研联合培养人才、技术市场、联合学术会议、企业孵化器（创业园）、企业院士工作站、产业园、中试基地、院地定向合作、学研入企等。

（2）按合作主体的关系可分为：校内产学研合作模式、双向联合体合作模式、多向联合体合作模式、中介协调型合作模式

①校内产学研合作模式

高校为促进教学与科研结合，促进科研成果转化为生产力，筹措教育经费，利用校内自身的有形资产和无形资产、自己研究出的科技成果和人才优势，创办自主经营、自负盈亏的经济实体，并将经营实体与教学实习基地合二为一，以达到人才培养、科研发展与经营效益并举的目的。

该模式的优势在于：便于学校统一有效地管理和规划；能更好更快地把学校的科技成果转化为产品；能促进学校主动进行市场定位，加强与社会的联系；能快速地获得收益，为学校创造新的就业岗位，缓解人事体制改革带来的人力资源闲置的压力；能较好协调教学、科研与产业之间的关

系。但该模式由于学校既是企业的创办者，又是企业的经营者，因而自己的优势不在商品的生产与经营，而是人才、科研与技术，把精力花在合作的经营上，就势必偏离教学与科研的中心。

② 双向联合体合作模式

高校的主要任务是培养人才，市场化的经营与生产不是高校的优势，学校市场开发能力弱，校内企业资产薄弱。在这种情况下，高校的产学研有必要与校外企业结合。通过与高校合作，校外企业获得了人才、成果与技术的有力支撑，提高了企业开发新产品的能力，促进了企业的不断发展与市场份额的拓宽。

该模式的特点是迅速直接，合作多以单个项目或成果为主，优势互补明显，主要侧重一次性操作，技术转让、项目转让、服务咨询、人员培训是其主要形式，转让或项目履行完成，合作终止，学校无须再投资，不承担什么风险。然而，这种合作模式由于是限于直接利益双方，因行业差异导致各自出发点不同，引发诸如观念与认识上、权益与利益上、信息与沟通上、经费与政策上等的分歧难以调和，致使合作成功率不高。

③ 多向联合体合作模式

市场是有风险的，谁都想把风险化解到最低程度。有的成果特别是大型项目，尽管有市场，因投资大，是双方合作无法解决的，于是就出现以三方主体为主要形式的多向合作模式。三主体包括：技术成果方（高校）、出资方（金融机构或个体资本投资者）与生产经营企业。

其特点是：合作紧凑规范，风险低，合作期限长、潜力大，收益明显。由于投资需求大，出资方非常谨慎，合作前期的谈判颇费周折，有的技术成果方涉及多所高校，几方同样存在着权益与利益的问题，故成功率较低。该模式追求的是规模效益，大市场。

④ 中介协调型合作模式

由于前几种合作主体都是直接利益方，在合作的整个过程中，有的分歧难以消除，如技术成果的成熟度问题、资金投入是否到位、产品开发与市场进入是否有效、权益与利益的拥有与分配标准等。另外，经常因为信息交流渠道不畅导致校方成果价值与企业方的市场机会流失。于是，近年出现了以中介机构为纽带的合作模式。中介机构有政府的生产力促进中心、高校产业推广服务中心、社会科技推广服务机构以及一些媒体附属的科技成果传播机构等。

其特点是：广泛收集产学研合作的供需信息，多形式传播信息，主动牵线搭桥，以中介人的身份协调各方分歧，并提供某种形式的担保，负责信息真实性的调查与利益分割等，可潜意识地降低供需多方的风险程度，促进合作成功。

5.3.2 "产学研"结合与高校技术转移的关系

（一）高校产学研合作的影响因素

（1）高校主体自身因素

高校一直在社会体系和产学研合作中扮演着重要的角色。高校是集教育、科研和技术创新于一体的组织形式，向社会提供科学知识、科技成果及科技服务是其重要的社会责任之一。高校自身观念、科研实力、科技成果数量及质量、高校科技服务能力水平等是制约高校开展、参与产学研合作的重要因素。高校自身观念往往决定了高校的发展愿景和目标，这为高校参与产学研合作提供了合理的要求。高校科研实力水平高低往往决定高校科研成果的数量和质量以及高校开展科技服务的水平，而科研成果的数量和质量是高校开展、参与产学研合作的重要考察依据，高校科技服务水平高低直接决定了高校在产学研合作过程中及产学研合作后期发挥作用的大小。

（2）外部环境因素

高校产学研合作自诞生之初就和企业、科研机构、政府、中介机构、市场环境等组织联系在一起，因此高校产学研合作的外部环境因素影响着高校产学研合作的实现。

① 合作参与主体因素

产学研合作的主体，不仅涉及高校，还牵扯企业、政府、科研机构和科技中介机构等组织，它们在产学研合作中发挥的作用各不相同。就高校产学研合作来看，企业的生产发展需要是高校产学研合作的最直接动力。科研机构发挥的作用与高校类似，可以作为高校产学研合作的重要智力支持力量，政府则是以其调控能力和政策影响力引导高校产学研合作的方向和活力。而科技中介机构作为服务第三方，可以开阔高校产学研合作视野，拓宽高校开展产学研合作的渠道。高校产学研合作参与主体的意愿、能力及信誉度往往影响着高校产学研合作，高校作为产学研合作大背景下的一个参与主体，应时常关注自身以外其他合作参与主体的动向，适时调整自己的科研队伍、科技资金投入等，以争取能够通过产学研合作实现自身利益的最大化。

② 政府政策及市场环境因素

高校产学研合作的主要推动力肯定是高校自身，但是政府的合理定位和政策鼓励对整个产学研合作过程都有决定性的意义。由于产学研合作行为往往面临市场失灵的风险，因此政府在产学研合作政策上的引导和规范、政府资金和政策的支持、政府关于产学研合作利益的分配、政策的约束等都将是高校产学研合作活力的源泉。

（3）合作风险因素

高校开展或参与产学研合作需要考虑的一个重要因素便是合作风险问题。由于产学研合作中各方的条件、行为、信息共享程度及利益获取存在很大的不确定性，会影响合作各方的目标。产学研合作过程中高校面临的重要风险包括技术培育风险和市场风险。合作中的信息不对称是造成技术培育风险、市场风险的重要源头之一，合作组织间的行为差异往往给产学研合作中协同共进效应的发挥扯后腿，增加产学研合作的风险程度。

（二）加强高校产学研结合的途径

（1）加强产学研结合，充分发挥高校在经济建设中的作用

有条件的科研机构和大专院校要以不同形式进入企业或同企业合作，走产学研结合的道路，解决科技和教育体制上存在的条块分割、力量分散

的问题。高校的办学宗旨和科研方向应该始终坚持与国家经济发展进程相适应。走产学研相结合的路子，对地方经济的发展具有重要作用。

① 企业方面。第一，高等教育作为培养高级专门人才的摇篮，不断地向经济建设部门输送人才。高校的教师队伍由各学科的专家、学者组成，同时他们直接运用最新的文化、科学、技术知识教育和培养创新型人才，培养新一代知识型劳动者，从而为区域经济的发展提供人才支持。第二，高校具有科研及学科综合的优势。高等学校是优秀人才集散地和国家技术创新的重要场所。高等院校将自己的科研成果通过与企业联合、与科研院所合作以及跨地域跨国界合作等形式，直接运用于生产实践，转化为现实生产力，提高了企业的知识含量，实现高新技术的产业化。同时，大学拥有众多的学科，这些学科相互渗透、相互融合，在融合过程中，不断形成交叉学科、边缘科学和新兴学科。这种综合优势对新科技产业的建立与发展，对原有企业技术的更新与转换产生巨大作用。另外，高校的教学科研设施齐全，图书资料丰富，信息来源广泛，具有完备的知识创新的物质条件。

② 高校方面。第一，开展产学研结合，有利于促进企业对高校的投资，改善办学条件。第二，有利于提高教学质量，培养出企业和社会适用人才。一方面，通过产学研结合，高校的广大教师更多地接触生产实际，丰富实践经验，将理论与实践紧密结合起来，更新了知识结构，增强了实际工作能力、适应能力与创新能力。教师素质、教学水平和教育质量的提高推动了学科建设，促进了高校的科学研究，并将科研成果转化为现实生产力。另一方面，对学生来说，通过产学研结合，他们可以了解生产管理过程中科学技术与经济组织和社会之间的关系。这对丰富学生知识，提高适应能力及各方面素质具有重要作用。

③ 政府方面。认真贯彻落实创新驱动发展战略的方针和政策，为产学研合作各主体之间搭建起深度融合的桥梁，促进协同创新、集成创新，提升产业核心竞争力。积极服务于企业、高校、中介机构的创新发展，为推动中国经济提质增效、迈向中高端水平做出新贡献。每年，中国产学研合作促进会都会与地方政府联合举办全国产学研创新大会，总结、表彰过去对产学研工作做出突出贡献的单位及个人，并部署、推动未来产学研工作。

（2）利用各种渠道，采取多种措施加强产学研结合，以促进高校科技成果转化，为经济建设服务

建立以市场为导向，企业为主体的科技开发体系。以企业为主体，面向市场，依靠自身或内联的科研院校，一方面令新开发产品有广阔的市场前景；另一方面丰厚的市场回报又大大刺激了企业开发新产品，从而形成良性循环。

① 创新产学研结合理念，促进科技成果的转化意识。

思想是行动的先导，人的观念更新是促进经济发展的不可或缺的思想前提。高校、科研及企业生产部门要树立创新观念，实行校所联合、校企联合，走优势互补、共同发展之路，转变高校科技工作人员"闭门造车，孤芳自赏"，重理论、轻实践，重论文、轻应用的观念，强化他们的科技转化意识，使科技成果大规模、快速度转化和推广，形成良好的环境氛围，强化科技创新意识。

高校虽然有人才优势，但由于种种原因，从高校科技整体水平来看，创新能力还不是很强大，拥有自主知识产权的成果也不是很多，高校科技创新与先进水平相比还有不少差距。因此，高校面对激烈竞争，要强化科技创新意识，不仅仅是知识、技术、产品的创新，还应是科技体制、机制、管理等方面的创新等。

② 制定切合实际的政策和法规，强化科技成果转化的运行机制。

制定切实可行的政策和法规，进行体制创新、机制创新，努力形成高等教育和科学技术为经济建设服务。经济建设促进高等教育和科学技术的发展互促机制，是促进高校与科学研究、生产劳动在更高层次上紧密结合的关键。第一，在市场经济体制下，产学研结合必须符合市场经济的运行规律，合作单位的一切活动都是受市场规律约束的，如果合作单位之间运作不协调，就会给合作单位的运作带来负担和阻碍，影响合作效果。第二，要打破计划经济形成的部门分割、地区分割、所有制分割的旧体制，建立起能够聚合各方面智力资源并进行合理配置的新体制。第三，强化多元投入。资金严重匮乏，且各项开支日益增多是影响高校科技成果转化和推广

科技成果转化的难点，因此，高校要开拓科技成果开发的经费来源渠道，强化多元投入，如加强与各级政府部门的沟通与联系，争取拨款或贴息贷款的支持，与企业加强联系，共同合作，争取资金支持等。科技成果转化过程是一项系统工程，从国家到地方直到科研院所和企业本身，都要对科技成果的转化提供优惠政策，制定激励的转化机制等。

③建立多种合作机构和科技风险投资基金。

大学与企业合作是高校科技成果转化的重要方式。但需求信息不畅、资金缺乏、风险能力低是导致科技成果转化难的主要因素。为将成果尽快转化，各高校应与企业建立多种合作机构，并建立科技成果转化风险基金，吸引高校科技成果与地区企业合作。通过机构和基金，高校应加大为地方科技开发、科技服务、技术咨询的工作力度。

促进科技与经济结合的渠道是多方面的，加强产学研结合，按照优势互补、共担风险、共享利益、共同发展的原则，建立产学研合作新机制，充分利用技术市场、科学开发园区、科技协作网等形式，针对企业生产中的问题，进行科技成果开发、转化和产业化工作，改造传统产业，发展新兴产业，从而促进经济的迅速发展。

5.3.3 高校技术转移机构助力"产学研"合作

（一）大学技术转移服务机构的功能定位

目前关于转移服务机构的分类方法有很多，本书仅依据它们在促进技术转移中的服务形式及所起的作用，参照国家或地方政府部门的机构设置类别，简单地归为技术转移中心、大学科技园、生产力促进中心、工程技术研究中心等几类。需要说明的是，由于这几类机构的功能定位、适宜的运行机制和管理体制有所不同，它们对促进大学技术转移的作用方式也不同，但都具有技术转移的使命，在促进大学技术转移和高新技术产业化方面都发挥了重要作用。

① 技术转移中心及功能定位

国家技术转移中心以加速技术转移、促进利用先进技术改造和提升传统产业及加快发展高新技术产业、优化和调整产业结构为目标，推动高校和科研院所的科技、人才、信息等资源与重点行业、重点企业结合，推动产学研联合工作向纵深发展。作为大学组织和整合科技资源的机构，国家技术转移中心不直接参与技术创新，对课题立项、研究进展及技术成熟程度有及时而准确的把握，将比较成熟的先进适用技术和行业共性技术通过专利许可或成果转让的方式转移、扩散到企业。几年来，国家技术转移中心取得的一系列成绩说明，国家技术转移中心是大学建设的最具代表性的技术转移服务机构，是解决大学技术转移最直接的有效途径。

② 大学科技园及功能定位

大学特别是研究型大学不仅是我国培养高级人才的机构，也是国家实施科研成果开发和技术攻关的重点领域。大学科技园作为大学服务社会的重要平台与过渡途径，目前已成为各地高新技术产业的孵化器和辐射源。经过多年的发展，国家大学科技园逐步将大学的综合智力资源优势与其他社会优势资源结合，发展成为大学技术转移和科技成果产业化的重要通道。作为国家创新体系的重要组成部分和自主创新的重要基地，大学科技园为高校实现产学研结合及社会服务功能提供了重要平台，已成为区域经济发展和行业技术进步及高新区二次创业的主要创新源泉之一。大学科技园紧邻高校，有多学科技术成果和大量创业者队伍支持，其功能定位是转化科技成果、孵化高新技术企业和培养复合型人才，是高新技术企业的孵化基地、创新创业人才的培育场所和创新资源汇聚结合的平台，是中小型高新技术企业的摇篮。

③ 生产力促进中心及功能定位

生产力促进中心是我国在深化科技体制改革过程中创立的与国际惯例接轨的、新型技术创新与社会化科技中介服务机构，是国家技术创新服务体系的重要组成部分。其宗旨是背靠政府，面向企业，组织社会科技力量，为广大中小企业提供综合配套服务，协助其建立技术创新机制，增强技术创新能力和市场竞争力，从而提高社会生产力水平，使经济发展保持旺盛的活力。生产力促进中心已成为沟通科技链与产业链、大学与企业的桥梁和纽带，成为推动中小企业发展的智囊团、参谋部和信息库，被称为向中小企业进行技术转移的助推器。因此，和技术转移中心一样，高校生产力促进中心可以直接向中小企业转移先进适用技术，也可以向广大中小企业提供多方面、综合性的服务，如企业诊断、企业策划等。

④ 工程技术研究中心及功能定位

国家工程技术研究中心，是国家发改委根据建设创新型国家和产业结构优化升级的重大战略需求，以提高自主创新能力、增强产业核心竞争能力和发展后劲为目标，组织具有较强研究开发和综合实力的高校、科研机构和企业等建设的研究开发实体。工程技术研究中心旨在通过建立工程化研究、验证的设施和有利于技术创新、成果转化的机制，搭建产业与科研之间的"桥梁"，研究开发产业关键共性技术，加快科研成果向现实生产力转化，促进产业技术进步和核心竞争能力的提高；国家工程技术研究中心由国家科技部主管，是国家科技发展计划的重要组成部分，是研究开发条件能力建设的重要内容。

工程技术研究中心拥有先进的科研设施、优秀的科技创新队伍，具备雄厚的应用基础研究、应用研究及开发研究实力，积累了丰富的工程开发经验，是行业领域里权威的研发机构。工程技术研究中心直接参与技术创新，其基本职责是从事行业共性关键技术的研究、集成和扩散，并为行业制定技术及工艺标准，为行业技术进步，产业结构优化、调整、升级提供智力支持和技术储备，是高水准、开放的行业共性关键技术中试基地。

（二）高校技术转移服务机构发展存在的问题

作为国家创新体系的重要组成部分，高校拥有大量科技资源，是基础研究和高新技术研究的主力军。但长期以来我国高校技术转移程度较低，大量技术成果不能转化为现实生产力。依托高校自身技术、人才等资源优势，建设发展高校科技中介服务机构可以弥补现有科技中介服务的不足，密切资源供给与社会需求之间的联系，是促进高校技术转移与科技成果转化的有效途径。

（1）高校科技中介机构发展现状

近年来，高校积极探索产学研结合的途径，建立了形式多样的具有科技中介服务性质的机构，如高校资产经营公司、科技开发管理部门、大学科技园、工程技术研发中心、国家技术转移中心、生产力促进中心，以及高校各类科技创新平台等。其中，大学科技园、工程技术研发中心、国家技术转移中心、生产力促进中心是发展较为成熟的和公认的主要高校科技中介服务机构。这些具有科技中介职能的机构已成为高校科技成果转化的平台和载体，增强了高校科技成果服务社会的效果。但从整体上看，高校科技中介机构尚处于发展初级阶段，还存在着专业化服务水平不高、专业人才严重匮乏、运行管理机制不健全等问题。

① 专业化服务水平不高

相当数量的高校科技中介机构规模较小，业务水平有限，服务手段落后，服务质量不高，局限于浅层次的低端服务。大部分中介机构还只是提供信息咨询，遴选学校科技成果，收集、整理企业的需求等服务，高端的技术交易和管理、科技企业的培育、风险投资服务等还比较滞后。

② 专业人才严重匮乏

高校科技中介从业人员中大多数是从教学管理等部门转化而来，尽管学历、技术职称层次较高，但专业及年龄结构不合理，知识结构老化，专门的咨询知识、经验、技能及创造性十分缺乏，缺少有较高业务水平，既懂管理、懂专业又懂技术和法律的复合型人才，缺乏执业技术经理人。

③ 运行管理机制不健全

高校科技中介部门大多由原来行政部门演化派生而来，在管理体制和运作机制上遗留着行政机关的烙印，机制不健全，缺乏明确的市场定位，服务方式僵化，市场意识、竞争意识和服务意识薄弱，缺乏有效的竞争机制和约束机制，管理水平低、效益差，科技中介作用未能有效发挥。

（2）高校科技中介机构发展对策

① 丰富高校中介机构服务内容

改变高校科技中介服务项目单一的现状，加强各高校科技管理部门、高校科技中介机构与社会上的法律、金融、知识产权等科技中介服务机构及技术经理人之间的联系和合作，建立协作机制，整合资源，丰富高校中介机构服务内容，实现全方位服务，提升服务水平。重点围绕技术开发、技术转让和技术推广，向全社会提供技术扩散、成果转化、科技评估、创新资源配置、创新决策与管理咨询等全程专业化中介服务。在技术成果孵化、成果商业评估、项目投标、专利转让、项目跟踪、法律中介服务、技术入股、数据库建设、诚信制度建设等基本职能方面大幅度提升专业化水平，满足科研人员、企业和政府对科技中介机构多样化、系统化、高层次的需求，完善高校科技中介服务体系。

②形成高校中介机构特色

按照合理布局、优化资源配置的原则，根据产业发展对关键技术、核心技术和共性技术的迫切需求，结合各高校学科优势及特色，构筑既具有综合性又有独特性优势的科技中介服务机构，形成区域特点突出、布局合理的高校科技中介服务网络。重点建设扶持一批基础好、特色明显的中介机构，鼓励其积极发挥高校与社会的沟通桥梁作用，提高技术与市场的对接程度，扩大影响，创出高校科技中介机构的品牌，带动高校科技中介机构整体发展。

③建立高校中介机构独立运行机制

规范高校科技中介机构的机构建制和运作，由高校设置独立的部门，配备相应的办公场所、办公设施，给予一定的固定编制，明确负责人。高校和高校科技中介机构彼此相互支持，相应的科技成果转让、知识交流、服务提供等实行市场机制，进行有偿交易，通过中介机构完成的技术交易根据项目金额大小和工作难度的不同，按一定比例提取中介费，最大限度地综合技术知识与市场知识，减少不合理的行政干预，实现大学母体和科技中介机构的良性合作。鼓励有能力的高校依照公司法建设具有独立法人地位的高校科技中介服务机构，遵循市场机制，建立现代企业制度，真正做到产权明晰、责权明确、风险自担、管理科学。明晰高校与高校科技中介机构之间的产权关系，高校通过经济手段而非行政手段介入中介机构的管理，按照资金、人才、技术、用房等入股比例获取收益。

④完善高校中介机构的激励机制

建立和完善有利于科技成果转化的科技人员绩效评价体系，改变单一以学术水平为导向的职称评聘和岗位设置的绩效评价体系，建立与不同系列职称、不同岗位职责相适应的多元化绩效评价体系,在科研选题和立项、职称评聘、岗位设置以及科技奖励措施的制定中,引导、支持和鼓励科研人员积极投身于科技成果转化及其产业化。落实当前关于科技成果转化的激励政策,设计合理的权益分配机制,提高科研人员的技术转让收益分配比例,对个人、院系与学校之间的分配比例进行合理划分,对有突出成绩的科研人员和技术中介人员给予相应的奖励,充分保障高校及其科研人员参与技术创新与转化的积极性和创造性。

⑤ 加强高校科技中介机构人才队伍建设

高度重视科技中介人才队伍建设,加强人才培养,全面提高高校科技中介服务人员素质。严格招聘高校科技中介机构从业人员,选择综合素质较高,具有较强的企业、技术、法律、市场营销和金融等专业背景,既熟悉法规政策又懂得高校科技成果转移、企业市场运作的专业人才。

加大对当前在岗从业人员的培训力度,积极创造良好条件,开拓多种培训渠道,加强与国外科技中介机构的业务交流与合作,提高科技中介人员的专业素质和服务能力。全面推进职业资格证书制度,鼓励在岗人员参加技术经理人、项目管理师、科技咨询师等资格认定,建立科技中介服务业资格标准体系。

鼓励高校相关专业的师生和科研机构、企业以及科技中介机构、专利代理机构、行业协会中有实践经验的科技人员专职或兼职从事中介服务,通过短期培训和课程进修等多种方式培养人才。建立与完善科技中介行业的人才培养和使用的激励机制,创新人才引进机制,吸引更多的高素质人才进入高校中介机构,逐步建立一支科学素质高、市场意识强、专业知识广、信息渠道宽、营销能力强的科技中介队伍。

⑥ 集成科技中介服务资源,形成科技中介服务网络

集成科技中介服务资源,加强各高校中介机构之间、高校中介机构与社会科技中介机构的联合与协作,建立协作网络。鼓励高校科技中介机构在各专业领域联合社会上的法律、会计、资产评估等专业技术服务机构,以及与科技密切相关的科技咨询和技术转移服务等机构,形成专业技术领域的科技中介服务网络,为科技创新的全过程提供综合配套服务。

运用信息化和网络化手段，构建中介服务网络信息平台，整合各中介机构以及高校、科研院所、企业、政府的信息资源，打破信息封闭，实现高校科技中介机构与社会中介机构的资源共享与信息服务的对接。企业一旦有技术需求就能从科技中介服务网上寻求技术支持或合作，高校的最新科技成果也能通过网络介绍给相关企业，使科技中介更加贴近企业和市场的需求，加速高校技术转移与科技成果转化。

（三）新时期我国高校技术转移机构发展策略

（1）实现多元化资金来源

我国高校的科研经费主要来源于教育部的拨款，要支撑高水平的科研则力度不足，这就导致了项目的搁置。建立基金和引入投资可以弥补资金短缺的不足。利用高校的校友资源，接受校友捐赠，制订基金管理方案。鼓励校友捐赠，制定捐赠方案，使机构与校友达到双赢。另外，建立风险投资体系，吸纳社会闲散投资者。由有声望的校友牵头管理和协调，建立完善的运营机制，先期对项目进行评估，将有广阔前景的项目向企业和政府机构推荐，吸引风投的同时，也获得政府科技计划青睐，搭建与企业、政府深度开发合作的平台，借助政府创业政策支持，推动科技成果的转化。中心充分发挥市场机制配置科技资源的基础性作用，牢牢抓住学校的技术、人才资源对接企业需求，全面深化学校技术转移工作。

（2）满足合理性收益分配

根据现有的《专利法修订草案》（2019），科研单位承担了国家投资的科研项目，并在期限内将项目转化成科研产品，那么，科研项目承担单位将有权申请专利。但是依照我国目前大学科研项目的运行方式，科技成果和知识产权的所有权归属较为复杂，科研人员与高校在技术成果和知识产权的归属上，难以明确分配，高校都应结合自己实际制定更加科学合理的高校技术成果和知识产权认定分配实施细则。进一步明确承担政府资助的研究项目和企业联合合作项目，及大学自主研发项目的成果分配和归属，建立起合理的产学研操作规程和法律保障体系，在科技转移服务的理念上坚持从适应性向主导性转变，将科技成果的经济效益和企业评价作为机构教师的主要参考标准，在分配上遵循市场规律，激发高校科技转移机构及科研人员的创新创业积极性。

（3）创建优质机构与团队

现代的高校技术转移机构，面对的是整个经济市场，需要更加专业、完备的市场运作团队，要求具备科研、法律、金融、营销、管理等多方面的专业人才。高校科技转移服务机构应该在人员组成上充分考虑专业特点和实践经验，建立一支高学历、高素质、高水平的专业化人才队伍，建立专门的编制与运转费用，侧重于专业知识、管理经验、营销策略的优化组合，形成较强的市场观、系统观和实战观，拓宽转化渠道，提高转化工作的系统性、完整性和有效性，最大限度地发挥高校科技转移机构在产学研领域的创新引领作用。

① 完善我国大学技术转移服务机构的运行机制

技术转移环境建设最重要的是法律和政策环境。为此，在促进行动的实施方案中，把健全技术市场法律法规政策保障体系，营造有利于技术转移的法律环境作为一项重要内容。对大学而言，进一步从观念上重视和营造有利于技术转移的环境和氛围是完善我国大学技术转移服务机构运行机制的第一步。社会服务功能是大学的三大功能之一，而大学通过技术转移服务机构促进技术转移是社会服务功能的核心。技术转移是大学发展新的增长点和机遇，是研究型大学的重要属性。要发挥大学技术转移的作用与动能，在完善技术转移运行机制的基础上，进行合理的技术转移规范管理，建立科学、合理、高效、适应市场需要的技术转移服务机构，搭建技术转移的平台。基于此，大学应统筹考虑教学、科研和技术转移工作，培育和完善高等学校科技中介服务体系，并按照开放、高效和守信等原则对其进行规范化管理，推动大学技术转移服务体系健康发展。

国外大学技术转移的经验可以给我们有益的借鉴和启示。国外大学的技术转移是大学科研的主体，国家项目类似于我国的阶段性项目，虽是重大课题项目，但在总科研中比重较低；国外企业均具有较强的技术开发能力。因而，国外大学的技术转移多为大学提供前期基础研究、理论研究和项目预研，其研究成果转移到企业，企业再进行二次开发，形成自己的技术产品。从发展趋势看，大学将成为我国公共科技投资专利产出的主要机构，促进大学以专利许可为主要内容的技术转移将更为迫切。要建立合理的技术转移利益分配机制，调动科技人员从事技术转移的积极性。

从国家层面来说，我国大学技术转移政策经历了一个从对大学和科技人员的行政性奖励措施到技术转移组织制度建设和知识产权制度建设的过程，为大学的知识产权特别是专利的技术转移提供了法律依据和政策导向。但按照我国大学科研项目运作方式，科技创新成果和知识产权的所有权归属较为复杂，不能简单地将大学教师的技术创新成果所有权归为所在学校所有。应制定更加科学、合理的知识产权认定和管理办法或法规实施细则，进一步明确承担政府资助研究开发项目的大学和研究人员对研究成果拥有全部或部分知识产权的操作规程，为促进大学技术转移提供重要的法律保障，激发高校教师自身的技术创新动力。

② 将技术转移成效逐步纳入大学的考核评价体系

长期以来，由于受盛行的高校排名、SCI排名等因素的影响，大学普遍注重论文的发表，应用研究开发和技术转移没有得到足够的重视。大学应该尽快调整教师和科技人员的业绩考核管理办法，在科研评价体系上由过去的重视论文和科技成果鉴定向重视技术转移转变，在技术转移及服务的理念上坚持从适应性向主导性转变，营造校内技术转移的良好环境。比如在具体的职称评定、岗位评定中要坚持"效益与论文同等"的原则，对从事应用研究和技术转移的科技人员，在职称评定及业绩考核中，重点考核其成果的经济效益及企业的评价。在利益分配中，要遵循市场规律，对产生良好经济效益的科技成果，给予其研究人员应有的经济奖励，促进教师和科技人员积极开展技术创新活动和技术转移工作。

③ 加强大学技术转移机构专业人员的管理与培训

技术转移服务业是一种智力产业，其队伍的建设是行业发展的关键。以大学技术转移发达的美国为例，美国具有科学研究实力的大学均设立了技术转移办公室，代表学校对教授发明的技术进行评估、代理专利、商业谈判及过程实施监督等。由于技术转移工作面对的是市场运作，需要具有雄厚的工程技术、法律、金融等多方面的实力与经验，而学校的教授与一般管理人员难以担当起这一重任，所以美国大学的技术转移机构均从社会上招聘具有企业长期实践经验的技术专家、管理专家、法律专家等从事技术转移办公室工作，并给予专门的编制与运转费用。而我国大学技术转移服务机构大多是学校的科技处的下属部门，工作人员更多的是行政事务的处理，专门的咨询知识、经验、技能及创造性十分缺乏，市场观念、系统观和实际操作能力不强，在技术转移方面的知识和经验缺乏，以至于目前很多大学建立的技术转移机构无法发挥应有的作用，甚至形同虚设。借鉴美国高校OTL的成功经验，我国技术转移中介机构的职能应突破大学现有的科技处或科研部的传统工作理念，形成系统的、完整的转化渠道。

（4）开拓技术服务新领域

① 服务的标准化和规范化是高校科技服务机构规模化发展的必然方向

现今国内科技服务业业务操作不规范，缺乏标准化，难以集成的问题比较突出。需要建立统一的科技服务标准，促使不同的科技服务机构能够提供相同质量、相同规格的服务品种，促进科技服务的规范化、模块化和标准化，为服务需求方提供鉴别服务质量、选择服务机构的依据，进而减少服务需求方与服务机构之间的信息不对称现象，扫除科技服务机构规模化发展的障碍。

② 线上线下服务相结合

计算机技术的发展，颠覆了传统技术转移机构的服务方式，其工作地域、服务半径都随着大数据、云计算、物联网等产生质的飞跃。常规的服务流程，可以用模块化服务代替，并在互联网完成线上销售和线上服务。一些客户的个性化需求，可以通过线上引流、线下配合的方式进行。O2O的模式和因人而异的服务理念，是科技发展带给科技服务的必然要求。

③ 逐步实现国际化与市场化

在经济全球一体化的大背景下，高校的技术创新和技术服务，不应只看到眼前的"一亩三分地"，而是应该立足国际视野，在确保本地服务的同时，积极开拓国际技术转移服务，将其作为服务中心的创新服务项目，如依托校际之间的教学、科研、技术等方面的合作，合理地利用校际资源开展国际科研技术转移服务业务。这不仅给院校提供了更广阔的舞台，为学校培养和输送人才创造新机遇，同时，也符合我国打造"211"的国家战略决策的要求。

高校的技术服务机构应积极参与建设国际产业创新交流平台，实现技术转移国际市场化。我国科技工作规划中提出了要抓住并用好新常态蕴含的战略机遇，打造和升级我国技术服务示范区的规划。具体的做法是，链接国际资源，打造专业人员团队，利用现有资源和筹建的国外技术交流、转移机构，集自主研发、技术创新、技术转移于一体。高校技术服务机构应抓住这一机遇期，借助以上平台，拓展国际市场，强调国际间技术交流和研发战略合作，促进地区的产业转型。

06 Chapter
企业技术转移人才体系建设实务指导

创新型人才通常是指具有较高的创造力并做出巨大贡献的人才,他们是企业建设和发展的主力军,他们的工作态度、敬业精神、工作业绩直接体现企业文明建设的成果和发展方向,所以在技术转移的建设中需要创新人才的融入。

6.1 企业技术转移的概况与分析

6.1.1 技术转移对企业的作用

(一)技术转移对企业的作用及意义

在当前,我国企业普遍都面临着创新能力薄弱、科技水平与研发能力不足等一系列问题,尤其是中小型企业。这些中小型企业要生存发展,必须要依靠从企业以外引进技术,并在吸收后再创新。只有如此才能不断地推进企业科技发展,增强企业的竞争力。在实际的经济生活中,大多数企业也是更愿意采用技术转移创新模式,北京大学李国平和韩振海在2003年11月《科研管理》发表文章《企业技术创新模式的选择分析——以青岛市为例》中,对青岛的148家企业进行调查,结果86%的企业认同技术转移创新模式。企业更多的是从实际出发,通过技术转移来实现技术升级,并在吸收转化后再创新,这样能用较短的时间提升竞争力,而且对于企业来说风险较小,较为经济。

(1)技术转移对企业的作用

企业生存与发展,必然依靠其自身技术的不断进步。技术进步,泛指技术的各个构成因素及其结合方式的变化，这种变化能够导致生产能力的提高。技术的进步，不仅指生产工艺上的进步，还包括生产设施、生产方法、生产程序和新的产品等。技术进步的直接后果表现为产量增加或成本减少。即一定量的投入能生产更多的产出，或者一定量的产出只需要更少的投入。企业技术进步的实质就是使资源利用和资源配置的效率明显得到提高。综合起来说，企业技术转移的作用主要表现在以下几个方面。

① 提高企业技术水平，增强自主创新能力

企业所转移进的技术，基本上都是优于现有技术的较先进技术，技术要求较高。因而要掌握这些技术，并将其运用到生产实践中，就需要有能够掌握先进技术的技术人员和管理人员，有能够操作先进技术的熟练技术工人。为了能掌握和管理引进的技术，企业必然要面向技术及生产人员开展培训等活动提高技术能力。通过这些技术强化，企业技术水平就从基础上被加强。企业技术水平的提升，又为企业实现自主创新增强了内在动力。如地处金坛市直溪镇的冷冻机厂，主要产品都是压缩机，是典型的苏南乡镇企业，由于地处乡镇，不能吸引到足够的专业技术人员。他们就利用引进科研院所技术的方式，邀请本行业的专家到厂组成专家研发小组，并派出自己有一定基础的技术人员参与到技术产业化研发过程中。通过参与技术开发，这些企业的技术人员水平得到了较快的提升。在生产过程中，生产工人由于要适应新生产，也必须进行必要的培训，所以企业的整体技术水平得到了很大幅度的提升，增强了其自主创新能力。

② 实现跨越式技术进步和技术升级换代

跨越式技术进步，指企业吸收和采用新兴科学技术的成果，使其能跳过传统的某些发展阶段，直接建立在新技术的基础上。如意大利的制鞋业，直接在手工生产的基础上引入信息技术，提升到信息化生产。或者，根据需要与可能，利用新技术革命的成果，建立和发展新的生产方式，缩短与先进企业的距离，实现技术的升级换代。在企业的技术利用和发展中，引进并利用新技术改造传统的生产和管理方式，选择优势产品，以逐步形成合理的产品结构，并以产品结构的合理化推进技术结构的合理化。

③ 培育企业新增长点

通过技术转移，企业可以利用新技术和管理手段，首先是改造现有的技术设备、生产过程、设计、销售及管理技术，进一步优化产品结构，增强竞争力。其次是发现和培育在引进新技术后出现的新产品。特别是经过消化吸收再创新后的新产品，都带有未来市场的潜在性特征，可以被视为企业发展的新增长点。

（2）技术转移对企业的意义

在当前科学技术日新月异的时代，技术成了企业发展的生命之源。对中小企业来说，自主创新能力较为薄弱，不能在短时期内拥有自主的技术，那么，技术转移就成了中小企业不断革新技术所采用的主要方式。在众多的企业中，作为技术含量较高的一类企业，其技术转移就具有重要的意义，一项技术引进的成败直接关系到企业兴衰。

技术转移对企业的重要意义主要表现在以下几个方面。

① 节约技术研究开发时间，为企业发展赢得时间

一项普通的技术发明，从研究、试验、设计到投入生产，一般需要10年左右时间，而引进这项开发成功的技术投入生产一般只需两到三年的时间。江苏省金坛市的康泰氟化工公司在2003年引进HFC-134a制冷剂技术，2006年就达到了5万吨的规模化生产。因此，技术转移是获取现成的和成熟的技术成果，不必重复技术开发工作，节省了研究和实验的时间，为企业的发展赢得时间。

② 节省技术研究开发费用，降低企业风险

任何一项适宜大规模生产的技术研究开发，都需要在人力和物力上做持续而巨大的投入，并且有较大的风险。所以，如果单一企业，特别是中小型企业，独立去投资开发一项技术，基本上是不可能的，一方面是资金投入太大，另一方面是技术开发的风险较大。因而，中小型企业的技术转移，就能节省大笔的技术开发与研究费用，并且降低企业风险。

③ 提升企业技术力量，实现技术跨越式发展

技术转移的本身，不是为了转移技术而引进，而是利用外来技术提升

自身技术力量，实现企业技术的跨越式进步。企业的技术转移引进，就是对企业技术人员的一次集中培训，从根本上提升企业的技术力量。在企业技术转移引进吸收消化达到再创新后，整个企业的技术就实现了跨越式发展。在中小型企业中，这方面表现得尤为突出。江苏金坛市的康泰氟化工厂，原本是一个规模只有几十人的乡镇企业，1992年该公司通过技术转让引进国家"七五"攻关项目"富右旋反式烯丙菊酯原药"的生产技术，到1994年发展成为能生产一系列卫生杀虫剂原药的企业。这个过程，得益于企业在引进"富右旋反式烯丙菊酯原药"的生产技术过程，企业人员的技术水平、生产工艺等各方面得到了普遍提升。如果没有企业技术力量的提升，是不可能有这样的力量来生产如此多产品的。

（二）企业中技术转移的形式

技术转移是指技术从一个地方以某种形式转移到另一个地方。它包括国家之间的技术转移，也包括从技术生成部门向使用部门的转移，也可以是使用部门之间的转移。

技术转移是一个复杂的动态过程。它包含两层含义：首先是有关技术设备、参考资料、操作手册、专业术语等有形物质及信息的实质性转移；其次是技术转移过程中，在技术水平、价值观念等方面存在较大差异的双方在感情、立场等方面的交流，它虽然是无形的，但却对技术转移过程始终发生影响，甚至能决定其是否成功。

技术转移包含3方面的要素：一是技术转移部门，它是技术转移的实体，主要包括国家实验室、独立的科研机构、大学科研机构、公司企业研发部门等；二是被转移的技术，包括科技发明、专利、技术诀窍、商标、R&D成果、营销策划方案等；三是技术转移方式，包括专利转让、授权、许可证协议、技术援助、人员流动、合作生产、交钥匙工程等。技术转移的3方面要素之间的关系是指技术转移部门通过一定的技术转移方式把技术成果转移给技术接受部门。

例如，2005年以前，宝钢集团就以原宝钢股份为主体，通过技术贸易平台，分别向其他分（子）公司输出了以单体项目为主的生产、管理等成熟技术，开始了集团公司内部技术转移工作的探索。2005年以后，随着集团内钢铁主业一体化的实现，在公司内策划建立了以"模拟市场、项目平台、轻触激励"为主要内容的技术转移管理机制。

（1）技术转移形式

技术推广

技术推广以项目为载体，系统推进技术推广工作。由原来以解决具体的技术问题为主，转变为以通过解决技术系统问题来传递技术能力为主。建立以现场需求结合专业发展的互动式项目策划模式，兼顾解决长远技术发展问题和眼前急需改进的短板环节等。在公司内推进技术推广工作，缩小各分（子）公司、事业部与公司本部的差别。

技术贸易

技术贸易，包括成套设备、关键设备、生产线、专有技术许可、技术咨询和技术服务贸易，是一个国家获得所需技术的最直接方法。随着集团公司不断的技术改进和实践经验积累，系统梳理企业生产技术，在不触及企业生产核心技术，保证正常生产的前提下，采取合适的保护措施，向企业外输出先进生产技术、设备等。

提供技术贸易服务的过程也是一个自我提高的过程，借此契机，企业可系统梳理生产技术和知识产权，有助于企业的人才培养、知识产权的形成，快速提升成套技术集成能力和国际化能力。

（2）技术转移实现

技术推广

① 对标找差

宝钢集团钢铁主业一体化以后，依托技术共享平台，各分（子）公司和事业部各生产、管理单元，纷纷与公司直属厂、部门相应单元开展对标找差工作，技术人员通过交流、学习、指导，梳理生产线工艺、操作、设备改进，以解决问题为主，建立短、平、快型技术推广项目。2008年，公司不锈钢事业部热轧1780生产线在生产SAPH系列酸洗板时，遇到一系列瓶颈问题。当时只能生产3个牌号，产品规格10个，而且大多停留在极限范围内，月产量只有63t。并且，轧制后经常出现氧化铁皮，封锁率达到11%。借助技术共享平台，与公司热轧技术人员交流后，建立"汽车结构钢热轧工艺技术推广"项目，并在专家的指导下，通过调整在炉时间、空炉要求、中间坯厚度控制、粗轧轧制速度优化等一系列措施，到2009年下半年，SAPH系列酸洗板热轧氧化铁皮封锁率控制在2.38%，月产量达到1000 t，移植生产1个新牌号，SAPH系列酸洗板牌号增加到4个，新开发、生产30个规格，其中极限规格达到9个，并根据1780自身的生产线特征，最终形成相应的生产工艺。通过技术推广项目发挥公司内技术人员的协同效应，迅速解决生产瓶颈问题，提升产品竞争能力。

② 创新成果

宝钢股份有限公司每年有几百项授权专利、上千项的技术秘密和先进操作法，公司相关部门组织梳理创新成果形成推荐项目，召开员工创新成果交流会，各部门申报技术推广项目。例如，1780机组每月都存在因卷取造成塔形封锁和减少废钢的情况，为降低塔形封锁率和废钢，2009年8月与"热轧工艺操作优化与先进操作法"推介人，申报技术推广项目"卷取控制技术推广"。在专家指点下，通过改善现场工作条件，到2010年3月不锈钢塔形封锁率下降了9.97%，碳钢塔形封锁率下降了1.4%。

③ 新品拓展

钢铁主业一体化以来，产品实行一体化销售，碳钢产品生产线依托集团公司直属厂、部，移植集团公司内的成熟产品，在其他分（子）公司和事业部碳钢生产线中快速形成一批技术含量高、附加值高、经济效益好的碳钢拳头产品。

碳钢产品移植过程中，移植单位不仅在工艺、技术的选用上走捷径，更主要是研发人员把他们在产品研发过程中遇到的一些经验教训传授给受让方，避免相同错误的发生，大大提高工作效率，同时在公司内实现知识共享。不锈钢事业部前期移植高强度焊接结构钢A572Gr65，从铁水预处理至热轧产品的整个生产工序得到推广方的指导，在公司传统制作工艺的基础上，进行二次技术创新，形成了适合事业部设备特点的冶炼、热轧生产工艺。其质量、性能都达到了同类产品的先进水平，合格率100%，在项目的进行过程中形成了一个技术秘密。

④ 科研成果转化

每年，有关部门从宝钢股份有限公司完成的科研项目中挑选出有推广应用前景的项目，推荐给相关分（子）公司和事业部，生成技术推广项目。不锈钢事业部炼钢厂原有碳钢漏钢预报系统的误报警情况非常严重，每月各连铸机误报警少则几十次，多则两三百次，且原系统预报速度太慢。2007年1月，事业部炼钢厂移植了宝钢股份有限公司研究院自动化研究所开发的"连铸板坯漏钢预报系统"，成立"碳钢连铸板坯黏结性漏钢预报系统开发"的技术推广团队。在开发的预报模型中，通过综合使用逻辑判别、神经网络控制、模糊逻辑推理等智能模式识别技术，极大地提高模型的预报精度，降低模型的误报率。系统结合现场生产新增了热成像功能，可实时、动态显示结晶器表面的温度分布情况，还增加了纵裂漏钢预报功能，对裂纹敏感性钢种是否会出现大的纵裂进行预测。2007年6月模型上线调试，当年11月完成所有模型的调试，实现在线控制。通过对生产实际数据测试汇总，得到系统的粘结漏钢率小于0.07%，误报率小于1.57%，且新系统比原系统平均要提前6s左右报警，预报的准确性远高于原系统，有效避免漏钢。系统成功预报一次漏钢，减少直接损失50万元以上。

科研与推广的有机结合，有效解决了科研、生产脱节的弊端，实现了优势的互补和力量的集成，发挥了群体效应，实现了人员集成、功能集成、资金集成、优势集成，大大促进了科技成果向生产力的转化。

⑤ 其他

技术推广可以作为技术改进的一种辅助手段，如对于技改项目运行，在设备的布置、安装、使用技巧等方面，都可以引进他人的成熟经验，建立技术推广项目，指导正在进行中的项目，以缩短项目实施时间，降低故障发生率，快速实现预期目标。

在工程建设中通过建立技术推广项目引进成熟技术、管理方法等，缩短建设周期，使产线快速达标。为提高产品质量，改善管理工作，可以引入技术推广项目,以达到减少人力资源成本、降低研发资金、缩短周期、提高企业竞争力的目的。

技术贸易

在对外开展技术贸易的同时加速技术成果产业化,展示企业的技术实力。公司积极响应国务院"加速技术成果商品化,开放技术市场"的号召,在企业内实现优势互补,形成协同效应,推广企业领先技术,开展技术贸易工作。

企业开展对外技术贸易有利于提高企业自身技术水平。在熟悉新设备、掌握新工艺过程中,明显地提高了自己的水平,同时促进了技术创新。

(3)技术转移的日常管理

① 技术推广

当前,公司技术推广工作以项目为载体,在项目开展过程中,技术推广管理人员做好前期的策划工作,推进推广方与受让方人员之间的默契配合。双方人员对问题的统一认识,是项目顺利开展的关键,因此受让方人员要主动、虚心地请教推广方技术人员,在项目结束后,加强成果固化,开展项目后评估。针对移植的产品,督促推广方在对工艺、成分等进行改进后,应及时通知受让方。受让方管理员应做有心人,经常联络推广方,了解产品的调整情况,以便及时改进。

② 技术贸易

在技术贸易开展过程中,保护企业知识产权是第一要务。技术贸易管理人员应做好每个项目的前期评审工作,界定项目转让的范围,以利于技术的传播和推广。在项目开展过程中加强相关人员知识产权保护意识教育,把握技术转让的"度",而参加技术转让谈判和签订保密协议的人员越少越好,尽可能地缩小泄密的可能性。

在企业内开展技术转移工作,应缩小各分(子)公司和事业部的差距,降低研发费和人工成本,杜绝技术人员重复工作,缩短质量改善时间，实现技术成果转化为生产力的目标。针对在技术转移中存在的问题，要从项目管理入手，切实做好技术转移管理策划、跟踪和成果固化，持续提高企业的市场竞争力。

企业在技术转移中要保持龙头地位，就必须在产、学、研上下工夫，加大创新力度。

（三）我国企业技术转移的制约因素分析

（1）我国企业技术转移的现状

我国是一个中小企业众多的国家，中小企业在国民经济中占有举足轻重的地位。据统计，我国中小企业占全部企业总数的99%，在全国工业产值和实现利税中分别占60%和40%左右，提供了大约75%的就业机会。但是，我国的大多数中小企业仍处在粗放发展阶段，虽然一些中小企业表现出较强的技术创新能力，从总体上讲创新能力和水平还比较低。相比之下，美国技术转移政策始终围绕着技术转移的进步与发展，以提高技术转移的经济效益而制定，科技成果转移是一个非常复杂的过程。1992年还设立了一个阶段性研究计划——小企业技术转移计划，要求有关联邦机构拿出其研究与发展经费的一部分支持小型企业与非盈利研究机构的技术转移。

（2）我国企业技术转移的制约因素

企业方面

① 企业技术进步的动力和能力严重不足

主要表现为：第一，技术进步的意识不强，满足于现有技术；第二，对科技投入力度不够；第三，对科技的吸纳能力不足，企业技术力量薄弱，人员素质不高，对新技术不易掌握。此外，企业的技术创新模式大多是需求拉动型的，尽管该模式有很多优点，但模仿性创新较多，自主创新能力弱，关键技术仍然掌握在国外企业手中，使我国中小企业丧失核心竞争优势。企业的竞争战略往往侧重如何争夺竞争对手的顾客，取得较高的市场份额，但由于中小企业受资金、人才、技术等的制约，无法正面与大企业竞争。

② 生产与科研脱节，现有科技成果应用率低

技术转移的有效途径之一就是科研单位与企业相结合，实现优势互补，强强联合。但实际操作过程中，合作双方往往存在不同程度的障碍。比如在技术评估作价、股份比例、选派管理者等诸多方面难以达成共识，合作无法成功。据不完全统计，发达国家对科研成果的推广应用率在60%~80%，而我国目前的科技成果推广率只有40%左右，科技成果转化率不足20%，真正实现产业化的科技成果还不足5%。造成这种局面的主要原因是企业与科研院所相脱离。

环境方面

① 信息中介服务不能适应技术供需双方需求

技术的供给和技术的需求是通过市场实现的，市场是联系供需双方实现商品交换关系的完整系统。我国技术市场在功能上还很不完善，大多数市场只具备信息中介机构和简单的交易服务功能，缺少能提供专业服务和综合服务的机构和专业人员，尤其缺少训练有素的既懂技术又懂经济的专业技术经理人和规范的技术经营机构。这使得很多技术因得不到系统有效的服务而无法转移。

② 缺乏产权制度环境，企业知识产权意识淡薄

与一般商品一样，技术商品也是通过价格来实现其在供需双方的价值的转移，并通过价格将供需信息反馈，调控供需双方的行为。但是，由于技术商品的外溢性和其价格的不确定性，技术转移常常因技术供方得不到相应收益的反馈而受到障碍。我国由于知识产权保护的法律执行力度不够，科研成果被盗用的现象普遍存在，使技术研究开发者因缺乏技术转移收益反馈效应的激励而失去技术创新的动力，使技术的供给不足，同时技术供方也因加强技术防范措施而增加技术转移的障碍。

③ 缺乏风险防范与补偿机制

技术转移存在技术、市场和扩散的风险，技术的开发与使用存在失败的风险，技术生产的一次性，生产成本在出售前就全部形成，市场的变动和技术商品价格的不确定性，使技术供方存在很大的市场风险，技术的外

溢性使技术受方承受技术效用丧失的风险,而我国在这方面没有相应的防范措施和补偿措施,对于投入大的高新技术的开发和转移尤其困难。

政府方面

在我国技术转移的发展过程中,虽然实施了一系列的政策法规,如《关于科技型中小企业技术创新基金的暂行规定》等,但是,要适应经济全球化和市场经济发展的需求,我们还需要尽快制定《国家技术转移法》等一系列的政策法规,完善技术机制,推动技术转移的顺利发展。

6.1.2 我国企业技术转移的模式

技术的活动都不是孤立存在的,也不是无缘无故发生的。所以,任何技术转移活动都存在诱发因素。从企业技术转移涉及的各方面来看,能诱发技术转移活动发生的因素主要有技术、市场、政府等。对现行的中小型企业技术转移状况进行分析,结合技术创新理论及中小型企业技术创新机制的"轮式模型",以中小型企业技术转移过程的主导诱发因素为划分依据,现行的中小型企业技术转移模式可划分为四种模式:技术需求推动的技术转移模式、市场需求拉动的技术转移模式、政府推动的技术转移模式、多因素作用的技术转移模式。

技术需求推动的技术转移模式,是由于企业的技术需求而导致的转移技术的方式。这种模式是技术含量较高的中小型企业经常采用的模式,表现了企业对新技术的积极追求。市场需求拉动的技术转移模式,主要是由市场蓬勃的需求,激发企业对高额利润的渴望所引发的技术转移方式。该模式是中小型企业技术转移过程中最常见的模式,反映了企业因需求被动地追求新技术。政府推动的技术转移模式,在中小型企业社会化和集群化发展过程中出现较多,主导诱因是政府,突出了政府对企业一体化过程中的政策要求。这个模式在中小型企业引进诸如环保、节能等公益性技术时出现最多。多因素作用的技术转移模式,技术转移是系统过程,在实际的经济生活中,众多的技术转移活动是各种复杂的因素诱发的,比如企业家的灵感等,是不能被归结为具体类型的,具有一定的偶然性。这类情况在小型企业技术转移中多有出现。

从技术转移诱发因素出发，对技术转移模式进行划分，是判别技术转移性质和类型的一种有效办法。厘清技术转移模式，就能更好地研究技术转移系统和作用机制，进而提高技术转移效率。

（一）技术需求推动的技术转移模式

技术需求是技术转移的最直接诱因，也是技术引进的最直接动力。如果没有企业的技术需求，就不可能引起技术转移活动。因此，技术需求推动的技术引进模式就是以技术需求为起点的一系列线性过程（见图6.1.1）。

技术需求 ▶ 技术寻求 ▶ 技术成果 ▶ 技术转移 ▶ 技术吸收再创新

■ 图6.1.1　技术需求推动的技术转移线形过程

技术需求推动的技术转移全过程：首先起于技术需求，只有企业产生对技术的需求，才可能引发技术转移。但不是所有的技术需求都能引发技术转移，有些技术需求，企业可以通过自己的技术力量来开发满足。技术寻求，是在企业产生技术需求以后，为了满足企业技术需求而展开的对企业以外技术的搜索、分析及信息交流等活动。在技术转移整个环节中，技术寻求是比较关键的一步，其中涉及对外部技术信息的收集、整理、判断和决策。技术成果，主要是熟化程度较高的技术。只有这些熟化程度较高的技术，才能被实际的生产所运用，而且企业引进这些技术后不需要花费太多资本和时间就能实现生产。技术成果，是技术转移的物质基础，如果没有技术成果，有技术需求也是不能实现技术转移的。

所以，技术成果是企业与研发机构沟通的纽带。企业有技术需求，存在熟化的技术成果，经过技术寻求实现企业与研发机构的沟通，就进入技术引入阶段。企业的技术引入，不是简单购买技术，而是通过各方面的考量选择合适的方式引入技术。比如，有时候是购买专利、有时候购买设备兼人员培训等方式。技术引入，不是最终的目的，而是企业技术进步的手段之一，引入的技术，必须为企业所吸收和再创新，才能构成整个企业技术引进的有机过程。简单的引入技术，并不能称为有机的技术引入过程，只有在技术引入后，吸收利用再创新，才能称之为技术引进的完成。对于中小型企业来说，技术推动的技术转移模式，是与技术推动的技术创新紧密联系的。引进的先进技术，只是属于企业以外，要真正地运用到自己的企业中，就需要充分吸收和再创新。中小型企业存在的技术推动的技术转移模式在现实中的表现可以从以下案例中分析得出。

根据经济学的需求定义，结合技术的特征，给出以下的技术需求的定义。

技术需求指在一定时期内，系统上实现经济、科技、社会发展的某种特定目标，对技术（包括物质形态和知识形态）提出的获取欲望和要求。技术需求与一般产品（或服务）需求有共性但又具有反映由技术特性所决定的个性，主要表现为以下5点。

① 技术需求同样也是购买欲望与支付能力的统一。即系统为实现其特殊的经济、科技、社会发展目标，不但要对所需要的技术有购买的欲望，而且还要有购买的能力，否则都不能成为实际的技术需求，也无法实现系统的特定目标。

② 由于技术具有知识形态的存在性、转让的多次性以及转让方式的可选择性等特点，使得技术需求的价格并不单一地受到转让次数的影响。

③ 技术生产的单一性、创造性和风险性，导致影响技术需求的因素复杂，包括所需求技术自身的特殊性、技术的价格、技术供给方所提供的技术服务、技术需求方的资金筹措和支付能力、技术消化吸收能力、管理水平，以及其所处的经济社会政治环境等。

④ 技术需求产生于系统在其发展过程中对技术使用功能的需求，即通过对技术功能的使用，可以实现其经济、科技和社会发展的某种特定目标，而且技术需求不服从于一般商品的需求法则——需求曲线向下倾斜规律。

⑤ 技术需求不仅仅是购买欲望与支付能力的统一，而是购买欲望、支付能力与消化吸收能力的统一；同时，技术需求不仅可以通过技术贸易的途径来谋求解决，而且由于技术的溢出效应，还可以通过市场信息、产品信息、学习模仿等途径来获得技术，以模仿为例，如Mansfield等人的实证研究表明，模仿者能为技术商品的需求方大约节省35%的成本。

案例1

常州市华钦化学股份有限公司，成立于1997年4月，注册资本4540万元，总资产1.85亿元，现建设有4个工厂，分别位于江苏省金坛市和淮安市。华钦化工，主要生产专业性光引发剂和紫外线吸收剂；目前已达万吨级生产规模，并通过了ISO9001：2000国际质量体系认证，ISO-4001国际环保体系认证。

华钦化工是一家以技术为背景的生产型化工企业，拥有多项发明专利。该公司董事长徐俊伟，研究生学历，高级工程师，是一位长期专注于光固化材料、聚合物防老化材料和功能高分子改性材料等领域研究的年轻专家。2003~2006年，徐俊伟承担了国家及省级科技计划以及产业化项目4项，作为第一发明人申报国家发明专利12项，作为第一作者在国际性刊物发表论文6篇，国内核心期刊发表论文8篇，并两次受到国际辐射固化学术年会的邀请。正是由于企业家具有良好的学术研究背景，华钦化工一直在光引发剂研发方面具有很强的实力。比如，在酰基磷氧化物光引发剂的研发过程中，华钦独创性地提出了"以苯基二氧化磷为原料，通过金属有机磷作为合成砌块，获得高纯度酰基磷氧化物。这一技术工艺新颖，制备成本低廉，技术性能优异。华钦化工在研发过程中，不仅仅依靠自身的力量，也积极与清华大学、中国科技大学、北京化工大学以及国家涂料工程技术研究中心进行多方位的产学研合作。光引发剂，是一种助剂，普通的涂料、油墨、黏合剂一般要好几天才能干，如果在里面加上一种光引发剂，在紫外线的照射下不到1秒就100%干，而且没有任何气味挥发出来，非常环保。光引发剂在手机、皮鞋、DVD、飞机制造等领域的潜在需求非常巨大。

华钦化工在研发光引发剂时，就看到这个市场潜力。研发成功后发现在大规模生产中有许多生产难题没办法解决，产量一直上不去，于是产生了对光引发剂生产工艺的技术需求。早在华钦化工研发光引发剂前，德国曼海姆应用科学大学有机化学系的前系主任罗兰德·帕尔姆尔化学博士、教授，就一直致力于化工工艺的研究，总结出了众多的先进化工生产方法，并积极向世界介绍和推广他们开发的先进化工工艺。2005年，当华钦化工有迫切的技术需求时，他们找到政府。通过政府"引智"，成功引进了先进的光引发剂生产工艺，并聘请罗兰德·帕尔姆尔为技术总顾问。由于吸收消化了罗兰德·帕尔姆尔的先进化工生产工艺，华钦化工在2006年销售额突破了3.4亿元，而此前的2004年只有1.24亿元，2005年也只有1.85亿元。技术引进给华钦带来的是生产量剧增和效益的提升。

中小型化工企业，作为技术含量较高的一类中小型企业，其技术引进的效果，比其他传统产业中小型企业表现得尤为突出。在华钦化工引进罗兰德·帕尔姆尔先进化工生产工艺的案例中，整个技术引进的触发点是华钦化工在生产光引发剂过程中遇到化工工艺的困难，很难实现大规模生产，存在技术需求。罗兰德·帕尔姆尔的化工生产工艺，是经过了若干年研究和试验总结出来的，是较为成熟的技术成果。他向世界积极介绍和推广自己的技术成果，使更多的人了解他的技术，客观上促进了华钦技术寻求时容易获取信息。然后，经过政府的"引智"平台，双方获得了信任与了解，自然就促成了华钦引进了罗兰德·帕尔姆尔的先进化工生产工艺。技术引进后，华钦经过消化吸收后才能激发其巨大的产能。

因此，这个案例就是有机而完整的中小型化工企业技术需求推动的技术转移模式。

（二）市场需求拉动的技术转移模式及案例

1979年，日本学者斋藤优在其专著《技术转移论》中提出NR理论，即需求关系论。为满足需求，就需要相应的资源（包括技术、资本、劳动力、土地和其他自然资源），当资源供应充分，需求能得到满足时，NR关系就不会存在问题。当资源不足以满足需求时，NR关系就会出现问题。为满足需求，或采用其他资源，或改变使用资源的比例，而这一切又是由所使用的技术决定的。所以，NR关系的不适应，在一定意义上正是技术与需求的不相适应。进行技术创新，促进技术进步，可以使原有的资源得到更充分的利用或更充足的供应，可以用较丰裕的资源替代较稀缺的资源，甚至可以创造、开发新的资源来替代原有资源，使资源与需求在新的基础上达到相互适应。使资源适应需求的另一条途径是技术转移。

市场需求拉动的技术转移模式，就反映了企业需求与技术资源关系的技术转移，是企业技术转移过程中最常见的模式。这种模式从市场需求到技术引进然后实现技术消化吸收再创新，一般有两条路径（见图6.1.2）：一条路径是不存在成熟的技术，那么中间就需要经过技术研发阶段，才能获得技术成果，进入技术转移的正常渠道中；另一条路径是存在成熟的技术，那么企业就可以直接获得技术成果，进入技术引进后续环节，此种模式的具体形式通过对案例的分析可以明晰化。

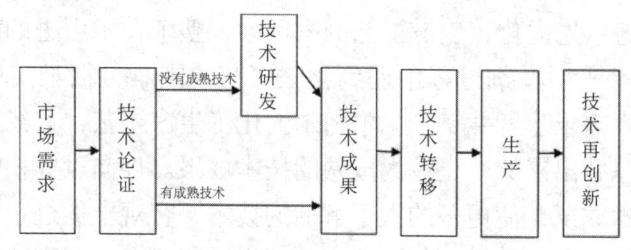

■ 图6.1.2　市场需求拉动的技术转移模式

案例2

  2000年初压缩机产品市场开始供不应求，金坛市冷冻机厂为了提高企业压缩机生产技术，厂里相关部门邀请各地压缩机方面的专家经过充分的市场和技术可行性的论证后聚集在一起进行联合设计，组织专门的研发队伍，成立专门的压缩机研究室，开始半封闭压缩机的研制。

  2001年下半年，研究取得了突破，并成功制造出一台样机。但是因为当时国内没有良好的性能检测设备，金坛市冷冻机厂派人把压缩机拿到日本三洋公司做性能检测，检测结果显示效果非常好，在当时引起了很大轰动。金坛市冷冻机厂因此开始进行小批量生产，可是尽管当时国内单独研发质量很高，但却没有批量生产的配套条件，主要包括制造机床精度不高，工艺不过关，没有相关的质保体系等，因此金坛市冷冻机厂第一批自行研发的压缩机批量生产质量都不合格。

  金坛市冷冻机厂开始为进行压缩机的批量生产寻找新的出路，合资成为当时一个较为可行的方法。2002年9月11日，日本三洋商用服务株式会社、金坛市冷冻机股份有限公司和日本双日株式会社在金坛市合作成立了大连三洋制冷有限公司。公司成立以后取得了很好的市场效应，投资当年就全部收回，企业获得了成功。因此，2004年，三方再次合作，成立了金坛市三洋冷链有限公司，生产各种冷冻冷藏设备。工厂投产以后，市场供不应求，作为冷冻冷藏设备的核心部件压缩机，由于当时国内没有相应的产品只能从日本进口。为解决金坛市三洋冷链有限公司核心部件的配套问题，2005年10月18日，冰山集团有限公司、日本三洋电机株式会社和日本双日株式会社按40%、55%和5%的比例共同出资成立了金坛市三洋压缩机有限公司。公司注册资本为62亿日元，投资总额为95亿日元，于2005年10月18日开业。主要生产商用制冷半封闭压缩机和商用空调用涡旋式压缩机，以及搭载活塞式压缩机、滚动转子式压缩机、涡旋式压缩机的各种规格的一体式、分体式、并联式冷凝机组。

公司产品结构紧凑、噪声低、运行可靠，在当今中小型制冷、空调用压缩机行业居领先地位，主要用于商用冷冻冷藏展示柜、厨房设备、冷冻冷藏保鲜库、船用冷冻冷藏设备、大型低温加工间、综合物流中心、工艺冷却装置以及分体空调、户式中央空调等一切国民经济相关的制冷领域。公司拥有加工压缩机零部件的高精度加工中心和各种高性能的检测装置，保证了公司所生产的产品达到世界一流水平。建厂以后公司分三个阶段从日本引进三个不同产品的生产。第一阶段，2002年建厂之初，公司从日本引进的是半封闭压缩机及机组；第二阶段，2003年第二工厂投产，当时的主要产品是商用空调用B系列压缩机，该产品生产技术也是从日本全盘引进；第三阶段，2004年公司从日本引进涡旋C系列压缩机。2006年6月8日，金坛市冰山集团与日本三洋两家企业共同出资在金坛市压缩机有限公司内部成立了一个压缩机研发中心，这是三洋在本土外与外方合作建立的第一个也是唯一一个研发中心。其中技术转移与生产能力构建在三洋压缩机有限公司进行技术引进的每一个阶段，它们都积极地构建提高生产能力的各个要素。在引进半封闭压缩机及机组的过程中，公司从三洋电机购买了根据日方确定的主要设备，主要包括机械加工设备、组装设备、实验室设备、现场检测设备等。另外，生产现场使用的工装、夹具等第一次均为日本引进，其后使用的工装、夹具就是根据日方提供的图纸，在国内进行制造。

从2000年开始，设备选型方面，从以日方为主、以从日本引进设备为主，变成以中方为主，根据生产能力的增加，中方自主对设备进行选型，对设备的购买由从日本引进变成自主选择。增加的设备主要是机加工实验设备。2005年后，三洋压缩机的增产设备完全是中方自主选择、自主采购，日方只是负责资金的批准。公司在引进过程中，每个阶段的工艺完全从日本引进，包括作业指导书、产品技术规格书、零部件检查标准等文字性资料。

在管理方面，对质量管理方法TQM、现场管理方法（SS管理、三现管理、TPM管理等）、采购程序等均为从日本引进。公司质量方面在原有日本TQM管理的基础上，自行设计了下一道工序对上一道工序进行检查的质量管理方法，并引进了成本的概念。在设备管理方面，进行了设备档案化管理。在整个公司管理方面，实行扁平化管理和规范化管理。重新对组织结构和部门职责、岗位职责进行设计，对所有流程进行了优化设计。目前公司在管理方法上，根据质量、环境、职业安全体系要求，在三个体系的框架下，积极推行标准化管理。KPI、TQM、TPM方法进一步得到完善。在员工的技能培训方面，建厂初期是由日本派技术人员进行为期三个月的现场指导，生产过程的操作诀窍以作业指导书的形式结合"三现主义"（现场、现物、现实）。先由指导老师讲解一遍，然后演示操作一遍，最后员工操作一遍，并对员工操作进行考核。每个老师负责12~16个岗位（36人左右），至培训考核合格（通过文字—图表—录像方式）。三个月后如果生产出现问题，由日方派技术人员解决。以后由日方提供不定期的技术培训，并派驻相关部门人员负责贯彻日方管理体制和生产技术。当生产基本稳定之后，日方不定期派人进行指导，包括技术、质量控制、设备维修。第二阶段个人技能培训方面相对于第一阶段，增加了一名日方长住人员负责对日本引进设备进行维修指导。其他技能培训则由中方自己组织，包括新员工岗前技能培训。到了第三阶段，在个人技能培训上，公司成立了专门的部门进行培训管理，并建立了相应制度。整个培训分外部、公司内部和部门内部培训三层。对特殊岗位如电工、叉车工、电焊工，全部送外部培训。对新员工采取岗前培训、合格上岗的形式。关于设备、工艺、图纸、管理方法和员工技巧等方面的知识是构建企业生产能力最主要的内容，是一个完整的生产知识系统。金坛市三洋压缩机有限公司能够成功实现生产能力飞跃，很重要的一个原因就是在构建生产能力时，成功实现了与生产能力相关的各类技术知识的挖掘。

从以上案例可以看出，市场需求拉动的技术转移模式（见图6.1.2），在技术存在的条件下能否成功的关键在于企业消化吸收再创新的能力，而这一能力最直接的反映就是将技术产业化。

（三）政府推动的技术转移模式及案例

技术转移过程中，研发机构、企业及技术都是有机整体中的不可分割部分。而政府，是技术转移中的重要的外部环境因素。

政府一般有以下两种推动模式。

（1）政府计划推广模式。这种技术转移模式是政府通过技术的指令或指导，运用强有力的政策或其他经济手段和行政手段，对某项技术创新的扩散给予推动，从而达到该项技术引进在地区范围内扩散的目的。政府计划推动模式的技术转移对象是一些直接对社会环境产生影响，或对全社会范围内经济效益和文化等产生重大影响，而对企业在近期无显著效益的技术转移。

（2）政府扶持与市场作用综合模式。政府扶持是指政府通过各种优惠政策为技术引进的采用者创造条件，从而鼓励企业采用新技术。市场作用是指企业由于追求利润最大化或由于市场竞争的压力，才有产生新技术的要求和愿望。政府扶持与市场综合作用模式是政府鼓励与企业自发要求两者的行为结合起来，使企业技术引进创新得以实现。与政府计划推广模式相比较，政府扶持与市场作用综合模式中政府的作用并不是通过直接下达计划任务，或通过法规、命令等行政手段进行强行干预。而是通过政府提供部分资金，给予企业在国内税收和关税等方面的优惠，提供必要的信息、咨询、指导等服务达到扶持的目的。技术引进创新的主体企业有很大的自主权，同时在技术引进创新中仍服从市场经济规律的作用。

我们看到政府并不直接参与技术环节，而是利用政策和法规，通过制定规划、财税政策等方法影响企业技术转移。政府推动的技术转移，一般是从地区的整体利益出发，做出的战略性部署。

政府推动的技术转移模式（见图6.1.3），首先是政府从全局高度制定促进企业技术转移的政策或法规，然后企业做出相应的技术引进回应。政府推动的技术引进转移，企业仍然是技术引进转移的主体，政府通过政策来促进企业获得的目标技术，大部分都是技术市场上存在的。有些不存在的技术，很有可能就是政府带领企业和科研院所来联合研究开发。在中小型企业的技术转移案例中，政府推动的技术转移模式也不少。大多数县域范围内的中小型企业技术水平不高，存在能耗高、排污大等问题，因此在当前国家极力提倡节能减排的背景下，地方政府出台了众多政策，促进企业技术的升级改造。在中小型企业进行密集的技术改造过程中，技术引进成为其技术改造的重要手段。

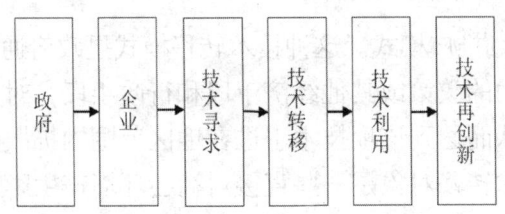

■ 图6.1.3　政府推动的技术转移模式

江苏省金坛市政府制定了众多政策促进其境内的中小型企业的节能减排，明确提出了对中小型化工企业的环保要求。丰登农药有限公司引进环保技术的案例就是在此背景下诱发的。

案例3

江苏省丰登农药有限公司，注册资本1400万元，2006年完成产值1.5亿元，员工150多名，主要以生产丙环唑原药为主。丰登农药，地处金坛市直溪镇王甲村，是典型的乡镇农药化工企业，有近20年的发展历史。在丰登农药的引领下，直溪镇王甲村聚集了20多家小型化工企业。小型化工企业的聚集，导致污水大量排入附近河道，造成了当地村民的经济损失。企业与村民也发生了数次激烈冲突，先后赔付给村民上百万元。20世纪90年代初，政府联合企业投资修建了污水处理厂，虽然造成村民经济损失的事情不再发生，但是污水处理效果仍不令人满意。这一现象并不是因为污水处理厂的技术不过关，而是因为20多家化工厂排出的污水成分本来就复杂，然后排到一起又产生反应，处理起来相当困难。

在这种情况下，金坛市政府出台税收优惠政策鼓励企业预处理污水。丰登农药在政府优惠政策的推动下进行了环保项目的技术引进。从1998年太湖零点治污开始,由南京大学和浙江大学引进了污水预处理技术。该技术首先在生产之初就需要预计生产反应所产生的可能性污染,然后在污水产生后进行针对性处理,处理过的污水再排入污水集中处理厂进行第二次处理。丰登农药每年投入100多万元进行污水预处理技术引进和设施建设。到2006年,丰登农药基本解决污水处理问题,回收了有用物质,减少了浪费,并获得了良好的社会效益。在丰登农药引进南京大学和浙江大学污水预处理技术案例中,政府从社会公益的高度推动企业,利用财税政策鼓励企业,最后企业积极寻求治污技术,引进消化吸收再创新将其融入到企业的生产中去。由此可见,政府推动的技术转移模式,是从社会与经济长远发展的战略角度,通过政策和法规等杠杆来撬动企业进行技术转移的。

(四)多因素推动的技术转移模式及案例

技术转移机制中,研究机构、企业、市场、政府都是重要因素。所以,企业技术转移模式在技术需求推动的技术转移模式、市场需求拉动的技术转移模式及政府推动的技术转移模式以外,还有多因素推动的技术转移模式。在实际的企业技术转移中,完全由单一因素诱发的技术转移是理想化的,也是较少出现的。所谓某一因素推动的技术转移模式,主要是讲在技术转移的触发阶段,何种因素占了主导。因此,很多时候就会出现多种因素共同激发技术转移活动,即多因素推动的技术转移模式。多因素推动的技术转移模式见图6.1.4。

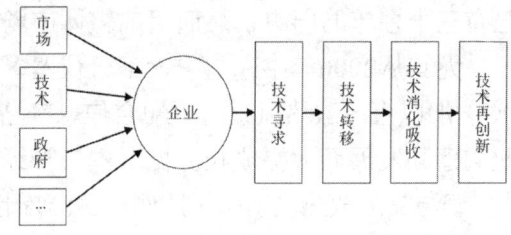

■ 图6.1.4 多因素推动的技术转移模式

在这种模式中,技术、市场、政府及企业自身,可能共同作用来触发技术转移活动,也有可能是其中的两者或多者共同作用。这种模式不仅仅在中小型企业,在大多数企业中也是普遍存在的。

案例4

金坛市微型电机有限公司是散热风扇制造厂,自创品牌已有11年,"金阳"品牌在国内散热风扇及信息业界已享有盛名,年产量达四百万台,产品目前营销全国,销售量及销售金额不断成长,已跃居成为国内小型风扇的最大供货商之一。

风扇马达产品的应用范围极为广泛,包括:(1)笔记本、个人PC、打印机、扫描仪、服务器、CPU冷却器、电源供应器等信息设备;(2)复印机、传真机、投影机等办公室设备;(3)冰箱、空气滤清器、冷暖气机等家电设备;(4)实验室设备、生产设备、医疗设备、电信设备等。

为顺应信息产业快速变化及企业市场化的需求,金坛市微型电机有限公司近年来积极推动产品多元化及设立全国各地分支机构,横向扩展产品线,生产各类相关马达应用产品以跨足家电、电子及信息产业。并持续研发超小、超薄、省电马达及风扇产品,以配合信息产业市场快速发展的需求。

金坛市微型电机有限公司的散热风扇产品区分为直流无刷散热扇及交流无刷散热扇两大类,自1997年起,公司研发成功新型直流无刷散热风扇马达后,产品销售逐渐以直流无刷散热扇为主力,并全力研发相关系列产品,目前直流无刷散热风扇占总销售金额已达80%以上。

就市场发展而言,直流无刷散热风扇发展至今才仅十余年而已,交流散热风扇发展至今已有三十余年的历史,然而目前整体市场的需求却着重于直流无刷散热风扇,尤其从2000年中期起,大部分仪器、仪表的设计导向为使用直流电(DC)加以直流散热风扇可以配合信息产品规格需求,故其市场正随信息产业的蓬勃发展而大幅成长。据日本矢野经济研究所数据显示,目前直流散热风扇与交流散热风扇市场比例已达85%比15%。

近年来由于电子信息产品的发展朝向为外型轻、薄、短、小,内部多功能及高速化,使产品的技术要求更复杂,构装更密集,发热密度更高,不仅在设计构装时难度更高,零件的散热问题较比以往也更严重。据研究显示,电子零件的操作温度每上升10℃,产品的可靠度就会下降

50%，为了解决耗散热度的问题，微处理器大多要装散热片及散热风扇，空气以4m/s的速度吹过处理器，把温度下降至60℃左右，使机器能正常运作。

企业的对外合作研究与技术转移，一般是由公司洪董事长亲自来主持。为主导新产品开发案的方向，洪董事长也必须要掌握市场信息，经常接触重要客户，以便紧紧跟踪技术和市场的最新动态和走向。公司洪董事长这种忘我工作的企业家精神大大激发了员工创新热情，使公司的创新能力和技术开发能力迅速提高。

凡是技术引进成功的企业或案例，都会在消化吸收上下大力气。技术吸收需要投入大量的资金费用。比如，日本从20世纪50年代到70年代全国技术引进费用增加了14倍，而用于消化吸收方面的科研费用却增加了73倍，日本引进技术消化吸收费用往往是引进费用的2～3倍（有的资料介绍日本和韩国技术消化吸收费用是引进费用的5～6倍），不管怎样吸收费用都远大于技术引进的费用。而中国目前整体技术消化吸收的费用仅仅才是技术引进费用的15%。金坛市微型电机有限公司利用当地政府对高新技术企业特殊税收和金融政策，在技术消化吸收上不惜投入巨额资金，研发部门有30多位高资历及高素质的工程技术人员，经过长期不断地研究及创新发展，技术已明显领先同业，累积了许多成果与信誉。另外，公司也制定生产一贯化的标准作业程序，以质量掌握在源头的理念，来强化人员的作业熟练度，并以完整的质量控制流程，严格地执行各种测试，品保部门并设有设备齐全的品保实验室，进行各项严格的质量审核作业。

由于公司是中小企业出身，本身的研发资源并不雄厚，所以充分运用外部技术合作，因此企业管理者对于信息技术的发展趋势十分重视，并充分运用技术引进、技术合作、技术移转等手段，来创新、更新、丰富本身所有的技术能力。为使研发投资能有效回收，本身研发团队主要强化设计实践与工程验证的能力，而对于较复杂技术的研发，较多的以向外委托引进，或与研究机构合作的方式来达成。

公司还善于运用外部公共资源，如当地工业局对于关键零组件开发的补助、政府对于研发的税赋优惠奖励、工研院所与大学的技术资源等。在委托上海社科院光电所开发光驱主轴马达时，自付仅约二百万元的经费，但也获得工业局一百万元的补助，同时经由技术转移，在人力培训、学习成长、与企业形象上，更有不可言喻的收获。未来出口光驱市场的利益规模，将高达数千万元，因此这项运用外部资源所进行的技术开发，对于公司是绝对有益的。

又鉴于研发与技术是创造竞争优势的根源，因此公司极为重视技术管理及与之有关的策略规划。该公司在技术管理策略方面有以下几点指导原则。

（1）经由技术创新、引进、合作，并充分运用政府对于研发资源的各项补助政策，来丰富本身核心资源与技术能力。

（2）建立研发资源管理体系，强化技术资源管理的功能，提升研发效率，并掌握产业技术趋势的动态。

（3）建立以市场为导向，以客户为中心的产品创新战略。

（4）培育与延揽专业研发人才，运用产学研合作机会，提升人员专业素质，建立学习性的研发组织。

金坛市微型电机有限公司是生产微型风扇厂家，其不但成功研制出最薄最小的风扇，供应许多品牌笔记本电脑厂家所需的散热风扇，同时也拥有大量无刷单相直流马达的技术专利。在这样一个县级市，以研发起家，依靠技术创新创造了市场上的竞争优势，成为业界的知名企业。而公司的创业家族成员并不具备高学历背景，企业背后也无任何经济和政治资源的支持，原因是经营者能够成功运用发展的技术转移策略，带领公司进入高科技产业领域，其经验确实值得各地其他中小企业学习参考。

案例分析：金坛市中小企业在技术转移中的问题分析

通过相关金坛市中小企业技术转移现状及案例的分析，金坛市技术转移对推动经济发展、提升产业结构、培养科技队伍、推动技术进步起了很重要的作用，但仍存在不少问题，主要是技术缺乏宏观管理和导向、高技术引进结构失衡、投资力度小、人才优势难以发挥、高技术转移比例小等。

（1）宏观调控乏力。政府在技术引进方面缺乏一套完备的整体规划，对技术引进缺乏系统研究。与研究开发活动一样，技术引进的社会效益巨大。对于政府来说，最为有利的引进方式是由一个引进主体购进所需技术，通过消化、吸收、提高，进而实现创新，并向其他企业扩散，这就需要政府政策的有效调节和企业间的协作。金坛市的宏观管理在经济体制改革中经历了从直接调控向间接调控的转变，但由于在具体的改革措施上片面强调放权让利，加上宏观管理机制本身有缺陷及管理力度减弱，在一定程度上出现了宏观经济失控的局面。企业在各自利益的驱动下，各地盲目、重复的引进过程又缺乏有效的组织和协调，一项技术的引进往往牵涉多个主管部门，而这些主管部门之间又很少沟通，使技术引进工作与地区的产业很难衔接，发挥不出对经济应有的推动作用。这种状况不仅造成资金和资源的巨大浪费，而且引进项目的规模效应差，产品开发能力弱，竞争力也低。

（2）转移的技术结构失衡。按技术的表现形式，转移技术可分为硬件技术、软件技术和活件技术。硬件技术指成套设备、生产线、关键设备等；软件技术即是产品设计原理及方法、生产工艺流程设计方法、检验试验方法、基础性原理等；活件技术指在专家大脑中的经验和诀窍等，也称智力或知识。

金坛市企业几十年的技术转移资料表明，在技术转移中，硬件技术占到了90%左右，软件技术仅占10%，只是近几年来软件技术引进的比例才有所提高，但也不超过15%，而软件技术的引进，却往往得不到重视。大量硬件技术的引进，在一定时期内是必要的，要在短期内满足我国企业急于提高产品制造能力和竞争力的需要。但长期这样，会制约企业自主创新能力的形成，在一定程度上造成我国产业技术陷于引进和落后——再引进的怪圈。

（3）技术转移成长的环境不佳。转移技术是否顺利进行和技术转移整体效益的好坏更重要的还在于能否创造一个有利于技术引进和成长的环境。包括技术引进的政策配套性，如资金政策、税收政策、外汇政策等；市场经济环境，包括知识产权的保护，技术市场和技术成果的商品化渠道等；产业集群环境、投融资环境、人才和信息环境等。近几年来金坛市在这些方面取得了较大的进步，如建立高新技术开发区和产业集群区，建设该地区信息中心，加速金融、商贸、会展等服务业的调整，建设该地区金融商贸中心，支持高新技术企业通过股票上市、发行债券等方式筹集资金等。但是，市场化、规范化以及涉外经济政策和法规还不完善，信息网的建设也仅仅处于起步阶段，需要加大技术转移创新环境建设的力度和步伐。

（4）对知识产权保护缺乏重视。现代技术转移是建立在保护知识产权基础上的，不尊重别人的知识产权就不能引进先进技术。知识产权受到发达国家的高度重视，WTO规则将技术贸易纳入其中，通过知识产权保护促进技术贸易。而金坛市在过去的技术转移过程中，或者缺乏对引进技术的产权保护，造成进一步转移技术的困难；或者缺乏自我知识产权保护意识，丧失进一步吸收创新的权利，无法对引进技术进行吸收创新。

（5）人才问题在技术转移中被严重忽略。由于人才的移动是技术转移的重要内容，金坛市地区科技智力资源丰富，科技人才优势尚未得到充分发挥，人才流失现象严重，而且大规模的人才流失一直没有引起政府上下足够的重视。人才的流失从两个方面给技术引进带来不利影响：一是使技术转移引进后的消化吸收困难、创新乏力，二是人才流失带来技术的大量流失。再加上人才流失已经从跨地区意义上的有形转移，上升到人才从国内企业向先进地区和外资企业流动，即这种人才流动并不只表现为跨越地区，人才流失进一步加剧。

（6）技术的转移与企业现有技术基础结合不够。企业在技术引进转移时不能好高骛远，急于求成，引进与自己的技术基础差距很大且难以掌握的技术，这样不仅难以形成生产力，影响转移技术的效益发挥，而且难以进行技术创新。许多企业在这方面吃过大亏。因此，在技术转移时，企业必须充分考虑自身的技术基础，同时统筹考虑引进技术后的消化创新问题，才能引进到既先进又适用的技术，也才能重视活件技术的引进，为增强企业的竞争力服务。

6.1.3 我国企业技术转移机制的分析：以中小型企业为例

中小型企业的技术转移，不同于大型企业的技术转移。大型企业技术转移，主要谈的是从国外转移先进技术，转移技术前会有较为专业和周密的论证；而中小型企业的技术转移，则是从企业以外转移技术，既包括从外部地区转移技术,也包括从本地区转移技术,在技术转移前,只有简单论证,比如邀请几位专家简单咨询等,有的中小型企业在转移技术时甚至有些盲目。因此,中小型企业技术转移的机制和模式与大型企业有本质的不同,探讨区域内中小型企业技术转移,就是为了厘清中小型化企业技术转移的机制和模式,进一步提高中小企业技术转移效率,促进企业自主创新。

(一)我国中小型企业技术转移中的技术梯度

(1)技术转移梯度理论

技术转移的梯度理论指出:不同国家和地区都处在一定的经济发展梯度上,根据其经济发展的状况,可以划分为经济技术发展的高梯度区和低梯度区。如果一个区域的经济发达,其主要产业的技术产品处在产品生产周期的投入创新阶段,则不但说明它今天经济发展实力雄厚,而且说明它在今后一个时期内仍然可以保持住发展的势头,这种地区被称为高梯度区。

如果一个地区的主导产业的技术产品处在产品生命周期的成熟阶段后期或衰退阶段,则地区经济必然发展缓慢,出现就业率下降、人均收入下降等征兆,或已陷入严重危机之中,这种地区称为低梯度区。由于高梯度区的创新、开发实力雄厚,新技术、新行业、新产品源源不断地产生出来,然后随着时间的推移,产品生命周期阶段的变化,按顺序逐步由高梯度区向低梯度区转移。这种转移的去向有局部范围的和大范围的两种。局部范围的扩展指技术由发源地大致按距离远近,向经济联系比较密切的邻近城市转移。这种转移可能是技术的产生多发源于城市密集带内的中心城市,所以当社会上对新产品的需求增大,发源地已经没有能力单独把生产发展到能够充分满足需要的水平时,邻近的城市就会凭借近水楼台之便,把这种产品的生产技术转移过来。

这时,即使它们本身的条件并不十分完备,例如,技术力量不足,协作条件不完全具备,也可以靠与发源地之间已建立起的密切关系,通过协作来求得问题的解决。大范围的扩张则是指技术的转移活动由发源地按全国或地区城市系统的等级顺序，蛙跳式地向广大地区扩展。这时决定转移去向的就不是距离远近，而是接受新事物能力的差距，而梯度划分正是这种差距的反映。只有处在第二梯度上的城市才有能力很快接受并消化发源地第一梯度的技术产品，才有能力把这些产品更广泛、深入地销售到各自控制的市场区中。同理，以后随着产品生命的成熟与老化，它们的生产还会顺利地向第三、第四梯度上的城市转移，甚至还会由城市向乡镇、农村转移。中小型企业，大多处于低技术梯度上。

因此，在技术梯度过程中，要实现跨越式发展，必然是选择蛙跳式技术转移，跨越多个技术梯度。

（2）金坛市中小型企业蛙跳式技术转移分析

从经济技术发展的梯度区来看，如果将临近的上海作为长三角经济技术发展的第一梯度，那么，江苏省金坛市就处于第四梯度，经济技术发展的低梯度区（见图6.1.5）。由此可见，金坛市的中小型企业在承接技术转移的过程中，处于技术转移的最底端。

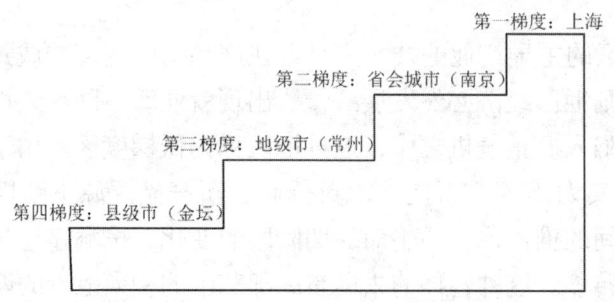

■ 图6.1.5 长三角经济技术发展梯度

依照传统的技术从高梯度区逐层向低梯度区转移，那么，地处金坛市的中小型企业能够获得的都是较为落后的技术。这就是计划经济时期出现中小型企业缺乏活力问题的重要原因。市场经济环境下造就了一大批勇于创新追寻新技术的企业家，他们打破了传统的技术梯度转移，实现了技术的蛙跳式转移。

在技术蛙跳式转移中，起决定因素的不是距离的远近，而是接受新事物的能力。在众多中小型企业的案例中，企业技术转移的决策者能够接受新事物的能力差距，就直接反映在企业发展的活力和潜力上。康泰氟化工总裁张伟华，如果没有超强的接受新事物的能力，那么就不可能让康泰氟化工形成HFC-134a制冷剂的产业链。企业家接受新事物能力的不断增强，直接表现为对新技术的不断渴求。特别是长三角地区的民营企业家，对新技术有着灵敏的嗅觉，而且一旦锁定技术，就会去执着地追求。有些企业家甚至就是直接的研究人员，华钦化工董事长徐俊伟，就是研究生、高级工程师，长期专注于光固化材料、聚合物老化材料和功能高分子改性材料等产业技术的专家，拥有作为第一发明人申请的国家发明专利12项。因此，在引进光引发剂技术时，虽然当时的市场不大，但该公司还是坚定地选择了这一项目。

中小企业实现蛙跳式技术转移，核心是企业家接受新事物的能力，其次还有对企业技术团队接受新事物能力的培养。企业技术团队，直接与生产结合，其接受新事物的能力直接表现在对技术的吸收能力。技术实现蛙跳式转移，那么企业就要有与之相适应的消化体系，也就是说中小型企业获得了高梯度的技术，那么也必须具备高梯度的技术消化能力。在这方面，金坛市的中小型企业尤其是中小型化工企业，由于其化工工艺水平较高，能很快地消化从高梯度区引进的技术。

总之，金坛市中小型企业能够实现蛙跳式技术转移，一方面是具备大批善于接受新事物的企业家，另一方面是拥有消化新技术的生产技术团队。

（二）我国中小型企业技术转移机制

企业技术转移中涉及的技术，包含着四个要素：第一是产品要素，即获得一定性能的产品是生产的最终目的，生产过程是以产品为主要标志的，因此产品要素是技术的第一要素；第二是工艺要素工艺是生产过程中加工和处理原材料、半成品、成品、零部件、机器、系统等的各种方法的总称，工艺发明是技术进步的关键因素之一；第三是设备要素，设备是生产工具或生产手段，每种工艺方法与相应的设备相配合，再好的产品，如果工艺达不到要求也就无法生产出来，而工艺又要依靠设备来实现；第四是管理要素生产过程的分工协调便是管理，管理能使生产过程中各种技术要素有机结合起来，形成一个有效的生产技术系统。因此，从技术层面来探讨技术转移机制,就是企业导入技术的产品要素、工艺要素、设备要素及管理要素,组织新生产过程中,各要素间的相互关系及作用。中小型企业的技术转移机制,是宏观机制,是涵盖技术、研发机构、企业、市场、政府等宏观要素的相互关系及作用(见图6.1.6)。

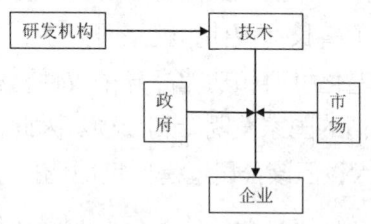

■ 图6.1.6 企业技术转移机制

在企业技术转移机制中,研发机构作为技术的研制者,处于所有要素的首位,只有研发机构研发出技术,才能出现技术转移。这是整个技术转移机制运行的首要物质条件。技术是企业技术转移机制中的实体性要素,是所有权和使用权分离,在所有权上属于研发机构,在使用权上就属于企业。研发机构拥有的技术,只是拥有的技术的知识形式,而企业却要将技术的知识形式转化为生产方式及产品。技术在整个技术转移机制中,是沟通研发机构与企业的枢纽,没有技术存在,也就没有企业与研发机构关系的发生。市场和政府,作为整个技术转移系统中的外部因素,对整个技术转移过程起到促进或减缓的作用。

企业技术转移机制中的市场,主要包括两方面的市场,一方面是技术市场,另一方面是产品市场。技术市场反映出技术的供需关系,而产品市场则是表现了对技术的需求程度。政府,在企业技术转移中,主要是依靠政策来鼓励或限制企业的技术转移。企业,作为整个技术转移的主体,是技术转移机制顺利运转的组织保障。研发的技术作为知识形式,没有转化为生产,就不能实现其价值,企业就是技术转化为生产,实现技术价值的实体。在任何技术转移模式中,企业都是整个过程的核心,也是整个机制运转的推动者,没有企业的参与技术引进就不可能发生,也不可能完整地得到实现。从我国中小型企业的技术转移到中小型企业的技术转移模式,反映了技术进入企业的系统过程,影响着技术在企业中的消化吸收。

（三）企业技术转移中需要再注意的问题

厘清技术转移模式，有助于企业技术转移，为企业自主创新积累物质和技术基础。转移技术，一方面是为了短期的生产，另一方面也是为了增强创新能力。中小型企业中技术要求较高的一类企业，对于技术转移的依赖度较大。因此，研究其技术转移的各种模式对中小型企业有普遍意义。中小型企业技术转移的四种模式，能反映出中小型企业技术转移的基本模式。在此四种模式中，多因素推动的技术转移模式是实际中最常见的。在当前全社会大力提倡创新的环境下，依据对中小型企业的技术转移模式的分析，推广到其他地区中小型企业中，中小型企业要实现自主创新，首当其冲的就是抓好技术转移这一关，因此在技术转移过程中就必须考虑以下几个方面。

① 全面了解自身技术水平

企业在技术转移前，首先要对自身的技术水平有所了解，要搞清楚哪些方面是强项，能达到什么样的水平，哪些方面是弱项，欠缺什么。这是为技术转移做必要的前期准备。

② 选择适合自身条件的技术转移

有很多技术很先进，市场潜力也很大，但是对于技术力量薄弱的中小型企业，却是不适合的。因为其自身能力消化不了这些技术，而且设备和资金的投入也跟不上。因此在选择技术转移时，一定要注意不能太超前，有时候太超前了，可能就会浪费有限的资源。

③ 要用长远的眼光来审视转移的技术

一方面要杜绝过于超前的技术转移，这关乎企业的生存；另一方面又要用长远的眼光来审视所引进的技术，要考虑到企业的长远发展。中小型企业，有时候就可能因为一项技术的转移，而迎来光明的未来；有时候也可能因为一项缺乏长远眼光的技术转移使企业衰败。

④ 重视对技术转移诱发因素的分析

技术转移都有诱发因素，不是任何因素的诱发都能产生技术转移活动的，而是要分析清楚诱发因素，才能有效地进行技术转移，才能为技术转移找到顺畅的流程，并对整个引进过程进行有效管理。

总之，中小型企业要开展技术转移，就必须在全面深入地了解自身技术水平的前提下分析清楚各要素，然后找到诱发因素，寻找到适合自己的流程，引进长远性和现实性结合的适用性技术。

6.2 企业与技术转移服务机构的对接

6.2.1 技术转移中介机构的支撑体系

（一）技术中介的作用

"逆向选择"（Adverse Selection）是技术市场中一个普遍存在的现象。这种现象是由于交易双方信息不对称和市场价格下降情况下产生的劣质品驱逐优质品，进而出现市场交易产品平均质量下降的现象。技术市场中，技术买卖双方的信息不对称使得卖方有动机隐瞒、伪装信息。甚至有可能将低价值技术"包装"成高价值技术以求得高收益。技术的信息不对称及其高专业性特点使得技术买方全面度量技术商品价值的成本很高，而事实上，要全面、准确地度量技术商品价值也是不大可能的。此外，技术转移中的信息不对称会产生大量的交易成本，加之技术的专有性、知识含量高等特征，使技术在转移过程也会有大量的资源消耗，使交易成本进一步增加。

可以看出，在信息非对称情况下，市场在很大程度上依赖于产品质量的状况和买卖双方对商品评价的差异程度。因此，要矫治逆向选择的出现，关键的一点就是减少交易双方之间信息不对称程度，通过尽力完善的信息披露制度、严格的市场准入制度和信息共享制度，降低技术交易成本，提高社会资源的配置效率。技术中介作为技术授受双方的桥梁和媒介，其减少交易双方信息不对称、降低技术转移成本的作用日渐凸显。

技术转移过程中，第三方——技术中介的参与，会分担技术供需双方大量复杂的技术转移工作，使技术转移趋于专业化和程序化，在很大程度上提高了技术转移效率。在美国，大学和科研机构成立的专业化技术转移中介机构，如技术转移办公室（TTO）、技术许可办公室（TLO）等，承担了研究机构大部分的技术转移工作。需要指出的是，尽管有时技术提供方会绕过中介机构直接从事技术转移活动，但与专业的技术转移机构相比，其商业运作能力与经验相对欠缺。

美国经济学家泰格通过近30例技术转移的统计分析得出：技术转移双方的沟通交流就像无线电波传送信息，只有双方都有足够功率的电波发送和接收设备，才能互通信息。这种"电波发送和接收设备"是比喻技术授受双方的信息传播和接收能力。他认为，在一般情况下，双方不可能都具有"足够功率的电波发送和接收设备"，因此在技术转移过程中，中间人传递信息的作用是不可忽视的。技术中介服务机构作为这样的中间人，在技术转移中发挥着重要作用。

（二）科技中介机构与技术转移中介服务体系

（1）中介机构与科技中介机构的定义

中介机构

中介机构是介于政府与市场主体之间、生产者与生产者之间、生产者与经营者之间、个人与社会组织之间，专门从事服务、沟通、公证监督等活动的经营实体。中介机构承担那些社会必需但政府和企业不宜或难以直接承担的事务，在市场体系中起着协调和服务作用。

传统上，"中介"主要指"经济中介"或"市场中介"，即在市场经济活动中，在需方和供方之间起沟通、联系，促进交易作用的个人组织及其服务活动。中介组织具有服务、沟通协调、自律、公正、监督等方面的职能。随着市场经济的发展，中介服务的内容更加丰富和多样化，并发展成为独立的服务型产业。

科技中介机构

《关于加强技术创新，发展高科技，实现产业化的决定》中提出

"大力发展科技中介服务机构,科技中介机构属非政府机构,它是科技与应用、生产与消费不可缺少的服务纽带"。在市场经济条件下,是为科学技术转化为现实生产力,为科学技术的商品化和产业化提供支持性服务的组织。

我国科技中介机构的内涵是丰富的,其服务内容包括提供成果和需求信息,提供法律、知识产权和评估、金融、安全和保密、技术推广、企业诊断等一系列服务。如果说企业、科研机构工作的核心内容在于科技发明及技术改进的"攻关",在于产品、技术和生产工艺乃至于原理的创新,那么科技中介服务的内容即在于科技创新体系的建构,包括创新思路、创新前景的分析和预测,创新组织与资源动员,情报信息收集与分选,操作平台的建立、测试与鉴定,产权保护和交易方式的确立,技术成果营销策划,创新主体内部在人员、产权、资金方面的运用,产品开发方向等重要问题上的技术支持与服务等。

从建设国家技术创新体系的角度讲,新兴的科技体系由三个层次组成:第一个层次是以科研院所、高等院校为主体的科学研究体系;第二个层次是以企业为主体、产学研相结合的技术开发体系;第三个层次是以科技中介服务机构为主体的科技中介服务体系。科技中介服务体系是一个新型的重要组成部分,作为科技和经济结合的中间环节,在技术转移中起到桥梁和纽带的作用。通过科技中介机构,可以迅速传递创新信息,实现创新信息扩散;可以提供各种咨询服务,为创新技术扩散提供良好的软环境,可以使创新技术的实施、扩散更为顺畅。中介服务机构不仅在技术创新扩散中对技术的再开发起着重要作用,而且可以对众多的技术商品进行横向和纵向的比较,对合理技术价格的形成和达成交易也起着十分重要的作用。

(2)科技中介机构的分类

科技中介机构,其定义为具有独立法人资格,将促进科技成果转化、促进技术转移作为其主要业务的各类服务型组织。这个概念较为宽泛,在这个概念的基础上进一步进行分类,比较科学的分类方法有以下两种。

科技中介机构分类一

按业务类型分类,科技中介机构可分为以下四类。

① 平台提供型组织，此类组织主要提供技术转移的供求信息和技术交易平台，并且将技术信息作为产品进行出售，以及提供一些简单的咨询、中介服务。此类组织的业务特点是客户量大、面广，中小企业居多，为技术转移前期的信息交流搭建平台，为技术交易提供场所和配套服务，地域性较强，拥有一定的区域政府资源，可以提供简单的科技交流、咨询等服务。比较有代表性的组织是各省市的科技信息交流中心、技术交易促进中心、各省市技术市场以及其他民营的信息公司等。

② 交易中介型组织，此类组织主要为客户提供较为全面的技术转移中介服务，代理客户实现资金与技术的对接，其服务范围相对较小，但是服务层次较深，其中介服务已经成为技术转移过程中价值实现的必要一环。有代表性的组织为国家技术转移中心、技术经纪事务所，其特点是组织拥有特定的资源优势和网络体系，为其客户提供全方位的中介服务。

③ 咨询服务型组织，此类组织主要为技术转移过程中某一特定的需求提供专业的服务，其服务形式是提供专业的咨询报告等。有代表性的组织有各科技评估机构、无形资产评估公司、市场调研公司、会计事务所、专利事务所等，此类机构的业务设定是面向整个技术市场，提供专业服务，它们提供的服务都是推动技术转移顺利实现的重要因素。

④ 综合服务型组织，此类组织的特点是为客户提供全方位的技术转移中介服务，并且是具有区域服务性质的。此类组织一般都有自己的网络平台，既能提供全面的信息服务，又可以为特定的技术转移作中介服务，并提供全方位的配套服务。此类组织的核心优势就是自身建有较为全面的服务网络，合作伙伴较多，因此其有能力为客户提供全面服务，此类组织也被称为中介组织的中介。有代表性的组织是各地的生产力促进中心，国家分批设立的创新驿站也属于此类型。

需要指出的是，对于每一个科技中介机构来说，其提供的业务都不是单一的，由于自身生存的需要，多种业务的扩展普遍存在，以上分类仅是从其主要业务类型分类的，具体到任何一家服务组织，其服务类型都是多样化的。

科技中介机构分类二

按科技成果转化的不同阶段,科技中介服务机构可分为以下四类。

① 创业孵化型:是指对创新技术企业进行培育并提供企业发展所需各种中介服务的机构。其功能包括选择孵化项目或企业(有潜力的新建或处于初始阶段的项目);提供场所和公用设施,帮助训练、协助新生企业的小规模管理队伍;提供诸如法律和金融方面的专业服务的渠道以及企业管理培训等。它通过实施指导性管理,提供综合性服务和创业投资,为企业的起步和发展提供局部优化环境。此种情况的技术商品处于起步期,商品化和市场化的程度不高,常见的形式是科研单位或大学的科技成果通过科技人员的创业而转移到初创型的高技术企业,大学科技园是典型的此类科技中介机构。

② 交易平台型:主要是指通过提供诸如技术成果交易会(包括高新技术交易会)、博览会、经济技术协作洽谈会、技术难题招标会、技术商店或商场、信息网络式技术市场等形式的技术转移平台,为技术供需双方创造交易环境的技术中介实体。此种情况的技术商品市场成熟度高,中小项目较多,这类中介机构以技术市场、技术商场为代表。

③ 转移代理型:提供的服务涉及技术转化实施过程,包括技术贸易、技术转移、技术咨询、技术评估作价、专利服务、法律服务等在内的技术经纪服务。这种类型的中介主要以专业性的协会组织、院所技术转移中心、技术开发公司等技贸机构和技术评估机构为代表。此种情况的技术商品处于技术生命周期的发展期或成熟期,市场化程度较高。

④ 技术扩散型:是指为现存企业采用新技术、新材料、新工艺或贯彻新的管理思想和观念所进行的技术引进、技术咨询、技术培训等技术服务,也包括必要的技术改造、技术攻关、技术融资等较深层次服务。生产力促进中心和各种形式的行业协会是现实存在的主要技术扩散型技术中介服务机构。此种情况的技术商品的产业化程度最高,基本处于技术生命周期的成熟期。

科技中介机构还有其他分类形式,在体制上可大致分为两种,其一是事业单位性质,其二是企业性质。各地的技术市场、技术交易促进中心、生产力促进中心、创新驿站等均属于事业单位性质,得到当地政府的支持,归中科委管理，其特点就是服务范围广，网络体系大，但是服务深度不够，并且在自身机制上存在缺陷。我国各行业协会下属的生产力促进中心、科技交流中心等科技中介机构也属于事业单位性质，与地区性科技中介机构不同的是，其服务对象限于行业内部，专业服务能力更强，拥有行业资源优势。股份制或者是私营性质的科技中介机构主要有各类科研单位成立的技术中介机构，由技术经理人合伙成立的技术中介事务所等，其特点是机制灵活、服务到位，但是网络体系和资源优势有局限性。

（3）科技中介机构对技术转移的促进

影响技术转移绩效的因素主要有：技术商品的特性、技术引进方的运营能力、有效沟通以及信息流通。

① 技术商品特性：在技术转移过程中，技术从持有方到引进方后，面临着如何成功实现商品化和产业化的问题，也就是说，在技术转移的过程中，未来的技术商品化是存在着一定程度的不确定性的，这是由技术的生命周期，技术复杂性等多种因素决定的，对于技术持有方来说，其主观上仅仅关注技术本身而忽略其商品化以及市场需求等因素，其客观上一般不具备详尽的市场分析能力。对于技术的引进方来说，由于对供转移的技术缺乏了解（委托开发或直接购买均会如此，合作开发能够避免），或是自身市场分析方面有弱势，同样会在转移过程中与技术持有方产生分歧，由此需要专业的分析报告来对技术的商品化以及市场化进行预测，最大限度地减少未来企业经营的不确定性，以利于技术交易双方达成共识。科技中介机构将利用自身的专业能力和网络资源为交易双方服务，提供可信的专业咨询，促进技术转移合理地进行。

② 技术引进方的运营能力：在技术转移过程前后，引进方的技术吸收能力将是技术转移成败的关键，企业的生产加工能力、产品战略、销售策略等诸多环节都是企业能否从技术转移中最终获得收益的关键。为提高技术转移的成功率，对技术引进方进行后续的服务已经成为中介服务机构的一项主要业务，其中包括对企业自身发展硬件环境的支持、技术条件支持、管理咨询支持以及融资贷款支持等。科技孵化器和大学科技园就是专门提供此项服务的。

③ 有效沟通：在技术转移过程中，有关技术的各个细节交流，双方的合同细则谈判，以及各方的资信情况等，都可能影响技术转移的最后成功。科技中介机构作为中介方，可以在时间、地点、形式上为双方提供便捷高效的沟通机会，并且通过自身的专业能力和良好的信誉为双方最终的合同签订提供细致的咨询服务（法律、市场、技术等）和可靠的保证，为双方在技术转移过程中建立高效的沟通渠道。

④ 信息流通：技术供求信息的收集与整理、筛选和评估是技术转移得到成功以及实现价值最大化的基本前提。对于单一的技术供方和需方来说，系统的信息分析能力是不具备的，单纯为了一次技术转移而建立信息库也是没有必要的，因此专业的科技中介机构在技术转移的过程中为供需双方提供专业的信息服务是市场经济发展的必然结果。科技中介机构既可以通过自身的信息网络建立面向某一行业或者是某一地区的信息平台，成为一个科技供求信息的集散地，提供广泛的面上服务。也可以接受技术转移一方的委托，为其提供信息的搜集、筛选、评估等更为专业和个性化的服务。同时，有关技术转移的各类市场信息、政策法规信息的提供和咨询也是科技中介机构的一大服务功能。

此外，科技中介机构还发挥着其他重要的作用，比如人才培训、政策法规咨询、举办交流活动等。

（4）技术转移中介服务体系与科技中介服务体系

在我国，科技中介服务体系是一个非常广的概念，它是所有促进我国科技进步，促进技术创新，促进科技成果转化，促进技术转移的各类中介机构的总称。从业务性质上看，科技中介机构的服务对象或是服务内容与科技相关。如果从国家创新系统的视野来看，科技中介服务体系是与科研体系、企业体系并重的所有中介服务机构的总和。

技术转移中介服务体系实际上是蕴涵在我国的科技中介服务体系之中的，它既不能等同于我国科技中介服务体系，也不能理想化的完全从我国科技中介服务体系中分割出来，因为在我国的科技中介服务体系中，各类科技中介机构都或多或少承担着一定的技术转移职能，由于技术转移在概念上的宽广，许多并不是以促进技术转移为宗旨的科技中介机构在市场实践中都会涉及技术转移方面的若干服务。因此，对技术转移中介服务体系的研究必须要进一步深化，在我国已有的科技中介服务体系的研究基础上，对技术转移中介服务机构进行更为精确的定义和边界划分，从而才能使研究的成果和建议具有针对性和操作性。结合我国技术转移现状，将我国技术转移中介服务体系在狭义上进行分类。

第一层面：技术转移宏观支撑体系。

技术转移宏观支撑体系是指国家或地区政府为促进地区技术转移的发展而建立起的宏观体系，主要为技术转移活动提供政策法规支持、信息支持以及交易平台支持等，体系主要由技术市场、技术产权交易所等组成。

第二层面：技术转移中介服务核心体系，包括横向技术转移中介服务体系和纵向技术转移中介服务体系。

横向技术转移中介服务体系是指为促进地区、行业之间的成熟技术商品流通，实现技术商品产业化，主要由市场驱动建立起的中介服务体系。此类体系的服务特点是，技术商品成熟度高，一般已经产品化，通过技术转移形成一定规模的产业化，所需的技术转移中介服务主要是信息服务、提供有效的沟通以及关注技术引进方的技术能力。此类体系主要由行业生产力促进中心、技术经纪公司、各类科技成果推广机构、各类含有技术贸易业务的中介机构所组成。

纵向技术转移中介服务体系是指为实现科技成果的商品化、产业化，主要由政府驱动建立起的中介服务体系。此类服务体系的服务特点是，技术商品多数正处于商品化阶段，技术引进方实施技术商品化风险较高，所需的技术转移中介服务主要是信息服务、可行性分析论证以及技术受让企业的全程服务等，并且服务内容向技术转移过程的两端倾斜，即更为注重对技术供方的技术开发战略和技术需方的技术实施提供服务。此类体系中的典型机构是国家技术转移中心、生产力促进中心、孵化器以及各科研机构的科技成果推广机构。

第三层面：技术转移相关服务体系。

技术转移相关服务体系是指为技术转移过程中某一环节提供知识产品

或咨询的中介服务体系。此类体系主要由在市场的驱动下，在其自身的业务中扩展出为技术转移提供特定服务的中介机构所组成。此体系是整个技术中介服务体系的有效补充，典型的机构有科技评估中心、信息咨询公司、专利事务所、会计事务所、法律事务所等。

（三）技术转移中介服务支撑体系

（1）政策法规支撑体系

① 我国有关科技成果转化政策法规简介

我国为了促进科技进步，实现科技成果的有效商品化、产业化，在20世纪80年代，制定和实施了《专利法》《技术合同法》。20世纪90年代，又相继出台了《中华人民共和国科学技术进步法》《中华人民共和国促进科技成果转化法》。之后颁布了《关于促进科技成果转化的若干规定》等。国家各部委也相继在此基础上颁布了各种促进科技成果转化的具体实施办法：国家税务总局颁布了《关于促进科技成果转化有关税收政策的通知》，对科研机构、高等学校研究开发高新技术，转化科研成果有关税收政策进一步做出了明确规定。中华人民共和国国家计划委员会和科技部印发了《当前优先发展的高技术产业重点领域指南》，对138项重点领域给予优先支持。国家经济贸易委员会发布了《关于进一步加强全国新技术交流推广工作的意见》。2001年教育部发布《高等学校知识产权保护条例》，国家经济贸易委员会、教育部和中科院共同研究提出了《关于进一步推进产学研联合的若干意见》。国家科技部制定并印发了《中国科技企业孵化器"十五"期间发展纲要》，为进一步推动全国科技企业孵化器在"十五"期间的健康发展指出了发展方向等政策。

② 我国关于科技成果转化政策法规精神和指导原则

《中华人民共和国科学技术进步法》《中华人民共和国促进科技成果转化法》是我国促进科技成果转化的基本法，1999年出台的《关于促进科技成果转化的若干规定》则在其基础上为我国促进科技成果转化提供了更为细致的条款和可操作程序，从而基本健全了我国促进科技成果转化的法律体系。

通过促进科技进步以促进经济建设是《中华人民共和国科学技术进步

法》的指导思想，本法总则中提出了国家实行经济建设和社会发展依靠科学技术，科学技术工作面向经济建设和社会发展的基本方针，鼓励科学探索和技术创新，提倡国家和全社会尊重知识、尊重人才、尊重科学技术工作者的创造性劳动、保护知识产权；建立科学技术与经济有效结合的机制等一系列主张。我们可以看到《中华人民共和国科学技术进步法》是一部全面促进我国科技发展以发展经济的法规，它的重点偏向于科技成果的生产，并提及科技成果的转化，比如提出建立科学技术与经济有效结合的机制，鼓励科学研究和技术开发，推广应用科学技术成果，积极发展同外国政府、国际组织之间的科学技术合作与交流，鼓励研究开发机构、高等院校、社会团体和科学技术工作者与国外科学技术界建立多种形式的合作关系等。但是从科技成果转化的角度来看，《中华人民共和国科学技术进步法》还是一部初步的以促进科技投入、提高科技成果产量和质量为目标，基本但并不完善的法规。

《中华人民共和国科学技术进步法》颁布后，截至1995年，我国相当数量科技成果向现实生产力转化仍然表现为数量少、速度慢、转化率低、覆盖面小。我国每年有3万多项科技成果产生，其中只有20%左右的成果转化并批量生产，取得一定的市场占有率和经济效益，5%的科技成果形成产业。我国科技进步对经济增长贡献率不仅低于发达国家水平，也明显低于一些新兴工业化国家和地区的水平。主要表现为：

① 科学研究和技术开发与市场需求脱节状况并没有从根本上改变；

② 作为科技成果转化主体的企业，缺少促进成果转化的动力；

③ 政府对科技成果转化工作缺少强有力的管理力度；

④ 科技成果转化投入不足；

⑤ 科技成果转化的市场运行不畅。

因此，1996年颁布的《中华人民共和国促进科技成果转化法》可以看成是《中华人民共和国科学技术进步法》的一个必要补充，为我国全面促进科技成果转化提供了有效的法律保障。其宗旨是为了促进科技成果转化为现实生产力，加速科学技术进步，转变经济增长方式，推动经济建设和社会发展。

法则中科技成果转化三大原则之一,自愿、互利、公平、诚实、信用和保护知识产权的原则,尤其体现了我国从计划经济体制向市场经济体制的转变。自愿、互利、公平、诚实、信用的原则,是市场经济条件下,各种商品交易活动所必须遵守的共同准则,是市场竞争的基本法律秩序,各方当事人应当遵循上述原则来解决有关科技成果(包括国家计划项目科技成果)归谁所有、如何使用以及由此产生的利益怎样分配等知识产权归属与分享问题,从而使我国的科技成果转化活动更加符合市场经济规律。

《中华人民共和国促进科技成果转化法》为国家各部委、各级政府制定相应的促进科技成果转化法规、规划以及管理准则提供了法律基础和组织保障。《中华人民共和国促进科技成果转化法》第四条规定:"国务院科学技术行政部门、计划部门、经济综合管理部门和其他有关行政部门,依照国务院规定的职责范围,管理、指导和协调科技成果转化工作。地方各级人民政府负责管理、指导和协调本行政区域内的科技成果转化工作。"

《中华人民共和国促进科技成果转化法》同样为企业、科研单位、高等院校的科技成果转化提供了法律保证。比如规定企业、科研单位、高等院校等科技成果持有者,可以通过自行投资转让技术、许可他人使用科技成果、与他人合作实施转化,也可以以技术成果作价投资,折算股份或按出资比例的方式实施转化。企业可以通过公平竞争,独立或者与其他单位联合承担政府组织实施的科技研究开发和科技成果转化项目。研究开发机构、高等院校等事业单位,可以参与政府有关部门或者企业实施科技成果转化的招标、投标活动。国家设立的研究机构、高等院校所取得的具有实用价值的职务科技成果,本单位未能适时实施转化的,科技成果完成人和参加人在不变更职务科技成果权属的前提下,可以根据与本单位的协议进行该项科技成果的转化,并享有协议规定的权益。该单位对上述科技成果转化活动应当予以支持等。

总的说来,《中华人民共和国促进科技成果转化法》为我国促进科技成果转化提供了基本和有效的保证。但是在具体实施和定量标准上并未完善,因此为了进一步落实《中华人民共和国科学技术进步法》和《中华人民共和国促进科技成果转化法》,我国于1999年出台了《关于促进科技成果转化的若干规定》，将国家已经颁布、科技人员也比较关注的若干政策集中给予明确规定，将一些原来较为宽泛的规定进一步细化，增强可操作性。同时也提出了一些新的政策措施。以期通过《关于促进科技成果转化的若干规定》的颁布执行，更进一步调动科研机构、高等学校和广大科技人员转化科技成果的积极性，创办高新技术企业，加速我国高新技术产业化进程。《关于促进科技成果转化的若干规定》最终完善和细化了我国科技成果转化法规的基本原则。

《关于促进科技成果转化的若干规定》将国家已经颁布、科技人员比较关注的若干政策集中予以明确，包括鼓励高新技术研究开发和成果转化的政策、保障高新技术企业经营自主权的政策、为高新技术成果转化创造环境条件的政策。在鼓励高新技术研究开发和成果转化方面，特别注重加大了激励措施。如规定了对成果研究开发人员和转化人员进行奖励时"从技术转让所得的净收入中提取不低于20%的比例用于一次性奖励""自行实施转化或与他人合作转化的，在项目成功投产后，连续在3～5年内从实施该成果的年净收入中提取不低于5%的比例用于奖励""采用股份形式的企业实施转化的，也可以用不低于成果入股时作价金额20%的股份给予奖励""在研究开发和成果转化中做出主要贡献的人员，所得奖励份额应不低于奖励总额的50%""在成果完成后一年未实施转化的，成果完成人和参加人在不变更职务科技成果权属的前提下，可以根据与本单位的协议进行该项成果的转化，并享有协议规定的权益"。

《关于促进科技成果转化的若干规定》颁布于1999年，而正是从1999年之后，各级地方政府以及国家各部委依据《中华人民共和国科学技术进步法》《中华人民共和国促进科技成果转化法》《关于促进科技成果转化的若干规定》，并结合当地和当职分管领域的具体情况，相继制定了一系列促进科技成果转化的具体办法，构成了我国科技成果转化的整个政策体系。

（2）组织管理支撑体系

技术市场是我国促进技术转移，促进科技成果转化的最为重要和广泛的组织管理支撑体系，通过对我国技术市场的介绍和分析，来探讨我国技术转移宏观支撑体系。

① 技术市场的概念

技术市场概念有狭义和广义之分。狭义技术市场是指在一定时间、一定地点，进行技术商品交易的场所，如技术交易会、技术集市等。广义技术市场是指将科技成果作为商品进行交易，并使之变为直接生产力的交换关系的综合。它包括从技术商品的开发到技术商品的应用和流通的全过程。

② 技术市场的功能

技术市场的服务功能主要有实现和增加技术商品的价值和使用价值，调节技术商品的生产和消费，提高技术商品交易的效益和效率。具体功能如下。

交易功能

技术市场是技术商品交易的场所，其首要功能便是通过市场实现技术商品的交易，使无形的技术商品转化为有形的货币，并通过交易实现技术商品的使用价值，使之转化成现实生产力，进而实现其价值。常设技术市场提供洽谈场所和中介服务，同时具备咨询、技术成果评估、登记、结算、仲裁等一系列条件，为技术交易提供良好环境。

信息集散功能

常设技术市场是技术信息的基本平台。技术转移的主体方能通过技术市场获得各种有用的技术信息和相关信息，以便正确选择技术商品和合作对象，使得科技成果顺利应用和转化。因此，技术市场必须通过各种途径收集、处理、存储、显示、辐射技术信息，以及相关的市场信息、政策信息，不断及时地向外界发布，以供检索和查询。

服务功能

服务功能是指技术市场能为技术商品的有效转移所提供的各种支持条件，以实现公平交易的综合配套服务。包括技术经理人服务，各类技术合同登记、公证、仲裁及法律咨询服务，技术成果水平及无形资产评估和市场调研服务，金融信贷及财务服务、科技风险投资与保险等服务，以及技术进出口的组织与相关咨询等服务。

协调管理功能

根据有关法规和技术交易管理、制定市场的系统管理办法，维护市场交易的正常秩序，使之规范化，组织社会客户和会员开展各种有利于技术交易的活动，引导和监督客户在交易中遵纪守法、公平交易。此外，还应了解技术贸易的国内外动态和发展趋势及存在的问题，研究对策，为国家制定相关政策和有关法律提供信息依据。

在技术市场中，作为技术转移的主体方，即技术供方、技术需方以及中介服务机构，可以通过1.2.2小节所介绍的方式完成技术转移。

（四）横向技术转移中介服务体系

横向技术转移中介服务体系是指为促进地区、行业之间的成熟技术商品流通，实现技术商品产业化，主要由市场驱动建立起来的中介服务体系。此类体系的服务特点是，技术商品成熟度高，一般已经产品化，通过技术转移形成一定规模的产业化，所需的技术转移中介服务主要是信息服务、提供有效的沟通以及关注技术引进方的技术能力。此类体系主要由行业生产力促进中心、技术经纪公司以及各类科技成果推广机构组成。

横向技术转移中介服务体系的特点主要有：技术商品市场成熟度高，技术供方多为企业或是拥有已成功产品化的技术的科研机构或大学。技术转移活动多发生在地区之间、国际间的存在技术落差的企业之间。我国此类技术转移中的技术商品较多属于传统产业，中小型项目居多。国际上，横向技术转移中的技术商品类型丰富，转移性质更多的属于技术强势方向技术弱势方的技术输出。技术转移中介服务方主要提供的服务是信息服务、组织协调服务、交易过程服务，技术商品的交易过程的顺利完成是此类技术转移成败的关键。横向技术转移中介服务机构多数由市场驱动形成，以居间或是技术供方代理的角色提供中介服务。横向技术转移基本等同于技术商品成熟的技术贸易。

目前我国的横向技术转移中介服务体系的范围极为广泛和难以划分，首先，几乎所有的科技中介型机构都具有一定范围内、一定行业内的技术商品信息服务能力，在提供技术商品信息的同时，都在根据自身的发展需要，从事着依靠自身资源优势的各种技术贸易活动，可以说，我国的整体科技中介机构都在不同程度上从事着与横向技术转移中介服务相关的工作。其次，大量的非科技中介机构，如科研单位、企业、个人，同样是我国横向技术转移中介服务体系中的重要组成部分，大量的技术商品通过非科技中介机构的居间、代理服务得到转移，尤其以中小科技项目为多。最后，在政府层面上，地方政府通过制定法律法规，提供市场交易环境等措施，规范横向技术转移中介服务体系，促进技术转移，导致横向技术转移中介服务提供者自由发展，具有风格多样化的特点。

从上述分析可知，横向技术转移更多地体现出技术的贸易特性，横向技术转移中介服务的性质就是为促成技术商品交易而提供的中介服务。此类服务为促进成熟技术商品的跨地区、跨行业的流动提供信息服务、中介代理服务以及交易促成服务等。由此形成的横向技术转移中介服务体系是技术市场在政府规范下自由发展而形成的市场体系，它具有主体多元化、市场导向化、服务方式简单化的特点。

（五）纵向技术转移中介服务体系

纵向技术转移中介服务体系是指为实现科技成果的商品化、产业化，主要由政府驱动建立起来的中介服务体系。此类服务体系的服务特点是，技术商品多数正处于商品化阶段，技术引进方实施技术商品化风险较高，所需的技术转移中介服务主要是信息服务、可行性分析论证以及技术受让企业的全程服务等。此类体系中的典型机构是国家技术转移中心、大学科技园以及各科研机构的科技成果推广机构。

纵向技术转移中介服务体系的特点主要有：技术商品前景广阔，但并未实现或未完全实现产品化或产业化，技术供方多为国家科研机构和研发实力强的大学。技术转移活动多发生在科研机构、大学与企业之间。我国此类技术转移中的技术商品类型丰富，既包括传统产业技术，也有高新技术，并且高新技术商品的转移已经成为纵向技术转移的一大特点。技术转移中介服务方主要提供的服务是信息服务，交易过程服务，技术项目可行性论证服务，技术受让企业的技术咨询、管理咨询以及其他服务等，更为注重提高技术供方和技术需方的能力。技术商品的产品化或产业化能否实现是技术转移成败的关键。

纵向技术转移中介服务机构多数由政府驱动形成。我国纵向技术转移中介服务体系主要由政府规范和引导，并且得到了各级政府的大力支持。我国纵向技术转移中介服务体系核心的部分就是依靠我国有科研实力的科研机构和大学，建立地区性的技术转移体系，促进科研机构和大学的科技成果的转移，实现产品化和产业化，并由此建立区域性的技术平台，实现技术与资本的良性互动，全面促进区域性科技进步与科技成果转化，实现国家和各地区的经济发展战略。

我国纵向技术转移中介服务体系主要包括：属于国营的国家技术转移中心、大学科技园、大学知识产权办公室、各科研机构的科技成果推广单位、各级政府和行业协会的科技咨询中心、工程技术研究中心、生产力促进中心、创业服务中心和民营的科技交流中心、各类科技发展公司、技术经纪公司、专利事务所以及技术开发公司等。

（六）技术转移相关咨询服务体系

技术转移咨询服务体系是指为技术转移某一环节提供咨询服务以促进技术转移顺利进行的组织体系。此类组织根据市场原则为技术转移的主体提供客观、公正、专业的知识产品，组织本身的业务可以主要专注于技术转移中介服务，也可以是其他行业，仅把技术转移中介服务作为其业务的一部分。比较有代表性的是科技评估中心、律师事务所、无形资产评估公司、会计事务所、市场调查公司以及提供行业技术咨询的科技咨询公司等。

科技评估中心：此类机构一般从属于行业技术领先的科研单位，其主要服务内容是为可供转移的技术商品进行技术评估，包括技术先进性、国际同类技术分析、技术可行性、相关技术分析，在此基础上，也会提供相关的技术培训、技术服务等。

律师事务所：随着知识产权日益成为经济发展的重要元素，许多律师事务所已经把知识产权服务作为一个重点的业务发展方向，此类机构承担大量的来自企业、科研单位的知识产权咨询和诉讼等业务，为技术转移过程提供专业的法律保障，主要有交易主体的知识产权所有权判定，技术交易合同的签订服务以及技术转移纠纷后的法律诉讼。

无形资产评估公司：由于技术商品价值的不确定性，技术转移双方主体对技术商品的价格差异往往存在很大分歧，为双方提供公正、科学、专业的技术商品价格评估成为了无形资产评估公司的一项重要业务，其提供的咨询服务主要是技术商品价格评估报告，由其确定的技术商品价值可得到各级政府权威部门的公证认定，可作为技术转移中技术价格确定的重要参考依据。

科技咨询公司：此类公司一般由某一行业技术的资深专家组成，主要为需求技术的企业和个人提供服务，以减少客户在购买技术和实施技术时的风险性。主要的服务内容包括技术可行性研究、技术战略报告等。

除此之外，还有其他大量的相关服务机构为技术转移提供某一环节的专业服务，如提供财务咨询的会计事务所，提供技术商品市场前景分析的市场调查公司，为技术供方提供专利申请和维护的专利事务所等。

6.2.2 技术转移机构的工作内容与流程

（一）中国技术交易所

中国技术交易所注册资金2.24亿元，注册地在中关村科技园区海淀园，由北京产权交易所有限公司、北京高新技术创业服务中心、北京中海投资管理有限公司三家机构发起成立，中国科学院国有资产经营有限责任公司为第四家股东单位。

中技所的目标是打造技术与资本高效对接服务平台、促进科技成果产业化支撑平台、股权激励改革试点工作操作平台、促进技术成果转移转化综合服务平台，未来的业务将主要循着"技术、产权、交易"三个维度展开，即以科技资源整合中国最大最全的技术资源平台，以技术产权化推动技术要素的价值确定，以技术交易实现技术资源的流动和价值升值。

中技所设立的组织机构及其工作内容。

技术交易服务中心：充分依托高等院校、科研院所和高科技企业的科技资源，与国内外一大批知名的专业机构建立了合作关系，吸收国内外律师事务所、会计师事务所、资产评估公司、拍卖公司、招投标公司等专业中介服务机构作为合作伙伴，着力打造完整的技术转移产业服务链，为技术转移各参与方提供高效率、低成本的专业化服务。

知识产权服务中心：突出需求导向型服务，面向政府、科研院所、科技园区、企业、VC/PE、天使投资人等客户提供三大业务：建设"知识产权一站式服务平台"，提供一站式服务；国际业务；挖掘投资需求。

科技金融服务中心：面向科技企业，建立、完善技术项目评价体系，充分发挥公共财政资金的杠杆和增信作用，吸引社会资本投资技术项目并提供配套服务。为政府部门选择资助项目提供咨询、评价服务；为科技企业融资、并购、重组、改制、上市提供专业服务；为知识产权质押担保提供创新科技金融服务；为地方政府和科技园区提供科技项目招商、融资服务；为公共财政科技投入形成的资产提供退出通道。

股权激励咨询服务中心：中技所是"中关村国家自主创新示范区股权激励试点专项工作组"成员单位之一。工作组办公室设在中技所"股权激励咨询服务中心"。服务中心在专项工作组指导下，为高等院校、科研院所、院所转制企业以及高新技术企业开展股权激励提供咨询服务，协助股权激励单位研究制订科学、合理的股权与分红激励方案，建立健全激励机制，充分调动科技人员的积极性和创造性，促进科技成果产业化。

技术合同登记服务中心：中技所是经国务院批准设立，由科技部、国家知识产权局和北京市人民政府联合共建的国家级技术交易服务机构。其将协同43号技术合同登记处充分利用中技所丰富的项目与投资人资源、市场服务网络、结算服务支撑体系等方面的综合优势，建立技术合同登记的前延后伸服务机制，为技术合同双方提供信息沟通及跟踪服务，为技术合同的实施提供融资、结算、并购等综合配套服务。

商标交易服务中心：中技所是经过国务院批准设立的国家级技术交易、商标交易服务机构。为了更好地贯彻《国家知识产权战略纲要》的精神，把握《关于实施首都知识产权战略的意见》新要求，进一步开创商标战略实施的新局面，加强企业商标的创造、运用、保护和管理能力建设，积极服务于中关村自主示范区建设和创新型国家建设。

会员服务部：在中技所平台上，会员单位可以极大地延伸其服务的内容和领域，促进业务发展。通过与中技所合作，会员单位不仅可以为其原有客户提供与技术交易相关的更加广泛、更深层次的服务，实现业务规模的现实增长，而且还能够获得大量的前端客户资源和信息，实现业务储备，奠定未来业务成长基础。

财务结算部：针对技术交易过程中存在的价款结算信用风险，为了保障交易双方的合法权益，中技所开设独立的结算账户，向交易双方提供安全、可靠的项目监管服务以及配套的交易价款结算服务。

技术交易服务中心的服务内容如下。

① 技术交易相关咨询服务：包括技术咨询、政策咨询、市场咨询、法律咨询及交易咨询等。

② 技术及技术产权项目评价服务。

③ 技术转让及技术许可服务。

④ 技术及技术产权交易相关资讯服务。

⑤ 能力交易服务。

与技术交易相关的其他服务增值功能如下。

① 通过提供技术及技术产权权威评价来减少投资风险。

② 通过高度市场化的运作和公开叫价、招投标、网络竞价等先进交易手段促成交易，保证交易各方的最大利益。

③ 通过设立交易资金结算账户和出具交易凭证，保证交易各方的安全和利益。

④ 一站式及模块化的技术转移专业服务的工作流程如图6.2.1所示。

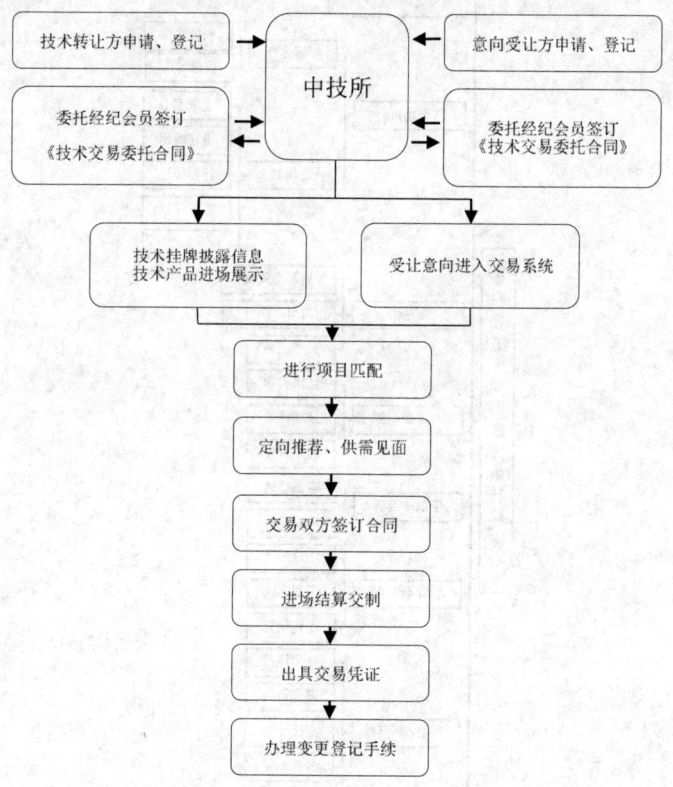

■ 图6.2.1　一站式及模块化的技术转移专业服务的工作流程

（二）华东理工大学国家技术转移中心

组织架构如图6.2.2所示。

国家技术转移体系建设方案
——人才体系建设实务指导

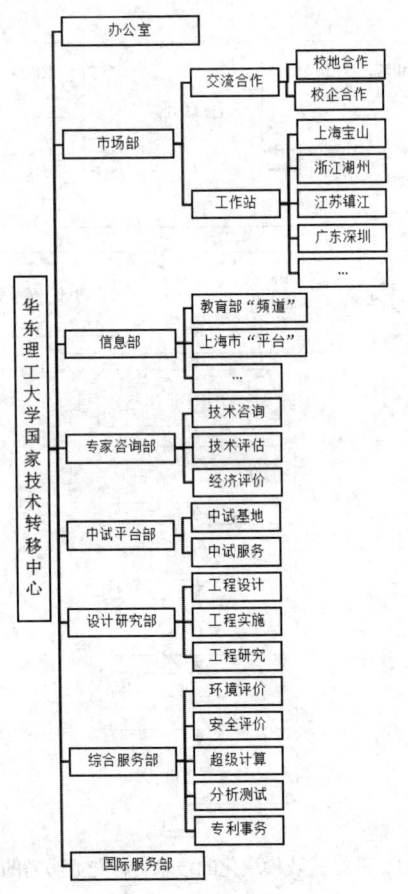

■ 图6.2.2 华东理工大学组织架构图

① 办公室

主要负责技术转移及服务项目的合同管理、综合事务管理、审查对外技术投资等,以及负责与合作组建的实体机构、分支机构对口衔接等方面的事宜。

② 市场部

主要包括交流合作和技术转移联盟(工作站)两大板块。通过筛选相对成熟可靠、增值推广潜力较大的技术成果,由国家技术转移中心首先进行"项目建议书"的编制,对其进行包装、整合、完善,并在充分进行市场调研的基础上对其进行技术经济分析与评价，然后着手进行商业营销策划，进行市场化的宣传、推介、招投标、商业谈判等系列运作，按照风险投入、包装增值、整体策划、全程服务的技术转移与技术经营模式，对技术项目的总体收益进行合理的协调分配，有效调动参与各方的资源、力量和积极性，形成最佳组合阵容和最佳配置，积极争取技术转移的成功以及综合效益的最大化。

其次，加强与各级地方政府、科技园区的紧密联系，整合各方资源，有计划、有步骤地建立区域性、行业性的技术转移联盟（工作站），解决区域、行业等共性技术，推进技术转移步伐。

③ 信息部

华东理工大学国家技术转移中心近两年来先后承接了教育部科技成果推广信息平台"石油化工频道"和"上海能源化工技术转移平台"的建设，国家技术转移中心对两个平台（频道）提供维护和运营服务，两大信息服务平台建成后将实现资源共享。

"石油化工频道"通过组建教育部首个"石油化工技术转移联盟"的形式，整合包括十六所石油、化学、化工重点高校以及地方政府、园区、企业在内的资源优势，构建由政府、高校、企业紧密结合的科技成果推广公共服务信息平台。

上海能源化工技术转移平台是上海研发公共服务平台的子平台，是一个面向能源化工技术研发和技术转移全过程的集数据信息、应用系统、技术服务和技术咨询为一体的综合系统，考虑到信息化与工业化的结合才能真正解决能源化工技术转移中的各种类型问题，平台既包括以提供能源化工各类信息为主的信息部分，也包括以提供技术和咨询服务为主的实体部分。

④ 专家咨询部

主要包括技术咨询、技术评估和经济评价三大功能。针对目前我国具备直接吸纳高校小试成果进行二次开发的企业还较少，高校在工程研究（设计、技术集成）能力方面明显欠缺，造成高校单元技术、阶段性成果多，行业共性技术、关键技术、成套技术相对较少，部分科技成果与市场需求脱节，技术指标与经济指标与实际状况脱节。华东理工大学国家技术转移中心专门设立了专家库，由专家咨询部定期组织相关专家，筛选项目并进行技术咨询、技术评估和经济评价，特别是对国家重点科技计划项目进行跟踪，以提高技术成熟度和适应企业实施要求提供全方位服务。

⑤ 中试平台部

遵循流程工业"小试""中试""工业化"逐步放大的发展规律，在校内外建设和共享了一系列的中试基地，其中中心配置的350m^2的中试基地内安置了常规的化工单元操作和特殊的化工（包括轻工）试验平台，结合学校已有的大型冷模设备，通过大型冷模装置等强化对技术放大应用过程的准确掌握，可以完成涉及物质分子化学转变过程工业开发所需要的基础设计信息，为打通产业化的工艺路线架设桥梁。

⑥ 设计研究部

主要从事工程研究、工程设计和工程实施。

⑦ 综合服务部

主要包括环境评价、安全评价、超级计算、分析测试、专利事务等工作。

⑧ 国际合作部

学校先后与美国、日本、加拿大、德国、英国、澳大利亚等国家和地区的六十余个高校、科研机构，以及美国杜邦公司、3M公司、孟山都公司、陶氏化学公司、德国拜尔公司、赫斯特公司、英国联合利华公司等著名跨国公司进行了科研合作。国际合作部充分利用已有资源及互设的相关技术转移窗口和上海化学工业区入驻的大量化工企业，介绍并引进国外的先进技术，以及向国外转移国内的先进技术和产品等，促进国际间的科技合作和交流。

通过对几个技术转移机构的学习之后，发现各个技术转移机构的工作都由以下几点展开：信息的收集与整合、一站式服务、减小风险、合作交流与后期技术支持。

6.3 探索中的经验和思考

技术供给、市场中介和技术需求是影响技术转移有效实现的三大要素。从我国当前情况看，相当多的学者认为尽管技术供给和市场中介对技术转移有效实现来说都存在许多不足和缺陷，但主要制约我国技术转移的因素是企业缺乏对技术的需求。显然，企业作为商品生产的组织者和技术转移的接受者及技术进步的主体，如果缺乏技术进步的内在要求，科技成果就难以迅速地转移并获得生产性应用。然而，对造成企业技术需求不足的根本原因，人们往往较多地把关注的焦点集中在经济运行方式的弊病和企业经营机制的缺陷方面，而很少从技术经济的内在联系上找原因。当今我国体制已进行了许多重大变革，企业自主权和活力已逐步增强，市场机制也进一步完善，追求技术进步，谋求企业竞争优势已为越来越多企业所认识并付诸实施。企业对技术的需求是存在的，但是需求质量不高，需求结构不合理，偏重于人的技能和非物化的智力知识引进，而对技术成果的引进要求十分低。对此，如只简单地强调体制上的原因恐怕过于一般和笼统。对技术需求所呈现的状况，除了加快体制改革和宏观环境的引导与完善外，很有必要从企业技术经济的内在关系入手，对需求现状和原因进行深入和微观的分析，从而识别这个导致技术转移的内在因素。

6.3.1 发达国家企业技术转移的经验总结

（一）发达国家促进中小企业技术创新和技术转移的措施

（1）欧盟IRC计划

欧盟为鼓励中小企业开展跨国技术转移合作，促进中小企业之间的技术转移和合作，于1995年正式出台了欧盟IRC（Innovation Relay Centre，创新驿站）计划。欧盟各国IRC主要由大学技术中心、商会、地区发展机构、国家创新机构等单位主办，欧盟一般可提供45%～50%的经费支持。这些IRC通过国际互联网连接，互通信息、互相支持，成为欧洲重要的、也是最成功的技术转移与合作中介网络。IRC提供服务主要分五个步骤，分别是走访企业、识别技术需求或技术潜力、寻找欧洲合作者、提供进一步的支持和意见、帮助签订合同等。

（2）美国STTR计划

STTR计划（Small Business Technology Transfer Research Program，小企业技术转移计划）是美国政府专门为促进研究机构向小企业实施技术转移而制订的直接财政援助计划，是美国政府支持小型企业技术创新最重要的计划，在促进小型企业技术创新中发挥了重要作用。1994年STTR计划开始运作，由美国小企业管理局（SBA，US Small Business Administration）负责协调和组织。STTR旨在充分发挥小企业与研究机构各自的优势，促进科技成果转化，推进小企业技术创新。STTR的核心是加强公共和私营部门之间的合作关系，以便为小企业和美国的主要非营利性研究机构提供合作的机会。STTR最重要的作用是促进小企业与研究机构之间的合作，以促进先进技术更好地向小企业转移。

美国法律规定，凡联邦部门研究与发展经费超过10亿美元的，需按0.15%划为研发基金，供小企业与非营利性研究机构技术转让项目和技术创新合作使用（即STTR项目）。小企业必须与大学、非营利性研究机构、教育机构等进行合作，项目申请由双方共同提出。申请者向相关部门提出申请，承担上述部门的研究任务，完成从研究、开发到商业化的过程。实践证明，STTR计划已经成为美国政府发挥小企业创新潜力的范例。

（3）日本促进中小型企业技术转移的措施

日本是一个非常重视中小型企业发展的国家，其政府也成为扶持中小型企业最为成功的政府。日本政府通过行之有效的政策，例如，《中小企业基本法》《中小企业现代化促进法》《关于促进大学等的技术成果向民间事业者技术转移法》等多项政策，使日本的中小型企业从数量上和质量上都得到了很大的提高和发展。

同时，日本各级政府都成立了许多中介机构，如日本中小型企业事业团（JASMEC）的使命是推动官产学研联合的具体项目，促进中小型企业技术进步，加强人才培养和信息交流，对企业进行技术和信息指导，为大学和科研机构提供成果转移和技术合作平台；支持风险投资，支持向企业的技术转移与技术交流活动。为了促进中小型企业开拓新领域、开发新产品、提供新服务，事业团还组织跨行业、跨领域、跨地区的交流活动，开办技术市场、派遣技术专家、提供交流咨询。中介机构的服务一般是有偿的，即它向技术所有者收取技术转让推介费，向技术使用者收取技术使用费，收取比例根据介入的程度由双方确定。对于支付困难者，可通过技术所有者申请"研究成果展开推进费"，或由使用者（一般为中小型企业）申请"新事业助成金"等方式获得减免，还可以通过多种形式申请减免"风险事业金"。若合作双方均为公立机构，经审定也可免除技术推介费与技术使用费。可以看到，由于日本技术转移政策的牵引和制度规范的推动，对日本社会和中小型企业的发展带来了巨大的作用。

（二）企业技术转移的潜在需求

当代经济要求企业不断努力地进行发明和技术进步活动，以便不断地改进产品和技术应用新技术、新工艺。这表明企业技术体系在不断地变化中，各技术子系统处于一种相互作用和配合的状态，但是各技术子系统均衡发展并不是多数现象。因此，不同的技术子系统组合状态，将产生不同的技术转移需求。

一个企业拥有四个技术子系统的技术与知识往往在程度上是不一致的，即在特定时期，某一（些）技术子系统的技术知识不能适应与满足生产经营的需要。但出于阐明问题实质的考虑，如从极端出发仅考虑"拥有不拥有"各技术子系统的情况，并暂不考虑物化技术和无形技术的区别，那么我们可以得到技术子系统的11种基本的组合状态：为简便起见用 Q_j 表示第 j 种组合状态，SS表示项目特有技术，FS表示企业特有技术，IS表示产业特有技术，GK表示基础知识，∩表示将特有技术组合。

（1）Q_1=SS∩FS∩IS∩GK。所有技术子系统均具备并相互作用，企业技术体系比较完备，拥有生产经营所需的各种技术与知识，且能开发新技术，技术实力雄厚。在 Q_1 状态下企业的技术体系处于暂时的平衡状态，除非生产经营上有新要求或外部竞争环境发生变化，企业一般对技术转移的需求很低。

（2）Q2=SS∩FS∩IS。企业能保持目前生产经营的进行，但基础知识系统比较薄弱，缺乏对基本概念、理论或技术知识的理解，因而可能不能支持其他技术子系统技术与知识的充分发挥。企业也可能希望获得新的科学性基础知识，以增加技术后劲和技术潜力、满足远期产品开发生产的需要。为此，企业可能会采取合作基础研究、应用研究的方式或直接从外部输入科学知识来充实基础知识系统。

（3）Q3=SS∩FS∩GK。这是一种较特殊的状态。多见的一种情况是跨行业经营。当拥有较强企业实力，带有新技术、新产品的企业初涉别的行业时，常常会出现缺乏产业特有技术的状况。如电子行业的企业带着所发展的电子应用技术进入轻工或纺织行业时，虽然具有强烈的"入侵式"挑战性优势，但也有不熟悉新入行业的弱点。至于在本行业竞争，企业可能缺少有关产业市场知识和市场交换能力，一般不太会缺少产业技术方面的知识与技术。

（4）Q4=SS∩IS∩GK。该状态表明企业缺乏规模化利用项目特有技术的能力，配套技术、生产工艺、辅助技术、车间生产技术常达不到产品生产和工艺的要求，企业也可能在生产组织、经营管理、市场营销等方面存在明显不足，生产效率低下，甚至可能因缺乏必要的品牌声誉和企业形象而不能使产品有效地占领市场。通常FS技术转移的形式有技术服务、技术咨询，也可以是工艺与设计方面的Know-How转让或商标许可。由于FS技术具有产权性质，又是企业竞争特色和优势的重要方面。因此，这类技术的转移比较困难，而且费用也比较高。

（5）Q5=FS∩IS∩GK。这也是常见的状态之一。企业拥有较雄厚的技术基础和知识基础，生产设备完善，规模化生产能力高，管理良好。但是缺乏能形成拳头产品优势的新产品、新工艺和新技术。因此企业对先进实用、市场前景好的技术成果有强烈的需求。另外，当企业进入相邻产业或相近产业时，也会出现这种状态。Q5状态在历史悠久、技术基础好、实力不低的大中型企业中较为常见。通常SS技术转移的形式为专利许可、Know-How使用许可及关键物化技术的引进。

（6）Q6=SS∩FS与Q3较相似。但由于缺乏GK，故对基础知识和科学知识有潜在需求。由于IS和GK具有公共知识的特性，其转移常采取培训、交流、学习及合作科研等方式进行。

（7）Q7=SS∩IS与Q4较相似。但除了FS方面不足外，还缺少基础知识，因而可能不能充分利用SS技术。

（8）Q8=FS∩IS与Q5较相似。企业技术和生产能力高。熟悉产业技术和市场情况，但缺乏SS的相互作用，形成不了有竞争优势和特点的产品，又加上缺乏科学知识和新知识，企业不能有效地通过开展中长期研究开发活动来获得SS，故对SS和GK都有转移的需求。

（9）Q9=SS∩GK。这种状态常发生在高新技术企业或新兴小企业中。企业虽然拥有SS和GK，但是缺少必要的生产组织和企业管理技术与知识，相应配套技术和工艺、辅助技术、生产制造技术与生产能力均显不足，生产工艺不过关等而不能有效地利用SS技术，也可能由于缺乏市场知识、企业知名度和品牌声誉，使产品难以进入市场或市场份额很低。在Q9状态下，企业对FS和IS有一揽子需求，但由于企业比较弱小，技术转移不易进行。

（10）Q10=FS∩GK。这是较特殊的技术子系统状态，可能发生在跨行业经营中。企业进入一个较陌生的行业，因而在缺乏必要的IS的同时，也需要有别于自身行业的SS技术，以便能以产品富有竞争力而挤入并站稳新市场，并且充分利用企业已有的完善或可能是富余的生产系统能力，借助已有的管理经验和声誉，提高经营的效益。因此，企业对SS和IS均可能有转移的潜在需求。

（11）Q11=IS∩GK。企业只有一般性基础知识和生产知识，技术水平低、能力弱、企业无竞争优势、技术力量薄弱、管理水平低、缺乏有竞争特色的产品与技术。在Q11状态下，由于潜在吸收能力和生产适应性及组织管理均比较差，因此，单纯地引进SS可能不足以充分利用SS的潜在价值，还需引进相应的FS。不过企业比较弱，大规模引进技术不可取，即使做投资效果也不会好，应该采取分阶段的方式，从提高基础能力逐步做起。在Q11状态下有较大的转移需求，但真正实施起来困难不少。

（三）技术转移经验借鉴

一是政府部门在推进技术转移的过程中起着至关重要的主导作用，尤其是技术转移政策的制定和实施、对技术转移服务机构的资金支持、科研立项过程中指导思想的转变等。

二是技术转移服务机构的积极参与和区域技术转移体系的初步建立是技术转移得以顺利进行的重要保证。

三是企业正在成为技术创新的主体，是技术转移积极推进的前提，正是企业技术创新主体地位的确立，才使企业成为吸纳技术的最大买家。

四是新型官产学研合作机制的建立为技术转移打下了牢固基础，官产学研的紧密结合是技术创新上、中、下游的对接与耦合，是生产要素组合的一种形式，也是科技成果产业化的有效实现形式和重要途径。

（1）政府部门的高度重视

例如，2003年科技中介机构建设年以来，技术转移引起了北京市政府的高度关注，并积极采取措施推动技术转移。尤其是在制定法规、政策等方面北京市政府做了大量工作。2001年以来，为了进一步改善区域创新环境，完善区域创新体系，北京市先后制定颁布了《北京市关于进一步促进高新技术产业发展的若干规定》《北京市技术市场条例》《进一步做强中关村科技园区的若干意见》《首都经济创新服务体系建设纲要》《首都创业孵化体系建设纲要》和《中共北京市委、北京市人民政府关于增强自主创新能力，建设创新型城市的意见》等30多项地方性科技法规、规章，以及政策性、制度性文件。在这些政策文件中包含了对技术转移机构、科技咨询机构、风险投资机构、孵化器和大学科技园等各类科技中介机构在资金、税收等方面的支持内容。

同时，在科研项目的立项上，实现了指导思想的根本转变，由过去的领导意志、科学家的兴趣主导立项过程，转变为企业、市场引导为主。这就为日后科研成果的工程化、市场化预留了较大的空间。没有政府部门的高度重视和积极支持，就没有我国目前技术转移的大好局面。

（2）技术转移服务机构的积极参与

没有技术转移服务机构参与的技术转移，充其量只是粗放的技术转移。粗放的技术转移成本高（包括技术源与技术宿主之间的匹配成本和沟通成本)、效率低下、技术交易市场混乱。技术转移服务机构的参与就改变了这种状况,技术转移由粗放转向精细。

但是,仅有技术转移服务机构的参与是远远不够的,还必须有一批名牌技术转移服务机构的崛起,才会有技术转移的蓬勃旺盛。对此,相关政府部门对技术转移服务业的扶持、资助力度不断加大。巨额资金的投入,激活了技术转移服务机构,一批典型的技术转移服务机构的专业服务能力得到了显著的提升,涌现出了一批像中科前方生物技术研究所、清华科威国际技术转移有限公司、中国医药科技成果转化中心那样的名牌技术转移服务机构。

(3)区域技术转移体系的初步建立(以北京市为例)

北京市技术转移取得巨大成绩有一个重要原因,这就是初步建立了一个技术转移体系。北京市在近几年里,建立了北京技术转移服务联盟、环渤海技术转移联盟等区域技术转移服务联盟。这些技术转移服务联盟的建立,为北京技术向周边省市的辐射增加了强劲的动力。

据不完全统计,仅2006年,北京技术转移服务联盟成员就促成技术交易额11.15亿元,技术服务收入5600万元。而环渤海地区正在成为全国最大的技术商品的输出和吸纳地区,已成为我国区域技术转移最活跃的地区之一。2001年以来环渤海地区技术合同成交总额达2197.1亿元,占全国的四成以上(45.26%),其中环渤海地区各省市之间技术合同成交额达到1700.85亿元。输出技术合同成交总额超过100亿元的有4个省市。2016年全国技术合同成交额达11407亿元。

环渤海地区各省市之间的科技合作能充分发挥各省市资源优势,实现优势互补、互相促进、共同发展的目标。技术转移联盟的成立,对加速科技成果转化与技术转移的步伐,促进环渤海地区的工业建设与科技产业的发展起到了积极作用。

(4)企业技术创新主体地位的初步确立(以北京市为例)

从技术创新的投入看,在过去相当长的一段时间里,我国的R&D活动相对集中在由政府部门所属研究机构和高等学校中。随着市场化的推进和竞争的加剧，近年来我国R&D经费结构已经开始改变，工商企业R&D经费（不含工商企业委托其他单位进行R&D活动所支付的经费）占国内R&D总经费的比重逐年上升，1996年超过政府部门下属研究机构所占比重而跃居首位，1999年超过50%，2000年以来，按执行部门分布的我国R&D经费结构一直比较稳定，且与同期发达国家的这一结构类似。

从技术市场的技术交易供方情况来看，2000年以前，技术供方的主体是科研机构和高等院校，2000年，这一状况发生了改变，企业第一次超过科研院所和高等院校，成为技术供方的主体。这表明，进入21世纪以来，北京技术供给方的成分由原来的国家系统的事业单位性质的科研机构一枝独秀转为大型企业独占鳌头。

从技术市场技术交易吸纳情况来看，2001年以来北京企业共吸纳中央在京机构技术9708项，占中央在京机构技术成果在京转化成交项数的比重为65.63%，成交额65.66亿元，年平均增长速度20.15%，占中央在京机构技术成果在京转化成交额的比重为58.56%。海淀区各类企业共吸纳技术3678项，成交额38.50亿元，比上年增长37.45%，占吸纳技术合同成交额的比重为68.64%。

从上述三个方面的分析，企业正在成为我国技术创新活动的主体。企业技术创新主体地位的初步确立，使得其技术需求大增，尤其是对原创性技术的需求，同时，对那些大型企业来说也会产生技术溢出。这样两方面的因素，必然会促进技术转移活动的频繁进行。

正是在这个意义上，我们说，企业正在成为技术创新的主体是技术转移积极推进的前提，正是企业技术创新主体地位的确立，才使企业成为吸纳技术的最大买家。

（5）新型官产学研合作机制的探索（以北京市为例）

官产学研结合，实际上就是在政府的引导下，企业充分与高校、科研机构进行技术合作，实施产学研一体化运作，利用高校和科研机构的技术和人才资源，同时发挥制造企业的生产和设计优势，最终达到科技成果向生产力的转化。

在官产学研合作中，北京市，尤其是中关村地区有以下几条经验。

一是以企业为主体的决策机制实现了资源配置的市场化。

在新型官产学研机制下，企业逐渐成为合作决策的主体，能够根据市场需求决定项目的选择、资源的整合，推动了大学、院所的技术资源与企业的产业资源形成优势互补的合作，从而也在更深的层次上推动了技术交易规模的扩大。

二是利益共享和风险共担机制促进了企业和科研院所的良好合作。

中关村企业在与科研院所的合作当中越来越重视合作方式、规则的明确。一方面，大学、企业、科研人员之间的利益分配机制逐渐建立和明确，包括技术入股、科研人员持股、知识产权归属等；另一方面，企业更加注重与大学、院所合作的风险共担机制，弹性股权结构成为产学研合作的新方式。这种利益共享和风险共担机制的建立有效地调动了科研人员的积极性，也使院校和企业结成更为紧密的合作关系。

三是"区域人脉关系"助推产学研合作关系的建立。

从大学、院所走向市场的科研人员和毕业生在中关村编织起了密切的人脉关系网络，师生、同学、同事之间的彼此了解和相互信任，使得合作更加容易。这种区域人脉关系网络是中关村产学研成功合作的不可替代的重要因素，也是区域创新网络中不可复制的创新要素。据中关村科技园区管委会对100家企业的调查，绝大多数成功企业（即能够生存、壮大的企业）背后都有科研院所和高等学校或者是与其有关的专家作技术支撑。这种新型官产学研合作机制的建立为技术转移打下了牢固基础。官产学研的有机结合，为技术创新的上、中、下游提供了良好的对接与耦合机制。

6.3.2 促进企业技术转移的具体措施

（一）制定与企业技术转移活动相关的法律

在我国技术转移的发展过程中，虽然出台了一系列的政策法规，但现有的这些政策法规存在诸多不完善的地方，还需要不断地借鉴学习和发展,以适应当前经济和市场的需求。我国《中华人民共和国中小企业促进法》在2002年6月29日第九届全国人民代表大会常务委员会第二十八次会议通过,2017年9月1日第十二届全国人民代表大会常务委员会第二十九次会议修订。对中小企业技术活动的开展和企业的长远发展起到很大的助力。制定完备的法律体系,给中小企业经营者以稳定的预期,提高它们进行技术活动的积极性。

(二)为技术转移制定各种优惠政策

考虑到中小企业在技术活动中的重要地位以及中小企业资金、设备、人才等方面的竞争劣势,我国政府应当制定和采取各种优惠政策鼓励和扶持中小企业的技术活动。第一,政府利用财政手段增加预算,列专项资金鼓励技术开发,鼓励中小企业开展技术转移活动;第二,加大财政支持力度,完善和扩大对中小企业技术创新的财政补贴制度,适当对中小企业的技术转移活动进行补贴;第三,给中小企业提供专门的融资服务,降低中小企业贷款利率,减轻中小企业技术转移活动的融资困难,并可对一些重大或重要项目为中小企业提供长期无息贷款。

(三)建立功能完善的技术转移公共平台

为更好地促进中小企业的技术转移,应大力加强技术转移公共平台的建设,促进高等学校技术成果转化和技术转移,加强国家技术创新合作,加强科技合作交流,完善技术转移机制,为中小企业提供创新综合服务等。北京市科学技术委员会为推动科技创新与产业发展,把科技成果、人才团队、产业发展需求梳理出来,建设科技情报系统,为科技成果产业化服务,搭建一个包括成果转化所需空间、资金、企业合作方式等条件及研发团队产业化意向的科技成果转化数据平台。这些措施将进一步促进中小企业的技术创新与技术转移。

(四)通过技术创新与技术转移提升企业核心竞争力

通过对发达国家技术转移政策和各项措施的研究,借鉴这些国家制定技术转移法律、法规的经验，结合我国的实际情况，来制定我国技术转移的政策和法律，以及符合我国国情的各项措施。鼓励中小企业通过技术转移方式，增强中小企业的技术能力，抢占未来主流产品的上游，提高中小企业的竞争力。

在之前由美国次贷危机引发的波及全球的金融风暴中，中小企业受到很大影响。因为中小企业作为企业发展中的弱势群体，本来就存在着缺资金、缺技术、缺人才等制约企业发展的瓶颈难题。金融危机下的中小企业倒闭的核心原因并非是融资难，而是企业缺少核心竞争力，金融危机的冲击也是对中小企业竞争力的重要考验，竞争力弱的就会淘汰出局。而这种核心竞争力表现在技术创新、市场开拓等各个方面。中小企业应当从勤练"内功"、增强竞争力上下工夫，通过技术创新和技术转移提升企业技术实力，努力生产出符合市场需要的高科技含量产品，这才是中小企业应对危机的最佳选择。随着国家科技体制改革的不断深入，科研院所的科技人员主动与企业结合，将先进适用技术向企业转移。此外，中小企业要发挥市场敏感优势，主动策划产品市场，然后将目标产品的技术问题交给科研院所的科技人员来解决，加强合作交流，通过技术转移来快速提高企业技术水平。

（五）加大技术转移人才培养力度

近年来，我国从事技术转移工作的高端专业人才十分缺乏，并已成为影响技术市场发展的瓶颈。高端专业的技术转移人才应该是复合型人才：一是具备专业背景知识。二是有实际工作经验。三是熟知《知识产权法》和技术转移等相关知识。四是能与国际接轨，能够与国际专家进行对话。目前我们从事技术转移的大多是经验型人才，不具备复合型人才所应具有的条件。技术转移高端专业人才缺乏，对国家技术转移工作的不利影响越来越突出，影响技术转移的深入开展。美国和日本是两个很好的例子，这两个国家的技术转移程度很高，直接促进了国家的发展，而且从事技术转移工作的多是硕士、博士等高端人才，技术转移产业发展比较完善。我国应按照国内技术创新管理和技术转移产业发展的需求，培养具有技术创新管理精神和能力、国际化、复合型、高层次的技术转移专门人才。

2016年河南省科学技术信息研究院被科技部认定为"国家技术转移郑州中心人才培养基地"依托单位，制定了2016~2017年度技术转移培训工作计划，2016年4月承办了全国技术合同认定登记培训班，完成了全国380名技术合同认定登记员的培训任务。2016年11月郑州举办了"2016年河南省技术合同认定登记培训班"，对全省150名从事技术合同登记人员进行了培训。2017年4月河南省举办了高新技术企业技术转移培训班，对河南省高新技术企业如何享受技术市场优惠政策、规范做好技术合同认定登记进行了系统讲解。2017年7月10~13日，针对郑洛新高新技术企业、全省高校科研院所，郑洛新三地举办了四期技术转移专项培训。2017年8月23~25日，联合火炬中心在焦作市举办了"2017年河南省技术合同认定登记培训班"。2017年10月26~27日，新乡举办了"国际生物医药技术转移培训班"。2017年11月9~11日，河南省科学技术厅承办火炬中心"国家技术转移示范机构主任培训班"，100多家国家级示范机构负责人参训。2017年11月23~24日，郑州举办了"河南省科技市场培训班"。河南省全年共计开展10期活动，培训近3000余人，建立100人技术转移专家队伍，新增技术合同认定登记员143人（科技部火炬中心颁发证书）。历经1年人员培训，河南省全年合同登记额较2016年增加16亿元。

（六）加强政产学研金协同创新

以央企为核心培育企业自主创新环境。

中国产学研合作发展面临的三个问题，归结为一点，即在产学研合作中缺乏真正的核心主体来擎起产学研合作发展的大旗，让产学研合作的"长龙"腾空而起。其中，高校主要是人才培养和新知识的发源地，而科研院所主要依靠国家经费生存，产学研合作的领军者，需要从产业方面选择。因此，作为中国产业代表的央企，应该成为核心主体。

从央企创新动力来看，有着强劲的需求。在国家层面，《国家中长期科学和技术发展规划纲要（2006—2020年）》明确提出，要加快建设企业为主体、产学研结合的技术创新体系，并以此为突破口全面推进中国特色国家创新体系建设。坚持产学研结合对于建设技术创新体系至关重要。党中央、国务院提出建设创新型国家，对央企自主创新工作提出了明确要求。因此，无论从国家经济的长远发展，还是从企业发展的角度，央企都必须把自主创新工作放在非常重要的位置上。提高自主创新能力是一项长期的任务。在产学研层面，与科研院所和高等院校相比，企业的科技力量不足，企业研发投入低，研发机构少，创新能力薄弱，还需增强自主创新能力。大型国有企业尤其是央企作为中国经济发展的基础和支柱，在科技创新中有天然的优势，也面临艰巨的任务，这就需要与产学研各界共同努力。

创新大潮中，发达国家以及跨国公司依然有效地控制着核心技术和知识产权，同时将产学研合作提升到国家战略层面，这让中国企业面临巨大压力和挑战。全国科技创新大会提出的科技体制改革，就是要强化企业技术创新主体地位，使企业成为技术创新决策、研发投入、科研组织和成果转化应用的主体。明确提出要吸纳企业参与国家科技项目的决策，产业目标明确的国家重大科技项目，由有条件的企业牵头组织实施。

因此，加快技术创新体系建设，要以企业尤其是央企为核心，融合中小科技创新型企业以及高校、科研院所等力量，形成企业创新发展的源动力，促进实体经济可持续发展；建设以企业为创新主体的创新体系，要从国家发展的战略高度，坚持"政府推动、企业主体、市场导向"的原则，充分发挥政府在技术创新中的推动作用，支持和鼓励各创新主体根据自身特色和优势，探索多种形式的协同创新模式，促进创新要素进一步向企业集聚，使企业成为自主创新的决策主体、投入主体、利益主体和风险承担主体，有利于提高创新体系的整体效能。

产学研结合是一个复杂的系统工程，在中国实施自主创新战略、推进国家创新体系建设、科技体制改革过程中，需要产学研之间建立长期、持续和稳定的协同创新关系。但是，由于大量的创新力量游离在企业之外，企业的创新能力较为薄弱，这就需要确立企业尤其是央企作为创新主体的核心地位，认真贯彻全国科技创新大会精神，推动产学研相结合，坚持创新驱动，注重推动重大技术突破，增强核心竞争力，培育发展战略性新兴产业，着力推进产业结构优化升级。中国产学研合作促进会在以建立"产学研、政金介"高端平台的基础上，着力于创新环境的培育、产学研合作模式的创建等，促进产学研合作向体制机制内的融合升华，积极建立国际产学研合作创新平台，提高中国产业的国际竞争力，以先进科技推进文化产业发展，培养产学研结合的新生长点。

6.3.3 企业如何申报技术交易奖励补贴

关于印发《郑州市科技成果转移转化补助实施细则》的通知

各县（市、区）科技管理部门，驻郑高等学校、科研院所，各有关单位：

为促进我市科技成果转移转化，加快推进技术市场体系建设，大力培育技术转移服务机构，现将市科技局、市财政局联合制定的《郑州市科技成果转移转化补助实施细则》印发给你们，望认真遵照执行。

郑州市科学技术局　　　郑州市财政局
2019年3月27日

郑州市科技成果转移转化补助实施细则

第一章　总　则

第一条　为贯彻落实《中共郑州市委郑州市人民政府关于加快推进郑州国家自主创新示范区建设的若干政策意见》（郑发〔2016〕12号），加快技术转移促进科技成果转化，提高城市核心竞争力，结合本市实际，制定本细则。

第二条　本细则适用于本市行政区域内的技术转移及科技成果转化活动。主要对技术转移活动中的技术输出方（卖方）、技术吸纳方（买方）、技术转移服务机构、技术合同认定登记处等科技成果转移转化主体予以补助。

涉及国家安全、国家秘密的，按照有关规定办理。

第三条 我市每年从市财政科技专项资金中列支一定的资金用于科技成果转移转化，科技成果转移转化资金采用后补助支持方式实施。

第二章 补助标准

第四条 鼓励高等学校、科研院所及企业积极开展技术转移，对技术开发和技术转让合同，依据上年度总技术交易额的1‰给予奖励，同一单位最高不超过50万元；技术服务和技术咨询合同按实际到款额0.5‰给予补助，同一单位最高补助10万元。使用财政资金购买的技术和已享受财政资金补贴的项目不属于上述补助范围。

第五条 鼓励企业引进先进技术成果在我市转移转化，按照上年度技术转让合同实际付款额5%给予补助，单个技术合同补贴不超过20万元，同一单位年度最高补助100万元。已享受财政资金补贴的项目不属于上述补助范围。

第六条 支持高等学校、科研院所、企业设立市场导向、机制完善、运行高效的技术转移服务机构，经认定，一次性给予新建机构30万元经费补助。

第七条 对新认定的省级和国家级技术转移示范机构分别给予50万元、100万元补助；对促成技术转移转化的技术转移服务机构，按照技术合同交易额的3%给予补助，同一技术转移服务机构每年补助金额不超过100万元。

第八条 鼓励国（境）外各类组织和机构在我市设立或共建国际技术转移机构，引进国（境）外的先进技术、项目和人才，面向我市进行国际技术转移转化。对审核认定的国际技术转移机构一次性给予50万元补助，同时对其促成的国际技术合同，按照交易额的10%进行补助，单个机构年最高补助金额不超过100万元。

第九条 鼓励县（市、区）、开发区、高等学校、科研院所和企业设立技术合同登记处。在完成年度目标任务的基础上，按全国技术合同网上登记系统中技术交易额的0.2‰对技术合同登记处给予补助，每年每个技术合同登记处最高补助10万元。

第三章 补助条件

第十条 申请科技成果转移转化补助资金的单位应具备以下条件：驻郑高等学校、科研院所以及工商税务关系在我市的企业；技术转移成果转化实施地在我市；申请补助的技术转移项目具有良好的市场应用前景，符合我市的产业发展方向；技术来源清晰，无知识产权权属纠纷。

第十一条 郑州市技术转移服务机构由市科学技术局管理，技术合同登记处由市科学技术局设立。

郑州市域外高等学校、科研院所及知名科技中介机构在郑州设立法人机构从事科技成果转移转化服务工作的，经认定，享受本地服务机构同等待遇。

第四章 申报程序

第十二条 科技成果转移转化补助的申请：

申请单位通过所在县（市、区）科技管理部门推荐提交以下材料：

1. 郑州市科技成果转移转化补助申请表；

2. 技术合同；

3. 全国技术合同认定登记系统登记证明材料；

4. 实际发生技术交易额的有效票据和银行进账单；

5. 单位营业执照副本或事业法人登记证书副本（三证合一）；

6. 销售合同、专利证书及环境影响评价报告书及其他有关证明材料。

第十三条 申请材料由市科学技术局进行形式审查。形式审查不合格的，申请单位在5个工作日内可重新提交。申请单位在5个工作日内未按规定重新提交的，视为撤回申请。

第十四条 市科学技术局对通过形式审查的项目组织专家或第三方专业机构进行审核，会同市财政局复核并确定补助单位及额度，由市科学技术局会同市财政局联合下达补助经费拨付通知。

第五章 监督管理

第十五条 科技成果转移转化补助资金的使用应符合国家、省、市科技资金奖补管理要求，自觉接受财政、审计、监察部门的监督检查，严格执行财务规章制度和会计核算办法。

第十六条 违反本细则规定，在申报科技成果转移转化补助资金时，对提供虚假材料骗取资金的企业、机构及工作人员，按照相关法律规定追究责任。

第六章 附 则

第十七条 本细则由市科学技术局和市财政局负责解释。

第十八条 本细则自发布之日起施行，有效期至2021年12月31日止。2017年3月13日发布的《郑州市技术转移补助实施细则》（郑科规〔2017〕2号）同时废止。

以下为废止的《郑州市技术转移补助实施细则》（郑科规〔2017〕2号），仅供参考。

关于印发《郑州市技术转移补助实施细则》的通知

各县（市、区）科技管理部门，驻郑高等学校、科研院所，各有关单位：

为促进我市科技成果转移转化，加快推进技术市场体系建设，大力培育技术转移服务机构，现将市科技局、市财政局联合制定的《郑州市技术转移补助实施细则》印发给你们，望认真遵照执行。

郑州市科学技术局　　　　郑州市财政局

2017年3月13日

（主动公开）

郑州市技术转移补助实施细则

第一章 总 则

第一条 为贯彻落实《中共郑州市委郑州市人民政府关于加快推进郑州国家自主创新示范区建设的若干政策意见》（郑发〔2016〕12号），加快技术转移，提高城市核心竞争力，结合本市实际，制定本细则。

第二条 本细则所称技术转移，是指将制造某种产品、应用某种工艺或者提供某种服务的系统知识从技术供给方向技术需求方转移，包括科技成果、信息、能力（统称技术成果）的转让、移植、引进、交流和推广。

第三条 本细则适用于本市行政区域内的技术转移及其相关活动。主要支持从高等学校、科研院所和其他企业购买或吸纳先进技术成果的企业，以及为实现和加速技术转移过程提供各类服务的技术转移服务机构。

技术转移涉及国家安全、国家秘密的，按照有关规定办理。

第四条 我市每年从市财政科技专项资金中列支一定的资金用于技术转移。技术转移资金采用后补助支持方式实施。

第二章 补助标准

第五条 支持高等学校设立市场导向、机制完善、运行高效的技术转移服务机构，支持市场主体建立专业性质、定向服务的技术交易服务机构，经认定，一次性给予新建机构30万元经费补助。

第六条 对新认定的市级、省级和国家级技术转移示范机构分别给予50万元、100万元和200万元奖补，省级以上补足差额。对促成技术转移转化的技术转移服务机构，按照技术合同交易额给予3%的奖补，同一技术转移机构每年补助金额不超过100万元。

第七条 鼓励企业引进先进技术成果在我市转移转化，市财政采取后补助的方式，按技术交易额的20%给予奖补，同一单位每年补助金额不超过100万元。

第八条 鼓励国（境）外各类组织和机构在我市设立或共建国际技术转移机构，引进国（境）外的先进技术、项目和人才，面向我市进行国际技术转移转化。对审核认定的国际技术转移机构一次性给予50万元补助，同时对国际技术转移机构促成的国际技术交易按额度的10%进行补助，单个机构年最高补助金额不超过100万元。

第三章　补助条件

第九条　申报技术转移补助资金的企业应具备以下条件：

（一）工商税务关系及技术转移成果转化实施地在我市；

（二）申请资助的技术转移项目具有良好的市场应用前景，符合我市的产业发展方向；

（三）企业与高等学校、科研院所签订技术转让合同或技术开发合同，经技术合同认定登记，并已支付相关技术交易费用；

（四）企业与技术输出企业签订技术转让合同，经技术合同认定登记，并已支付相关技术交易费用；

（五）技术来源清晰，无知识产权权属纠纷。

第十条　技术转移服务机构。在本市行政区域内注册、具有独立法人资格、从事技术转移活动，并经市科技局认定或备案的技术转移服务机构。具体认定条件和方式按照《郑州市技术转移服务机构认定管理办法(试行)》执行。

郑州市域外高等学校、科研院所及知名科技中介机构在郑州设立法人机构从事技术转移工作的，经认定，享受本地技术转移服务机构同等待遇。

第四章　组织程序

第十一条　技术转移补助的申请流程：

（一）技术转移补助材料受理及审核工作由市科技局组织，技术转移补助申请采取常年受理、定期审核的方式。

（二）申请单位通过所在县（市、区）科技管理部门推荐提交以下推荐材料。

1. 郑州市技术转移补助申请表；

2. 技术合同；

3. 技术合同认定登记机构出具的技术合同认定登记证明；

4. 实际发生技术交易额的有效票据和银行进账单;

5. 营业执照副本及税务登记证副本或事业单位法人证书及组织机构代码证;

6. 销售合同、专利证书及环境影响评价报告书及其他有关证明材料。

(三)申请材料由市科技局进行形式审查。形式审查不完善的,申请单位在5个工作日内经完善后可重新提交。申请单位在5个工作日内未按规定重新提交的,视为撤回申请。

(四)市科技局对通过形式审查的项目组织专家或第三方专业机构进行审核,会同市财政局复核并确定补助单位及额度,由市科技局会同市财政局联合下达资助经费拨付通知。

第五章 监督管理

第十二条 技术转移补贴资金的使用应符合国家、省、市科技资金奖补管理要求,自觉接受财政、审计、监察部门的监督检查,严格执行财务规章制度和会计核算办法。

对提供虚假材料骗取资金的企业、机构及工作人员,按照相关法律规定追究责任。

第六章 附 则

第十三条 本细则由市科技局和市财政局负责解释。

第十四条 本细则自发布之日起施行,有效期至2018年12月31日。

洛阳市科学技术局
关于组织申请2017年度《洛阳市小微企业技术交易扶持办法》奖励资金的通知

各县（市、区）科技局，各有关单位：

根据洛阳市小微企业创业创新工作领导小组印发关于《洛阳市小微企业技术交易扶持办法》（洛两创〔2017〕11号）精神，为进一步做好技术交易奖励政策落实，促进洛阳技术市场快速发展，现组织开展相关奖励资金的申报工作，有关事宜通知如下：

一、技术输出方（卖方）奖励

鼓励高等学校、科研院所及企业积极开展技术转移转化。以上年度全国技术合同网上登记系统中各单位技术开发、技术转让、技术咨询、技术服务的技术合同交易额为依据，按照实际到款额的1%予以奖励，每年每家企业最高奖励10万元；实际到款额超1亿元的，可加大支持力度，给予20万元奖励。各单位应将奖励资金用于技术转移突出贡献者或团队的奖励及技术转移相关工作的补助。

（一）申请奖励的企业应具备的条件

受理项目为2017年元月1日—2017年12月31日期间经洛阳市技术合同认定登记机构认定并纳入《全国技术合同网上登记系统》管理的技术合同。

（二）申请奖励的企业需提供的材料

1. 2017年度洛阳技术交易奖励申请表（附表1）；

2. 2017年度洛阳技术交易奖励申请表明细（附表2），须加盖单位公章；

3. 技术合同认定登记机构出具的相关证明。

（1）技术开发、技术转让合同提供《河南省技术合同认定申请表》《河南省技术合同认定登记证明》；

（2）技术咨询、技术服务合同提供《河南省技术合同认定申请表》。

4.实际发生的技术交易额发票和银行凭证，须加盖单位公章及财务章（发票、银行凭证及技术合同认定登记时间必须在2017年元月1日—12月31日期间）。

二、技术吸纳方（买方）奖励

鼓励小微企业引进先进技术成果在洛转移转化，对引进转化先进技术和成果以及合作开发的项目，按技术成果实际交易额的20%对技术吸纳方（买方）给予奖励，最高奖励100万元。

（一）申请奖励的企业应具备的条件

1.工商税务关系在洛阳市内，具有独立法人资格的小微企业（小微企业划型标准依据《关于印发中小企业划型标准规定的通知》工信部联企业〔2011〕300号，具体以"国家企业信用信息公示系统"小微企业名录为准）；

2.技术转移成果转化实施地在我市；

3.申请奖励的技术转移项目具有良好的市场应用前景，符合我市的产业发展方向；

4.双方签订的技术转让合同或技术开发合同必须经技术合同认定登记机构认定登记，并已发生相关技术交易费用；

5.技术合同涉及单位之间具有隶属关系或其他利益及关联关系的，不得申报补助资金；

6.技术来源清晰，无知识产权权属纠纷。

（二）申请奖励的企业签订技术合同类型

（1）申请奖励的小微企业与高等学校、科研院所签订技术合同类型可以是技术转让(专利权)合同或技术开发（委托开发）合同；

（2）申请奖励的小微企业与企业签订技术合同类型必须是技术转让（专利权）合同。

（三）申请奖励的企业需提供的材料

1.2017年度洛阳技术交易奖励申请表（附表1）；

2.2017年度洛阳技术交易奖励申请表明细（附表2），须加盖单位公章；

3.《国家企业信用信息公示系统——小微企业名录》查询结果或者当地工商行政部门出具的"小微企业"证明；

4. 经认定的技术合同原件及复印件；

5. 技术合同认定登记机构出具的技术合同认定登记证明（写认定结论并盖认定机构章页）原件及复印件；

6. 技术转让（专利权）合同需提供相关知识产权权属转让的证明材料；

7. 单位营业执照副本复印件，须加盖单位公章；

8. 实际发生技术交易额发票和银行凭证，须加盖单位公章及财务章（发票、银行凭证及技术合同认定登记时间必须在2017年元月1日—12月31日期间）；

9. 项目落地产生效益等相关证明材料（销售合同、专利证书及环境影响评价报告书等）。

三、技术转移机构奖励

对新认定的国家级和省级、市级技术转移示范机构分别给予30万元、10万元、5万元奖励；对促成高等学校、科研院所、企业的技术成果和专利技术在洛转移转化的市级以上技术转移机构，按技术开发、技术转让合同中实际技术交易额的2%给予奖励，同一技术转移机构每年奖励金额最高100万元。

（一）申请奖励的企业应具备的条件

1. 工商税务关系及技术转移成果转化实施地在我市，经国家级、省级、市级科技行政管理部门认定的技术转移示范机构；

2. 申请奖励的技术转移项目具有良好的市场应用前景，符合我市的产业发展方向；

3. 作为第三方，与供需双方所共同签订的技术转让合同或技术开发合同，经技术合同认定登记，并提供已支付技术交易费用的正式凭证；

4. 技术来源清晰，无知识产权权属纠纷。

（二）申请奖励的企业需提供的材料

1. 2017年度洛阳技术交易奖励申请表（附表1）；

2. 2017年度洛阳技术交易奖励申请表明细（附表2），须加盖单位公章；

3. 经国家级、省级、市级科技行政管理部门确认的技术转移示范机构的相关确认文件；

4. 经过认定的技术合同复印件；

5. 技术合同认定登记机构出具的技术合同认定登记证明（写认定结论并盖认定机构章页）原件及复印件；

6. 单位营业执照副本复印件，须加盖单位公章；

7. 实际发生技术交易额发票和银行凭证，须加盖单位公章及财务章（发票、银行凭证及技术合同认定登记时间必须在2017年元月1日—12月31日期间）。

四、技术合同登记站奖励

为保障技术合同登记站工作，优化认定登记服务，确保创新目标顺利完成，按技术合同交易额的万分之二给予技术合同认定登记站奖励，每年每个技术合同登记站最高奖励10万元。

（一）申请奖励的企业应具备的条件

完成由洛阳市小微企业创业创新工作领导小组下达的年度责任目标。

（二）申请奖励的技术合同登记站需提供的材料

1. 2017年度洛阳技术交易奖励申请表（附表1）；

2. 2017年度洛阳技术交易奖励申请表明细（附表2），须加盖单位公章。

五、报送时间及装订要求

1. 申报截至日期：2018年3月9日；

2. 各类申请表及证明附件材料复印件使用A4纸按附件3的要求装订成册一式两份；

3. 报送时需核对原件。

六、联系方式

受理单位：洛阳市技术市场管理办公室

受理地址：开元大道与通济街交叉口政府第二综合楼1918室

电　　话：63935441

附件：

1. 2017年度洛阳技术交易奖励申请表

2. 2017年度洛阳技术交易奖励申请表明细

3. 洛阳市小微企业技术交易奖励资金申报材料（2017年度）

洛阳市科技局

2018年1月31日

附件1

2017年度洛阳技术交易奖励申请表

单位：元

SUOMT			
法定代表人	联系电话	单位地址	电子邮箱
联系人	联系电话	社会信用代码	银行账号
		开户行	
合同额或促成技术交易的合同额		技术交易额或促成技术交易额	实际发生额或成技术交易的实际发生额
申请奖励金额		核定奖励金额（初审）	
单位意见： 我单位保证上述填报内容及所提供附件材料真实、完整、无误，如有不实，我单位承担由此引起的一切责任。 申请单位（公章） 法定代表人或 单位负责人 （签字或盖章） 年 月 日		洛阳市技术市场办公室初审意见： （盖章） 年 月 日	

附件2

2017年度洛阳技术交易奖励申请表明细

单位：元

技术合同登记号	技术合同名称	技术合同类别	合同额	技术交易额	实际到账额	增值税发票		银行凭证		备注
						发票号	发票金额	凭证单号	金额	
项目简介	（技术吸纳方和技术转移机构填写该行内容，技术输出方和技术合同登记站无须填写该行内容）									
项目简介	（技术吸纳方和技术转移机构填写该行内容，技术输出方和技术合同登记站无须填写该行内容，可以删除）									
合　计										

311

附件3

洛阳市小微企业技术交易奖励资金申报材料

（2017年度）

申报单位名称（公章）：_____

申请奖励资金类型：_____

（技术输出方、技术吸纳方、技术转移机构、技术合同登记站）

联系人：_____

联系电话（固话和手机）：_____

2018年1月

目 录

一、2017年度洛阳技术交易奖励申请表

二、2017年度洛阳技术交易奖励申请表明细，须加盖单位公章

三、认定过的技术合同复印件（技术吸纳方、技术转移机构提供）

四、技术合同认定登记机构出具的技术合同认定登记证明复印件

五、实际发生技术交易额的发票和银行凭证复印件（加盖公章及财务章）

六、申请单位营业执照复印件，须加盖单位公章

七、《国家企业信用信息公示系统——小微企业名录》查询结果或者当地工

商行政部门出具的"小微企业"证明(技术吸纳方提供)

八、技术转让(专利权)合同需提供相关知识产权权属转让的证明材料(技术吸纳方提供)

九、其他有关证明附件材料复印件(如销售合同、专利证书及环境影响评价报告书等)

科技部关于印发《关于技术市场发展的若干意见》的通知

国科发创〔2018〕48号

各省、自治区、直辖市和计划单列市科技厅（委、局），新疆生产建设兵团科技局，国务院各有关部门科技主管司局：

为全面贯彻党的十九大和十九届二中、三中全会精神，深入落实《国家技术转移体系建设方案》，加快发展技术市场，健全技术转移机制，促进科技成果资本化和产业化，科技部制定了《关于技术市场发展的若干意见》。现印发给你们，请结合本地区、本部门具体情况，认真组织实施，积极推动技术市场发展。

科技部
2018年5月28日

（此件主动公开）

关于技术市场发展的若干意见

技术市场是重要的生产要素市场，是我国现代市场体系和国家创新体系的重要组成，是各类技术交易场所、服务机构和技术商品生产、交换、流通关系的总和。改革开放以来，我国技术市场从无到有，功能逐步完善，制度环境不断优化，对健全技术创新市场导向机制、促进科技和经济融通发展、完善社会主义市场经济体系等发挥了重要作用。与此同时，面对全球创新发展的新态势和我国全面深化改革的新要求，技术市场发展体制机制仍需完善、服务效能亟待提高、功能和作用有待进一步发挥，市场配置创新资源的决定性作用有待增强。为全面贯彻党的十九大和十九届二中、三中全会精神，深入落实《国家技术转移体系建设方案》，加快发展技术市场，健全技术转移机制，促进科技成果资本化和产业化，制定本意见。

一、明确技术市场发展的总体要求。以习近平新时代中国特色社会主义思想为指导，认真落实党中央、国务院决策部署，坚持深化改革、优化环境，坚持拓展功能、提升服务，坚持规范行为、加强监管，坚持引领发展、要素融通，着力构建技术交易网络，着力提升专业化服务功能，着力优化制度环境，着力加强监管服务，加快形成以专业化服务为支撑、资金为纽带、政策为保障的现代技术市场，推动科技成果转移转化，促进科技与经济社会融通发展。

到2020年，适应新时代发展要求的技术市场初步形成，服务体系进一步完善，市场规模持续扩大。培育20家具有示范带动作用的高水平专业化技术转移机构、600家市场化社会化技术转移机构，发展3至5个枢纽型技术交易市场，培养1万名技术经理人、技术经纪人，全国技术合同成交金额达到2万亿元，技术交易的质量和效益明显提升。到2025年，统一开放、功能完善、体制健全的技术市场进一步发展壮大，技术创新市场导向机制更趋完善，市场配置创新资源的决定性作用充分显现，技术市场对现代化产业体系发展的促进作用显著增强，为国家创新能力提升和迈入创新型国家前列提供有力支撑。

二、优化技术市场分类布局。聚焦国家战略和区域、行业需求，发展各具特色、层次多元的技术交易市场。建设枢纽型技术交易市场，成为全国技术交易网络重要节点。完善区域性技术交易市场，推动科技成果服务地方经济社会发展。推进人工智能、生物医药等行业性技术交易市场发展，发挥专业化众创空间等创新创业服务载体的作用，提供专业化技术转移服务。充分整合利用现有资源，发展国家军民两用技术交易中心，推进军民两用技术、成果及知识产权的双向转化。围绕"一带一路"沿线等国家和地区建设国际化技术转移平台，推动我国技术交易市场成为国际技术转移网络重要节点。发挥国家技术转移区域中心作用，链接各类技术交易市场，形成互联互通的全国技术交易网络。

三、提升技术交易市场服务功能和发展水平。推动现有基础条件好、影响力大、辐射面广的技术交易市场进一步规范发展，聚集高等学校、科研院所、企业、投资人、技术市场服务机构等各类主体，为技术交易双方提供知识产权、法律咨询、技术评价、中试孵化、招标拍卖等综合配套服务，建成全国性枢纽型技术交易市场。完善技术类无形资产挂牌交易、公开拍卖与成交信息公示制度，推广科技成果市场化定价机制，健全科技成果评价体系，通过市场发现价值。探索技术资本化机制，推动技术市场与资本市场联动发展。

四、推动技术市场服务机构市场化专业化发展。大力发展一批社会化的技术市场服务机构，采取市场化运营机制，吸引集聚高端专业人才，提供专业化服务，促进高等学校、科研院所和企业之间技术交易和成果转化。对标国际一流技术转移机构运营模式，选择若干高等院校、科研院所开展高水平专业化技术转移机构示范，整合知识产权披露、保护、转让、许可、作价投资入股和无形资产管理等相关职能，建立专业化运营团队，形成市场化运营机制，在岗位管理、考核评价和职称评定等方面加强对技术转移机构人员的激励和保障，形成全链条的科技成果转化管理和服务体系。建设一批军民科技协同创新平台，为先进尖端技术快速进入国防科技创新体系和国防科技成果向民用领域转移转化提供渠道和服务保障。

五、发展壮大技术市场人才队伍。加快培养一批技术经理人、技术经纪人，纳入国家、地方专业人才培养体系。依托国家技术转移区域中心建设国家技术转移人才培养基地，以市场化方式设立技术转移学院，开展技术市场管理和技术转移从业人员职业培训。鼓励高等学校设立技术转移相关专业，培养技术转移后备人才。联合国内外知名技术转移机构，推动成立技术经理人、技术经纪人行业组织，加强对从业人员的管理和服务，吸引社会资本设立相关奖项。

六、创新技术市场服务模式。发展线上线下相融合的新型技术交易市场和服务机构，应用大数据、云计算等先进技术，开展技术搜索、技术评估、技术定价、技术预测等服务，通过开展创新挑战赛等活动为企业需求提供精准对接。依法合规开展技术成果在线交易，推动技术市场服务机构为技术交易双方提供大额资金支付分批次担保等服务，强化技术交易信用和利益保障，营造公平公正、安全有序的网上技术交易环境。发展知识产权质押融资，完善知识产权质物处置机制，加强知识产权评估、登记、托管、流转服务能力建设。支持绿色技术转移转化平台建设，强化科技与金融结合，加快绿色科技成果转移转化和产业化。

七、完善技术市场法律法规和政策体系。全面贯彻落实促进技术转移的相关法律法规及配套政策，加强对政策落实的跟踪监测和效果评估。修订技术合同认定登记管理办法和技术合同认定规则，推动地方加强对大额合同的认定登记和规范化管理，优化服务流程，提升服务效率。推动地方开展技术市场立法工作，完善技术市场管理条例和配套政策，加大支持技术市场及其服务机构发展的政策力度。

八、规范技术市场服务和管理。宣传贯彻《技术转移服务规范》国家标准，完善技术交易规则，优化技术转移服务流程。加强技术市场服务机构规范化管理，开展监督评估和考核评价，依据评估结果加大激励引导力度。加强技术市场信用管理，依法加大对不诚信行为的打击力度，保障交易主体权益，营造公平竞争环境。深入开展技术市场统计调查和数据分析，建立健全技术转移服务业专项统计制度。加强技术市场信息化建设，整合现有科技成果信息资源，为技术市场发展提供信息支持。

九、加强技术市场组织保障。科技部充分发挥技术市场管理办公室职能和作用，加强对全国技术市场发展的组织协调，强化督促落实，加大对技术交易市场和技术市场服务机构的支持力度。各有关部门根据职能定位，加大政策支持和保障力度。各级地方科技管理部门要充分认识发展技术市场的重要性，加强组织领导，强化管理职能，加大投入力度，结合服务绩效对服务机构给予支持。

国家技术转移人才培养基地名单

序号	管理部门	建设单位	依托机构
1	北京市科委	国家技术转移集聚区	北京技术交易促进中心
2	深圳市科创委	国家技术转移南方中心	深圳市技术转移促进中心
3	上海市科委	国家技术转移东部中心	上海杨浦科技创业中心有限公司
4	湖北省科技厅	国家技术转移中部中心	湖北省技术市场协会
5	四川省科技厅	国家技术转移西南中心	四川省技术转移中心
6	陕西省科技厅	国家技术转移西北中心	西安技术经理人协会
7	吉林省科技厅	国家技术转移东北中心	吉林省技术产权交易中心有限公司
8	福建省科技厅	国家技术转移海峡中心	福建海峡技术转移中心
9	江苏省科技厅	国家技术转移苏南中心	苏州市生产力促进中心
10	河南省科技厅	国家技术转移郑州中心	河南省科学技术信息研究院
11	青岛市科技局	国家海洋技术转移中心	青岛市科技创业服务中心